Business to Business

# Documents Coaching

제2판

# 실무로 통하는 비즈니스 문서 코칭

한주원

실무중심의 문서작성 지침서!

도서출판 청람

# 머리말

조직운영에 필요한 대부분의 지식과 정보는 문서라는 기록매체를 통해 전달됩니다. 문서는 조직 내외 정보교환의 필수요소로서 주요한 경영활동의 정보자원의 역할을 하고 있습니다. 최근 컴퓨터 및 통신수단의 발전으로 커뮤니케이션의 수단이 다양한 형태로 변화함에 따라 정보의 홍수 속에서 기업 활동에서 문서의 중요성은 더욱 커지고 있습니다.

회사업무에서 정확한 업무전달을 위한 커뮤니케이션 기술은 조직뿐 아니라 그 구성원의 경쟁력이라 할 수 있습니다. 특히 개인의 글쓰기 능력은 중요한 사회적 성공요소의 핵심이 됩니다. 기업구성원들은 신속한 정보전달을 위해 보다 간결하고 정확한 문서작성 기술을 습득해야 하며 이를 통해 정보자원을 효율적으로 활용할 수 있는 능력을 키울 수 있습니다.

기업 내 문서작성 및 관리는 조직원의 업무활동에 중요한 부분을 차지하고 실제로 많은 업무시간을 이에 할당하고 있습니다. 하지만 소위 '잘 만들어진 문서'를 만드는 일은 갓 입사한 신입사원에서부터 실무관리자, 더 나아가 경영진에게도 어려운 과제임에 틀림없습니다. 문제해결을 위해 도출한 지식과 정보를 어떻게 타인에게 효과적으로 전달할 수 있는가의 문제입니다. 여기에는 목적에 맞는 문서 기획부터 시작하여 올바른 문안 작성, 주제에 적합한 문서형식을 구성할 수 있는 기술이 필요하며 이는 오랜 기간의 훈련이 필요합니다.

취업시장에서도 커뮤니케이션 능력은 중요한 평가기준으로 작용하게 됩니다. 특히 문서작성 능력은 직장인의 업무 효용가치를 높일 수 있는 스펙으로, 실제로 많은 취업준비생들이 채용과정에서 각종 관련 자격증과 연계하여 이에 대한 평가를 받고 있습니다. 커뮤니케이션의 기본인 쉽게 설명할 수 있는 능력과 이를 문서화하는 능력은 직장인이 갖춰야 할 핵심직업능력이라 할 수 있습니다.

본서는 저자의 사무실무와 교육경험을 바탕으로 사례 중심의 실습교재로 구성하였습니다. 총 7장으로 기업에서 자주 사용하는 공문서, 보고서, 안내문, 거래문서 등 다양한 문서형식을 소개하고 예제를 제시하여 독자들이 쉽게 이해할 수 있도록 하였습니다. 또한 각 장마다 실습문제를 추가하여 독자 스스로 상황별 문서작성능력을 실습중심의 교재를 편집하는 데 역점을 두었습니다. 특히 실습문제를 작성하면서 워드프로세서를 이용한 컴퓨터 기술을 활용한다면 학습효과를 높일 것으로 기대합니다.

본서를 통해 다양한 문서작성 기술을 배우고자 하는 직장인들, 사무관련 분야로 취업하고자 하는 학생들, 사례중심의 실습 위주의 문서작성 강의를 준비하는 교수님들께 도움이 되기를 진심으로 바랍니다. 여러 가지로 부족한 내용이지만 계속하여 연구하여 보완할 것을 약속드리고자 합니다. 그리고 이 책의 출간을 위해 애써주신 도서출판 청람의 이수영 사장님과 모든 관계자 여러분께 감사의 말씀을 드립니다.

2014년 8월

저자

# 차례

## Chapter 1 문장 다듬기

1. 틀리기 쉬운 띄어쓰기 ········· 2
2. 틀리기 쉬운 맞춤법 ········· 8
3. 문장의 문맥 다듬기 ········· 9
   1) 문장의 기본원리 ········· 9
   2) 잘못된 언어 습관 ········· 16
4. 외래어 표기의 일반 원칙 ········· 17
   1) 로마자 표기법 ········· 17
   2) 외래어 표기법 ········· 19
   3) 틀리기 쉬운 외래어 표기 ········· 19
■ 문장 바로 쓰기 실습하기 ········· 21
■ 자격증 기출문제 ········· 27

## Chapter 2 실용문서 작성원칙

1. 문서의 기능 및 종류 ········· 30
   1) 문서의 기능 ········· 30
   2) 문서의 종류 ········· 31
2. 문서의 성립과 효력 발생 ········· 33
   1) 문서의 성립 ········· 33
   2) 문서의 효력발생시기 ········· 33
3. 문서 작성의 일반적 원칙(공문서 작성 기준) ········· 34
   1) 용지의 선정 ········· 34
   2) 문서의 용어 ········· 34
   3) 문서의 면 표시 ········· 35
   4) 항목의 구분 ········· 35
   5) 문서의 '끝' 표시 ········· 36
■ 자격증 기출문제 ········· 39

## Chapter 3 공문서 만들기


1. 기안문의 구성 ········· 42
   1) 두문 ········· 43
   2) 본문 ········· 45
   3) 결문 ········· 46
2. 기안문의 종류 ········· 51
   1) 일반기안 ········· 51
   2) 일괄기안 ········· 51
   3) 공동기안 ········· 51
   4) 수정기안 ········· 54
3. 기안문의 결재 ········· 55
   1) 정규결재 ········· 56
   2) 전결 ········· 56
   3) 대결(代決) ········· 56
   4) 후결(後決) ········· 58
4. 시행문의 작성 ········· 58
   1) 문서 시행문 작성 ········· 58
   2) 관인 날인 또는 서명 ········· 58
5. 문서의 발신 및 접수 ········· 59
   1) 문서의 발신 ········· 59
   2) 문서의 접수 ········· 59
6. 문서의 공람 ········· 60
7. 문서의 경유 ········· 61
- 공문서 작성 실습하기 ········· 62
- 자격증 기출문제 ········· 72


## Chapter 4 논리적 보고문서 만들기


1. 사내문서의 소개 ········· 78
   1) 사내문서의 유형 ········· 78
   2) 사내문서의 구성 ········· 78
   3) 사내문서의 작성요령 ········· 78
2. 보고서 만들기 ········· 79
   1) 보고서의 구성 ········· 79
   2) 보고서의 작성절차 ········· 82

3) 일상적 보고서 ······ 86
4) 의견제시 보고서 ······ 90

3. 연락문서 작성 ······ 98
1) 안내문 · 게시문 ······ 98
2) 회람문 ······ 98
3) 업무연락문 · 업무협조문 ······ 100
4) 업무인수인계서 ······ 102

■ 보고문서 작성 실습하기 ······ 103

■ 자격증 기출문제 ······ 121

## Chapter 5 기획문서 · 회의문서 만들기

1. 기획서의 소개 ······ 124
1) 기획서의 구성 ······ 124
2) 기획서의 작성요령 ······ 125

2. 행사 기획서 작성 ······ 126
1) 행사절차에 따라 기획하기 ······ 127
2) 행사준비 체크리스트 ······ 127
3) 행사 예산서 작성 ······ 130
4) 최종기획서 구성 ······ 131

3. 회의문서 작성 ······ 135
1) 회의개최통지서 작성 ······ 135
2) 회의록 작성 ······ 140

■ 기획문서 · 회의문서 작성 실습하기 ······ 144

## Chapter 6 네트워크의 달인되기

1. 의례문서의 소개 ······ 150
1) 의례문서의 정의 ······ 150
2) 의례문서의 구성 ······ 150

2. 의례문서의 종류 ······ 152
1) 초대장 ······ 152
2) 안내문 ······ 156
3) 인사장 ······ 160
4) 축하장 ······ 161
5) 감사장 ······ 163
6) 위문장, 문상장, 부고장 ······ 165

7) 조문예절 알아보기 …… 171
8) 경조사 단자 및 봉투 …… 172
■ 의례문서 작성 실습하기 …… 176
■ 자격증 기출문제 …… 188


## Chapter 7 거래의 시작부터 마무리


1. 거래문서의 소개 …… 194
1) 거래문서의 유형 …… 195
2) 거래문서의 작성요령 …… 195
2. 거래문서의 종류 …… 196
1) 거래계약서 …… 196
2) 견본의뢰서 …… 196
3) 견적의뢰서 …… 197
4) 견적서 …… 199
5) 주문서 …… 201
6) 신용장(Letter of Credit) …… 202
7) 물품수령확인서 · 송장 · 청구서 …… 205
8) 통지문 …… 206
9) (물품대금 청구의) 독촉문 · 사과문 …… 208
10) 거절문 …… 208
3. e-mail을 이용한 커뮤니케이션 …… 210
1) 이메일 작성요령 …… 210
■ 거래문서 작성 실습하기 …… 213
■ 자격증 기출문제 …… 221


## Chapter 8 법이 통하는 문서 만들기


1. 내용증명서 …… 224
1) 내용증명의 효력 …… 224
2) 내용증명의 작성 및 발송 …… 225
2. 계약서 …… 228
3. 송무업무의 관리 …… 230
1) 송무사건의 수임 …… 230
2) 소송진행 …… 230
3) 소송종결 …… 235

Business to
Business
Documents
Coaching

Chapter 1

# 문장 다듬기

1. 틀리기 쉬운 띄어쓰기
2. 틀리기 쉬운 맞춤법
3. 문장의 문맥 다듬기
4. 외래어 표기의 일반 원칙

Business to Business Documents Coaching

# Chapter 1 문장 다듬기

## 1 틀리기 쉬운 띄어쓰기

정확한 띄어쓰기는 그리 간단하지 않지만 의미 변화에 큰 영향을 미칠 수 있으므로 실제 글쓰기에서 그 중요성은 크게 인식되고 있다.

① 의존 명사는 띄어 쓴다. 의존 명사 '간, 내, 데, 등, 바, 수, 시, 외, 적, 전, 중, 지, 채' 등은 앞말과 띄어 쓴다.

| | | | |
|---|---|---|---|
| 상관할 바가 아니다. | 그가 떠난 지가 오래다. | 이 도구는 음식하는 데 사용된다. | |
| 원하는 만큼 가져라. | 나도 할 수 있다. | | |
| 기한 내 | 착공 시 | 진행 중 | 3월 말 전 |

〈비교하기〉

| | |
|---|---|
| 화날 뿐이다. | 남자들뿐이다. |
| 노력한 만큼 얻었다. | 아빠만큼 키가 크다. |
| 열흘 만에 끝났다. | 사흘만 기다리자. |
| 들은 대로 전했다. | 내 마음대로 한다. |
| 출장 갔던 차에 그를 만났다. | 출장차 미국에 갔다. |

② 단위를 나타내는 명사는 띄어 쓴다.

| | | | |
|---|---|---|---|
| 학생 열 명 | 버스 세 대 | 금 서 돈 | 나무 한 그루 |
| 열 길 물 속 | 콩 서 말 | 밥 한 술 | 소 두 마리 |

* 수 관형사 뒤에 의존 명사가 붙어서 차례를 나타내는 경우나, 의존 명사가 아라비아 숫자 뒤에 붙는 경우는 붙여 쓸 수 있도록 한다.

제일과 삼층 일학년
제1연구실 85번지 3년 6개월

* 연월일, 시각 등도 붙여 쓸 수 있다. 다만, 수효를 나타내는 '개년,' '개월,' '일(간),' '시간' 등은 붙여 쓰지 않는다.

칠월 삼십일 아홉시 삼십오분 삼 개년 이십이 개월 오십 일간

* 수를 적을 때는 '만(萬)' 단위로 띄어 쓴다. 따라서 만, 억, 조, 경, 해, 자 단위로 띄어 쓴다. 다만, 금액을 적을 때는 변조 등의 사고를 방지하려는 뜻에서 붙여 쓰는 게 관례로 되어 있다.

삼백오십칠조 팔천구백칠십구억 오천구백삼십칠만 사천사백육십사(357,897,959,374,464)
일금 오십일만구천삼백육십팔원정

③ 숫자나 수에 접미사 '여(餘),' '가량,' '쯤'이 붙을 때는 접미사여서 앞말에 붙여 쓴다. '여'의 경우 뒤에 오는 단위명사와 붙여 쓰지 않는다.

10여 년 100여 미터 200여 점 10여 년간
30세가량 3주가량 25일쯤 여섯 시쯤

* 기간을 나타내는 말 뒤에 붙는 '간'은 '동안'의 뜻을 더하는 접미사이므로 앞말과 붙여 쓴다.

이틀간 한 달간 십여 년간

* '동안, 때, 안, 이내, 이상, 정도, 이후, 이전, 후, 전' 등은 앞말과 띄어 쓴다.

3개월 이내 20세 이상 10명 정도 6개월 후

* 수를 나타내는 말 앞에 붙는 '몇'은 붙여 쓰고 보조 명사 앞의 '몇'은 띄어 쓴다.

몇십 년 몇천만 명 몇 사람

* 값이나 수를 나타내는 명사 또는 명사구 뒤에 붙는 '대'는 앞말과 붙여 쓴다.

만 원대 수천억대 억대 백삼십만 원대

④ 두 말을 이어 주거나 열거할 때 쓰이는 말은 띄어 쓴다.

열 내지 스물　　교수진 및 학생들　　대표이사 겸 부사장

책상, 의자 등　　부산, 포항 등지　　사과, 배, 귤 등등

⑤ 보조 용언은 띄어 씀을 원칙으로 하고 경우에 따라 붙여 씀도 허용한다.

| 원칙 | 허용 |
|---|---|
| 꽃이 시들어 간다. | 꽃이 시들어간다. |
| 선생님을 도와 드린다. | 선생님을 도와드린다. |
| 아기가 울어 댄다. | 아기가 울어댄다. |
| 기차를 놓쳐 버렸다. | 기차를 놓쳐버렸다. |
| 그림을 그려 본다. | 그림을 그려본다. |

* 의존 명사 '양, 척, 체, 만, 법, 듯' 등에 '하다,' '싶다'가 결합하여 된 보조 용언의 경우도 앞말에 붙여 쓸 수 있다.

| 원칙 | 허용 |
|---|---|
| 눈이 올 듯하다. | 눈이 올듯하다. |
| 그 일을 할 만하다. | 그 일을 할만하다. |
| 버스를 놓칠 뻔했다. | 버스를 놓칠뻔했다. |

* 다만, 의존 명사 뒤에 조사가 붙는 경우는 보조 용언을 붙여 쓰지 않는다.

아는 체를 한다.　　비가 올 듯도 하다.

* '~아/~어' 뒤에 '서'가 줄어진 형식에서는 뒤의 단어가 보조 용언이 아니므로, 붙여 쓰는 것이 허용되지 않는다.

과일을 깎아서 드린다[깎아서드린다(X)].

* 보조 용언의 앞말이 합성동사인 경우는 보조 용언을 앞말에 붙여 쓰지 않는다.

들여다보지 마라.　　날아갈 듯하다.　　집어넣어 버렸다.

⑥ 조동사가 본동사와 어울려 한 개념이나 한 동작을 나타낼 경우 복합어로 붙여 쓴다.

찾아내다.　　솟아오르다.　　돌이켜보다.

⑦ 명사 아래 피동을 나타내는 '받다,' '당하다'가 붙어 한 낱말이 된 것은 붙여 쓴다.

핍박당하다. 오해받다. 버림받다.

⑧ 명사의 아래, 어원적 어근 또는 부사의 아래에 '하다'가 붙어 하나의 낱말로 된 것은 붙여 쓴다.

말랑말랑하다. 추하다. 쓸쓸하다.

* 명사에 접미사 '하다'가 붙은 말이라도 그 앞에 명사를 꾸미는 관형어가 올 경우에는 '하다'를 띄어 쓴다.

  남의 말 하기는 쉽다. 무슨 생각 하고 있니?

⑨ 명사에 접미사 '화(化)'가 붙은 말에 다시 '하다,' '되다,' '시키다'가 붙을 경우는 붙여 쓴다.

고급화시키다. 민주화되다. 대중화하다.

⑩ '하다'가 붙는 명사에 '되다,' '시키다'가 붙어 하나의 낱말이 된 경우는 붙여 쓴다.

결정되다. 정리되다. 진행시키다.

⑪ 명사에 '있다,' '없다'가 붙은 말 중 다음은 붙여 쓴다.

맛있다. 멋있다. 재미있다.
거침없다. 틀림없다. 쓸데없다.
보잘것없다. 하잘것없다. 온데간데없다.

⑫ 명사에 '나다,' '들이다,' '삼다,' '짓다'가 붙은 다음의 말은 앞말에 붙여 쓴다.

끝장나다. 이름나다. 소문나다.
공들이다. 물들이다. 힘들이다.
참고삼다. 일삼다. 장난삼다.
결론짓다. 관련짓다. 한숨짓다.

⑬ 명사에 직접 붙어 용언을 만드는 '지다'와 어미 '아,' '어,' '워' 등에 붙어 피동을 나타내는 '지다'는 앞말에 붙여 쓴다.

| | | |
|---|---|---|
| 값지다. | 그늘지다. | 기름지다. |
| 달라지다. | 젊어지다. | 지워지다. |

⑭ 접두사로 쓰이는 한자어는 뒷말에 붙여 쓴다. 그러나 붙여 써서 이해하기 어려운 경우나 관형사로 인정되는 경우에는 띄어 쓴다.

| | | |
|---|---|---|
| 내주일 | 매시간 | 전남편 |
| 내 25일 | 매 회계연도 | 전 어머니회 회장 |

⑮ 접미사는 앞말에 붙여 쓴다.

| | | |
|---|---|---|
| 열흘분 식량 | 서울발 열차 | 백원짜리 동전 |

* 접두사 '미(未), 연(延)' 등은 뒤에 오는 말과 붙여 쓴다.

| | | |
|---|---|---|
| 미사용 시 | 미이수 시 | 연인원 |

⑯ '각(各),' '본(本),' '전(全)'이 독립성이 없는 단음절어와 어울려 한 낱말로 굳은 것은 붙여 쓴다.

| | | |
|---|---|---|
| 각자 | 본교 | 전신 |

⑰ 체언 앞에 오는 관형사는 띄어 쓴다.

| | | |
|---|---|---|
| 갖은 고생 | 첫 열매 | 근 두 달 동안 |
| 고 안중근 의사 | 요 근처에 | 한두 사람 |

⑱ 명사 '가'가 앞말과 굳어서 사용되는 경우는 붙여 쓴다.

| | | |
|---|---|---|
| 길가 | 바닷가 | 우물가 |

⑲ 두 음절 이상의 말에 수(數)를 나타내는 명사 '수'가 붙은 말 중에 다음 말들은 한 낱말로 붙여 쓴다.

| | | |
|---|---|---|
| 진동수 | 회전수 | 질량수 |

⑳ 용언의 관형사형 어미 '-ㄴ,' '-ㄹ' 다음에는 띄어 쓰지만, 어미의 일부로 굳어진 것은 붙여 쓴다.

비록 가난할망정　　차라리 굶을지언정　　언제 올는지 모르겠다.

㉑ 성과 이름, 성과 호는 붙여 쓴다.

김유신　　이순신　　이율곡

* 성과 이름, 성과 호를 구분할 필요가 있을 경우에 띄어 쓸 수 있다.

남궁 억　　독고 탁　　제갈 공명

* 성명 뒤에 붙는 호칭어, 관직명 등은 띄어 쓴다.

김유신 장군　　홍길동 씨　　홍길동 사장

강 군　　오 선배님　　임 과장

* '성' 뒤에 오는 씨(氏)와 가(哥)는 붙여 쓴다.

강씨　　김해 김씨　　박가

㉒ 성명 이외의 고유명사는 단어별 띄어 씀이 원칙이며, 단위별 띄어 쓸 수 있다.

| 원칙 | 허용 |
|---|---|
| 이화 중학교<br>한국 대학교 경영 대학 | 이화중학교<br>한국대학교 경영대학 |

* 역사적인 서명, 사건명은 붙여 쓸 수 있다.

삼국유사　　임진왜란　　갑신정변

* 하나의 화학 물질의 이름은 붙여 쓸 수 있다.

과산화수소　　아황산가스　　일산화탄소

㉓ 한 음절의 말과 어울려 한 낱말로 굳은 것은 붙여 쓴다.

광속도　　핵무기　　원운동

㉔ 첩어 또는 준첩어는 붙여 쓴다.

가만가만히　　차례차례　　하루하루

여기저기　　머나먼　　성큼성큼

* 둘 이상 낱말이 결합하여 한 낱말처럼 익은 것은 붙여 쓴다.

온데간데없다.　　인정사정없다.

붉으락푸르락하다.　　쥐락펴락하다.

* 단음절로 된 단어가 연이어 나타나는 경우는 붙여 쓸 수 있다.

그때 그곳　　이말 저말　　이집 저집

* 한 개 단음절어로 된 단어라도 단음절어가 관형어나 부사인 경우, 관형어와 관형어, 부사와 관형어는 원칙적으로 띄어 쓴다.

더 못 간다.　　꽤 안 온다.　　늘 더 먹는다.

## 2 틀리기 쉬운 맞춤법

2011년 8월 31일 새로 추가된 표준어(39개)

■ 두 가지 표기를 모두 표준어 인정(3개)

| 현재 | 추가 |
|---|---|
| 태껸 | 택견 |
| 자장면 | 짜장면 |

| 현재 | 추가 |
|---|---|
| 품세 | 품새 |

■ 현재 표준어와 같은 뜻으로 추가 표준어 인정(11개)

| 현재 | 추가 |
|---|---|
| 간질이다 | 간지럽히다 |
| 남우세스럽다 | 남사스럽다 |
| 만날 | 맨날 |
| 묏자리 | 묫자리 |
| 복사뼈 | 복숭아뼈 |
| 목물 | 등물 |

| 현재 | 추가 |
|---|---|
| 세간 | 세간살이 |
| 쌉싸래하다 | 쌉싸름하다 |
| 허섭스레기 | 허접쓰레기 |
| 토담 | 흙담 |
| 고운대 | 토란대 |

■ 현재 표준어와 뜻이 다른 별도 표준어 인정(25개)

| 현재 | 추가 |
|---|---|
| ~기에 | ~길래 |
| 괴발개발 | 개발새발 |
| 날개 | 나래 |
| 냄새 | 내음 |
| 눈초리 | 눈꼬리 |
| 떨어뜨리다 | 떨구다 |
| 먹을거리 | 먹거리 |
| 메우다 | 메꾸다 |
| 손자 | 손주 |
| 어수룩하다 | 어리숙하다 |
| 연방 | 연신 |
| 휭허케 | 휭하니 |
| 뜰 | 뜨락 |

| 현재 | 추가 |
|---|---|
| 거치적거리다 | 걸리적거리다 |
| 끼적거리다 | 끄적거리다 |
| 맨송맨송 | 맨숭맨숭 |
| | 맹숭맹숭 |
| 바동바동 | 바둥바둥 |
| 새치롬하다 | 새초롬하다 |
| 아옹다옹 | 아웅다웅 |
| 야멸치다 | 야멸차다 |
| 오순도순 | 오손도손 |
| 찌뿌듯하다 | 찌뿌둥하다 |
| 치근거리다 | 추근거리다 |
| 두루뭉술하다 | 두리뭉실하다 |

## 3 문장의 문맥 다듬기

### 1) 문장의 기본원리

#### (1) 정확성

문장은 문법에 맞도록 써야 한다. 문법에 맞는 정확한 글을 쓰려면 주어와 서술어의 호응, 지시어와 접속어의 사용, 조사, 어미, 시제의 쓰임에 유의해야 한다.

① 문장의 주어와 술어의 호응을 명확하게 한다.

나는 앞으로의 교육정책이 기본적인 전공발전방향을 함께 모색해야 한다.

→ ______________________________

______________________________

② 문장구조를 단순화하고 문장 사이의 접속사는 용도에 맞게 쓴다.

정보서비스, 전자상거래, 홈뱅킹 등 수용자의 다양한 정보욕구를 충족시켜 줄 쌍방향 데이터 서비스를 앞당기기 위해서는 방송, 통신 융합에 따른 데이터 서비스 개념을 정립하고 새로운 제도적 기반을 마련해야 하며 기술 개발 및 표준형 수신기의 생산 산업화를 조속히 이루어야 한다.

→ ____________________

③ 어구와 어구의 연결 부사 – '및,' '또는,' '그리고'

* 병립하는 어구가 둘인 경우 그 사이에 연결 부사를 쓴다.

월요일 또는 수요일

* 셋 이상인 경우는 앞부분은 쉼표(,)로 넣고 마지막 어구를 이을 때 연결부사를 쓴다.

에너지 절약 정신을 학교, 가정 및 지역사회에 뿌리내리게 하여야 한다.

④ 문말의 표현을 통일하고 시제를 일치시킨다.

지난 행사에서 예비신부들은 실속 있는 혼수품을 마련하여 혼수비용을 줄일 수 있다.

→ ____________________

3당 대표 연설에 이어 분야별 대정부 질의가 이루어졌을 때 그동안 장외에서 시끄러웠던 문제를 장내로 끌어들였다는 점에서 국민의 큰 기대를 모을 수 있었다.

→ ____________________

### (2) 경제성

경제성은 글에 군더더기가 없이 간단하고 깔끔하게 낱말을 절약하여 표현하는 것을 말한다. 읽는 사람이 읽기 편하게 글을 쓰기 위해서는 하고자 하는 말을 '짧고 간단하게' 표현해야 한다. 문장은 필요한 낱말을 필요한 상황에 써서 적당한 길이로 나타내야 하며 되도록 한 개의 문장에 한 가지 내용을 쓰도록 한다.

① 문장의 길이는 가능한 한 짧게 작성한다.
문장은 필요한 낱말을 필요한 상황에 맞게 적절한 길이로 나타내야 한다. 문장을 짧게 표현하며 한 개의 문장에 한 가지 내용을 쓰도록 한다. 이때 문장의 의미를 크게 훼손하지 않는 선에서 줄이도록 주의한다.

정해진 시간보다 회사에 늦게 출근하는 직원들이 늘어나고 있다는 문제에서 인사담당자들은 출퇴근시간의 시차제를 추천하고 있으며 이러한 문제의 해결과정의 한 방안으로서 공식적인 징계조치를 취하는 것을 원하지 않고 있다.

→ 인사담당자들은 직원들의 지각을 줄이기 위해 출퇴근시간의 시차제를 추천하고 있다. 그들은 이 방법이 공식적인 징계조치 시행보다 바람직한 해결방법이라고 생각하기 때문이다.

참고 **문장을 짧게 줄이는 방법**

- 가능하면 길지 않게 써야겠다는 의식을 가지고 작성한다.
- 한 문장에는 하나의 개념, 하나의 사실만을 기록하도록 한다.
- 문장의 구조를 단순화한다.
- 표현하고자 하는 이야기를 가장 적은 단어를 써서 경제적으로 명료하게 나타낸다.

② 문장의 구 또는 절의 중복을 피하고 무의미한 언어의 사용을 피한다.
중복 표현을 통해 뜻을 강조하는 경우가 있지만 가능하면 한 문장 속에서 같은 단어, 구절, 조사 등을 되풀이하여 사용하지 않는다. 같은 말의 반복을 피하기 위하여 반복되는 부분을 생략하거나 공통인수로 묶어서 표현할 수 있다.

* 뜻이 대등한 동의어는 생략할 수 있다.

어떤 제도에나 항상 좋은가 나쁜가라는 일장일단이 있는 것이다.

→ ______________________________

* 같은 어휘나 표현을 반복하지 않는다.

국내 ○○시장은 2011년 전년 동기 대비 11.5% 증가한 24억 원대 규모를 형성했고 2012년 전년 동기 대비 7.6% 증가한 26억 원대 규모를 형성했고 2013년 전년 동기 대비 14% 증가한 30억 원대 규모를 형성했다.

→ ______________________________

______________________________

______________________________

③ 불필요하게 길어진 어구는 문장의 뜻을 불분명하게 만들 수 있다.

이 토의를 함에 있어서 가장 중요하다고 할 만한 문제가 세 가지가 있다.

→ ______________________________

금번 회담이 원칙을 세우는 중요한 계기가 될 수 있을 것으로 기대된다.

→ ______________________________

④ 겹말은 사용하지 않는다.

겹말은 같은 뜻의 말들이 겹쳐서 된 말로 주로 한자나 외국어와 순우리말이 조합된 경우가 많다. 겹말은 한자나 외국어의 올바른 이해 없이 잘못 사용하는 것으로 글을 표현할 때 겹말이 오용되지 않도록 주의해야 한다.

| | | | |
|---|---|---|---|
| 연구진들 | → 연구진 | 어려운 난관 | → ________ |
| 근래 들어 | → 근래에 | 이 기간 동안에 | → ________ |
| 맡은 바 임무 | → 임무, 맡은 바 | 외가집 | → ________ |
| 처갓집 | → 처가 | 유산으로 남긴 재산 | → ________ |
| 서로 상의하다 | → 상의하다 | 과반수를 넘다 | → ________ |
| 부상을 당하다 | → 부상하다 | 피해를 입다 | → ________ |
| 결실을 맺다 | → 결실을 보다 | 수확을 거두다 | → ________ |
| 10~15명 정도 | → 10명 정도 | 지나치게 과신하다 | → ________ |
| 근 30년 가까이 | → 근 30년, 30년 가까이 | 스스로 자각하다 | → ________ |
| | | 미리 예습하다 | → ________ |
| ~ 하고 있는 중이다 | → ~ 하는 중이다, 하고 있다 | 약 50명 정도 | → ________ |
| | | 계약을 맺었다 | → ________ |

### (3) 명료성

글의 명료성은 필자의 의도에 따라 뜻이 명확한 말을 쓴 글을 말한다. 명확히 전달하지 못하는 경우는 표현하고자 하는 내용을 추상적이고 모호한 언어로 나타나는 데 그 이유가 있다. 예를 들어 수식관계나 비교대상이 불분명한 경우는 필자의 의도를 독자가 다르게 해석할 수 있다.

① 수식어를 바르게 사용한다.

정부는 <u>개인정보 보호의 관점에서</u> 고액 납세자의 정보를 공개하는 제도를 폐지하는 방안을 긍정적으로 검토하기로 했다.

→ ______________________________________

______________________________________

김 사장은 <u>부인보다</u> 자동차를 더 좋아한다.

→ ______________________________________

______________________________________

② 능동의 주체를 분명히 하고 '진다,' '된다,' '되어진다,' '불린다'와 같은 불필요한 수동형은 능동형으로 고친다.

이 문은 열려지지 않는다.

→ <u>이 문은 열리지 않는다.</u>

800평의 논에서 벼가 수확될 예정이다.

→ <u>(우리는) 800평의 논에서 벼를 수확할 예정이다.</u>

결국 그 문제는 해결되지 않았다.

→ ____________________

새로운 정부는 교육을 개혁시킬 만한 힘과 의지를 갖고 있다.

→ ____________________

③ 문장의 수동과 능동의 표현을 분명히 한다.

자네는 어느 분에게 사사받았나?

→ <u>자네는 어느 분을 사사했나?</u>

그 문제에 대해 홍길동 박사에게 자문을 받았다.

→ <u>그 문제에 대해 홍길동 박사에게 자문하였다.</u>

오늘 나는 응시 원서를 우편으로 접수했다.

→ ____________________

→ ____________________

여러분께 양해 말씀 드립니다.

→ ____________________

→ ____________________

### (4) 다양성

① 여러 가지 동의어를 사용하여 반복적 낱말을 다양하게 표현한다.

뜻은 같거나 비슷하더라도 다양한 낱말을 써서 효과적인 표현을 나타낼 수 있다. 한 문장에서 반복되는 단어나 구 등은 유사한 말로 바꾸어 표현할 수 있다.

책상은 정돈되고, 연필은 깎았으며, 백지 두 장을 마련하였으니, 그는 이제 시험 치를 만반의 태세를 하고 있는 셈이다.

→ <u>정돈된 책상, 뾰족하게 깎인 연필, 백지 두 장, 그는 이제 시험을 치를 모든 준비를 마쳤다.</u>

② 문장을 긍정형으로 표현한다.

문장의 뒷부분을 부정으로 표현하는 것보다 긍정적 표현을 사용하는 것이 의미 전달을 쉽게 할 수 있다. 특히 실용문에서는 평상시 사용하는 문장을 되도록 긍정형으로 사용하는 것이 중요하다. 긍정의 언어는 상대방이 긍정적 사고를 할 수 있게 유도하는 효과가 있을 수 있기 때문이다.

정확한 의미 전달을 위해 부정적 표현을 해야 하는 경우는 가급적 개인의 감정이 개입하지 않은 객관적 입장에서 문장을 쓰도록 한다.

3월 30일 이전에는 결과를 말씀드릴 수 없습니다.

→ <u>3월 30일 이후에 결과를 말씀드리겠습니다.</u>

부진한 사업이 나를 엄청나게 괴롭힌다.

→ <u>나는 부진한 사업 때문에 괴롭다.</u>

고객들의 불만이 하루 종일 우리를 꼼짝 못하게 만들어 전혀 일상적인 업무를 볼 수 없었다.

→ ______________________________

## 2) 잘못된 언어 습관

① 불필요한 표현이나 음절은 생략하거나 바꾸도록 한다. 특히 문어적 일본어식 표현은 간단한 문구로 고친다.

＊ ~에 있어서 → ~에(에게)

나에게 있어 실패는 또 다른 시작이다.

→ <u>나에게 실패는 또 다른 시작이다.</u>

＊ ~에 의하여 → ~으로

정부의 개입에 의해 그 문제를 해결할 수 있었다.

→ <u>정부의 개입으로 그 문제를 해결할 수 있었다.</u>

＊ ~으로부터 → ~에게서

그 소식을 동생으로부터 들었다

→ <u>그 소식을 동생에게서 들었다.</u>

＊ ~한 사실에도 불구하고 → 비록 ~ 하지만

효과가 다르다는 사실에도 불구하고

→ ______________________________

* ~할 필요가 있다 → 필요하다

이 시스템을 개선할 필요가 있다.

→ ______________________________

② 업무 문서에서는 불확실한 개인의 전망이나 추측을 나타내는 표현은 피하도록 한다. 특히 '~ 같다'라는 말을 자주 사용하지 않는다.

이와 같은 판매상승세에 따라 하반기 판매실적은 상당히 향상될 것 같다.

→ 이와 같은 판매상승세에 따라 하반기 판매실적은 10% 정도 증가할 전망이다.

③ 지나친 과장의 표현은 삼가며 은어, 비속어, 유행어 등의 사용은 피한다.

깡통계좌의 정리 → 담보부족 계좌의 정리

나를 열 받게 한다. → 나를 화나게 한다.

④ 전문용어를 쓸 때는 독자의 수준을 고려한다.
사내 기획안, 사내 보고서, 논문, 학술보고서 등은 전문가나 관련 분야의 관계자가 독자이므로 전문용어를 사용하더라도 독자들의 이해에 어려움이 없을 것이다. 그러나 전문가가 아닌 일반인을 독자로 한 글을 작성할 때는 전문용어를 피하고 이해하기 쉬운 용어를 사용하도록 한다.

## 4 외래어 표기의 일반 원칙

### 1) 로마자 표기법

우리말의 고유명사를 외국어로 표기하는 방법은 국어의 표준발음법을 기준으로 표시한다. 또한 시각적으로 거부감을 없애기 위해 낯선 부호의 사용을 줄이고 단순하게 표시하도록 한다(2000년 7월 규정).

| | | | | | | | | | | | |
|---|---|---|---|---|---|---|---|---|---|---|---|
| 자음 | ㄱ | ㄲ | ㄴ | ㄷ | ㄸ | ㄹ | ㅁ | ㅂ | ㅃ | ㅅ | ㅆ |
| | g, k | kk | n | d, t | tt | r, l | m | b, p | pp | s | ss |
| | ㅇ | ㅈ | ㅉ | ㅊ | ㅋ | ㅌ | ㅍ | ㅎ | | | |
| | ng | j | jj | ch | k | t | p | h | | | |
| 모음 | ㅏ | ㅓ | ㅗ | ㅜ | ㅡ | ㅣ | ㅐ | ㅔ | ㅚ | ㅟ | |
| | a | eo | o | u | eu | i | ae | e | oe | wi | |
| | ㅑ | ㅕ | ㅛ | ㅠ | ㅒ | ㅖ | ㅘ | ㅙ | ㅝ | ㅞ | ㅢ |
| | ya | yeo | yo | yu | yae | ye | wa | wae | wo | we | ui |

광화문 → Gwanghwamun　　설악 → Seorak

경복궁 →　　울릉 →

* 음운 변화에 따른 표기상 주의사항

종로[종노] → Jongno　　신라[실라] → Silla

* 인명표기상 주의사항

인명은 성과 이름의 순서로 띄어쓴다. 이름은 붙여 쓰는 것을 원칙으로 하되 음절 사이에 붙임표(-)를 쓰는 것을 허용한다.

홍길동 → Hong Gildong(Hong Gil-dong)

[각자 이름] → ____________________

* 주소 표기상 주의사항

'도, 시, 군, 구, 읍, 면, 리, 동'의 행정 구역 단위와 '가'의 표기는 'do, si, gun, gu, eup, myeon, ri, dong, ga'로 적고 그 앞에는 붙임표(-)를 넣는다. 시, 군, 읍의 행정 구역 단위는 생략할 수 있다.

제주도 → Jeju-do　　의정부시 → Uijeongbu-si　　서초구 → Seocho-gu

[각자 주소] : 시　　구　　동

→ ____________________

### 2) 외래어 표기법

① 파열음 표기에는 된소리(ㄲ, ㄸ, ㅃ, ㅆ, ㅉ)를 쓰지 않는 것을 원칙으로 한다.

까페 → 카페　　삿뽀로 → 삿포로　　돈까스 → 돈가스　　떼제베 → 테제베

② 받침에는 'ㄱ, ㄴ, ㄹ, ㅁ, ㅂ, ㅅ, ㅇ'을 쓴다

케잌 → 케이크　　커피숖 → 커피숍

③ 현지음을 원칙으로 한다.

이태리 → 이탈리아　　칸느 → 칸　　비엔나 → 빈　　베니스 → 베네치아

④ 중모음 '오우(ou)'는 '오'로 적는다.

옐로우 → 옐로　　레인보우 → 레인보　　윈도우 → 윈도　　보우트 → 보트

⑤ 영어의 경우 어말의 'ʃ'는 '시'로 적고 자음 앞의 'ʃ'는 '슈'로 적는다.

잉글리쉬 → 잉글리시　　플래쉬 → 플래시

* 영어가 아닌 다른 언어에서 온 말은 'ʃ'를 언제나 '슈'로 적는다.

  쉬림프 → 슈림프　　아인쉬타인 → 아인슈타인

* 어말의 '-tʃ'는 '치'로 적는다.

  스위취 → 스위치　　캐취 → 캐치

⑥ 약어는 우리말 풀이 다음 괄호 안에 넣는다.

석유수출국기구(OPEC)　　환태평양경제동반자협정(TPP)

### 3) 틀리기 쉬운 외래어 표기

레포트 – 리포트　　센타 – 센터

앵콜 – 앙코르　　포탈 – 포털

째즈 – 재즈　　샤시 – 새시

악세사리 – 액세서리　　메세지 – 메시지

| | |
|---|---|
| 팜플렛 - 팸플릿 | 팡파레 - 팡파르 |
| 테크놀러지 -테크놀로지 | 아울렛 - 아웃렛 |
| 앙케이트 - 앙케트 | 쥬스 - 주스 |
| 발란스 - 밸런스 | 타겟 - 타깃 |
| 타올 - 타월 | 싱가폴 - 싱가포르 |

※우리가 자주 사용하는 외래어 중 잘못 표기하고 있는 예를 찾아봅시다.

___

# Chapter 1 문장 바로 쓰기 실습하기

**[문제 1] 다음 문장을 올바르게 띄어쓰기하여 고쳐봅시다.**

01. 나는그때그곳에서본대로들은대로정직하게말해야한다.

02. 홍길동은평양에온지삼일이지나서자나깨나그리워하던부인을몇십년만에만났다.

03. 예상했던대로근두달동안그녀는하노라고한듯하지만기대한바를이루지못하고포기하고말았다.

04. 차라리내가쓰러질지언정십년걸려쌓은탑이개미한마리가판굴로무너지게할수는없다.

05. 방안은숨소리가들릴만큼쥐죽은듯이조용해서될수있는대로가만가만히걸어나왔다.

06. 내가십년전에비싼돈을주고산컴퓨터는이제아무짝에도쓸모없는물건이되었다.

07. 뜻밖의폭설에우리는어쩔수없이숙소로돌아갈수밖에없었다.

08. 그녀는긴장과스트레스하에서경제적으로감당할수없을만큼쇼핑을많이하곤한다.

09. 어느정도까지는주민들서로가그냥모르는척참을만도한데말이야.

10. ○○○디자이너는기존에강조하던전통의미를전면에내세우기보다는현대적요소를부각한작품을전시회때발표한바있다.

**[문제 2] 다음 중 맞춤법이 틀린 부분을 찾아서 바르게 고쳐봅시다.**

01. 갑자기 추워져서 감기에 걸리기 십상이다.

02. 올여름도 작년 여름처럼 더우면 어려운 사람들은 어떻해!

03. 낸들 너의 취업이 어떻게 걱정되지 안겠어? 나는 누구보다 네가 잘되기를 바라.

04. 아래 비탈길에 희안하게 생긴 소나무가 한 그루 서 있었다.

05. 부처 간 협력의 발걸음을 내딛은 이번 행사를 통해 앞으로 협업사업이 확대되기를 바란다.

06. 2014년 문화진흥워크샵에서 차세대 컨셉의 신제품에 대한 프리젠테이션이 진행되었다.

07. 이래 뵈도 나는 6년동안 월급을 저축해서 3억을 모아 새 아파트의 잔금을 치뤘다.

08. 약 3년가량 연락이 없던 친구가 길거리에서 먼저 나를 아는 체하며 걸어왔다.

**[문제 3] 다음 각 항목의 낱말 중 맞춤법이 틀리거나 표준어가 아닌 낱말을 골라 올바르게 고쳐봅시다.**

| | | | | | |
|---|---|---|---|---|---|
| 01. | 생각컨대 | 묵직이 | 핑계 | 더욱이 | 어떠튼 |
| 02. | 수캉아지 | 제켜놓고 | 적찮은 | 깨끗지않은 | 그렇찮은 |
| 03. | 윗쪽 | 심부름꾼 | 굴삭기 | 얇다랗다 | 웅큼 |
| 04. | 오뚜기 | 산수갑산 | 웃돈 | 아니꼬워 | 최대값 |
| 05. | 아연질색 | 어의없다 | 방방곳곳 | 혈혈단신 | 오므리다 |
| 06. | 발생률 | 백분률 | 사망율 | 가동률 | 치사률 |
| 07. | 조용히 | 깨끗이 | 꾸준히 | 곰곰히 | 느긋히 |
| 08. | 어플리케이션 | 비지니스 | 콘텐츠 | 프라이팬 | 초코렛 |

■ **아래 낱말을 올바른 표기로 고쳐봅시다.**

| 틀린말 | 바른말 | 틀린말 | 바른말 |
|---|---|---|---|
| 그리고 나서 | | 송글송글 | |
| 가던지 말던지 | | 오랫만에 | |
| 겸연적다 | | 갯수 | |
| 웟칸 | | 밀어부치다 | |
| 여늬 | | 우뢋소리 | |
| 애닯다 | | 야단법썩 | |
| 개나리봇짐 | | 나무가지 | |
| 불그락푸르락 | | 대수로히 | |
| 신출나기 | | 빨강색 | |
| 깊숙히 | | 귀거리 | |
| 까탈스럽다 | | 곱배기 | |
| 깡총깡총 | | 회집 | |
| 꺼림직하다 | | 소근소근 | |
| 갈갈이 | | 금새 | |
| 여직껏 | | 꼭둑각시 | |
| 무우말랭이 | | 발자욱 | |

**[문제 4] 다음 문장을 자연스러운 문맥으로 고쳐봅시다.**

01. 나는 그 설비가 제때에 선적되었다고 믿고 있지 않으며 또한 송장의 제출도 주문 프로세스와 일치하지 않는다.

02. 예상치 못한 갑작스러운 정책금리 변경으로 국 내외 금융시장 전반에 큰 변화가 있을 것으로 예상한다.

03. 사회구조가 도대체 무엇을 의미하는 가를 전문적으로 깊이 다루려고 하면 할수록 혼미의 벽에 부딪치는 느낌을 주는 딜레마를 맞게 된다.

04. 이미 톱질이 끝난 톱밥은 여러 차례 다시 톱질할 수 없는 것이다. 이 점에서 과거는 톱밥과 같다고 할 수가 있다.

05. 이와 같은 발상은 멀리 내다보지 못하는 근시안적인 태도이다.

06. 직장인들의 새해 목표는 매년 거의 대동소이한 것으로 조사됐다.

07. 내년에는 정부의 대책 마련으로 도산기업의 수가 더 이상 불지 않았으면 하는 바램이다.

08. 신선한 채소나 과일을 많이 섭취하면 부족한 비타민을 보충해 피로와 면역력을 높이는 데 많은 도움이 된다.

09. 기업들은 장기적인 인력 양성에 더 많은 관심과 투자를 해야 한다.

10. 각 영업소별 매출현황을 보고하는 과정에서 영업관리자들의 의견이 대립하여 결국 하반기 매출전략에 관한 마지막 결론을 도출하지 못하고 종료했다.

11. 학교 폭력을 사전에 예방하기 위한 대책 회의에서 정부 관련 부처와 교육계가 판이하게 다른 입장을 내세웠다.

**[문제 5] 다음 문장을 능동적 표현으로 재구성하여 고쳐봅시다.**

01. 이번에 작성한 연례보고서는 내용이 지루하고 형편없다.

02. 수많은 일이 나를 기다리고 있다.

03. 우리는 주말에는 전화주문을 받지 않습니다.

04. 적금 해약은 은행 창구에서만 가능하니 손님께서 은행에 나오셔야 합니다.

05. 만일 귀사가 계속해서 최종기한을 맞추지 못한다면 그에 대한 조치가 취해질 것이다.

# Chapter 1 자격증 기출문제

**1. 다음 중 띄어쓰기가 가장 적절한 것은?**

◉ 2012. 1회 2급

① 김윤희선배님
② 김 윤희 선배 님
③ 김 윤희 선배님
④ 김윤희 선배님

**2. 다음 중 맞춤법과 어법이 가장 옳은 것은?**

◉ 2009. 1회 2급

① 홍정을 부친다.
② 마케팅 비용을 주린다.
③ 절대로 회의를 늦추는 일은 않하겠다.
④ 택시와 버스가 마주 부딪쳤다.

**3. 다음 중 가장 올바른 화법은?**

◉ 2009. 1회 2급

① (병문안을 마치고 나오면서 인사말을 한다) 쾌차하시기 바랍니다.
② (상사에게는 유학 중인 아들과 딸이 있다) 자제분들을 모두 유학 보내셨다니, 참 자랑스러우시겠습니다.
③ (오랜만에 모교의 은사님을 만났다) 선생님, 잘 계시죠?
④ (행사에서 인사말을 하는 주관 기관의 원장을 소개한다) ○○○의 ○○○ 원장님의 인사 말씀이 있으시겠습니다.

**4. 동의어의 반복 사용예가 아닌 가장 올바른 표현은?**

◉ 2008. 2회 2급

① 인원의 과반수 이상이 찬성했다.
② 남은 여생을 행복하게 지냈다.
③ 신년 새해에 복 많이 받으십시오.
④ 모든 임원에게 회람했다.

**5. 다음 밑줄 친 부분을 맞게 수정한 것으로 옳지 않은 것은?**

◉ 2008. 1회 2급

① <u>나에게</u> 있어 <u>낙방은</u> 고배가 아니다.
→ 나에게 낙방은
② 이 문은 <u>열리지 않는다</u>.
→ 열려지지 않는다.
③ 사치품의 수입은 <u>자제되어야 한다</u>.
→ 자제해야 한다
④ <u>어머니의 손에 의하여</u> 해결할 수 있다.
→ 어머니의 손으로

**6. 다음 문서에서 맞춤법이 올바르지 않은 곳은?**

◉ 2007년 1회 2급

> 사단법인 한국비서협회는 비서직, 사무관리직 종사자 및 교육자 그리고 비서직에 관심 있는 일반인, 학생, 기관 등으로 구성된 <u>(가) 단체로써</u>, 비서의 자질을 높이고 그 권익을 옹호함을 목적으로 설립된 국내에 유일한 비서들의 단체입니다. 4월 비서 주간을 <u>(나) 맞이하여</u> 비서의 날을 자축하는 <u>(다) 의미로써</u> 다음과 같이 행사를 마련하였습니다. 행사 참가를 위하여 첨부된 비서의 날 행사 참가신청서를 작성하시어 4월 19일까지 한국비서협회 사무국으로 회신하여 <u>(라) 주십시오.</u>

① (가) ② (나) ③ (다) ④ (라)

**7. 이 비서는 새로운 대표이사의 취임을 맞아 취임인사장을 작성하였다. 이 비서가 작성한 인사장 문구 중 맞춤법이 올바른 것끼리 짝지어진 것은?** ◉ 2014. 1회 2급

> 귀사의 번영과 발전을 경하드립니다.
> 경제 환경의 침체에도 불구하고 날로 발전을 거듭하고 계심을 매우 기쁘게 생각합니다. 이번에 본인은 전임 김수정 대표이사의 뒤를 이어 ⓐ새로히 대표이사에 취임하였습니다. 모든 것이 부족합니다만 ⓑ대표이사로써 기업과 업계 발전에 기여할 수 있도록 최선을 다해 노력하겠습니다. ⓒ아무쪼록 전임자에게 베풀어 주셨던 것처럼 변함없는 지도와 성원을 부탁드립니다.
> 취임인사와 ⓓ더불어 업계 여러분들의 고견을 듣고자 아래와 같이 조촐한 자리를 마련하려고 합니다. 바쁘신 줄 아오나 부디 참석하시어 자리를 빛내 주시면 감사하겠습니다.

① ⓐ, ⓑ ② ⓑ, ⓒ
③ ⓒ, ⓓ ④ ⓐ, ⓒ

**8. 다음 중 신입비서가 상사에게 전달하는 화법이 올바른 것은?** ◉ 2012. 2회 2급

① 김 부장님, 사장실로 오라고 하십니다.
② 김 과장님, 수고하셨습니다.
③ 사장님, 회의는 끝났습니까?
④ 사장님, 김 팀장님은 출장 가셨습니다.

**9. 다음 표현 중 가장 올바른 것은?** ◉ 2012. 1회 2급

① "저희 회사의 콘도 개발과 관련하여 한국대학교 토목과 홍길동 교수에게 자문을 구한 결과 아무런 문제가 없는 것으로 드러났습니다."
② "이분이 바로 우리 회사의 명예를 드높인 장본인이십니다."
③ (평사원이) "부장님, 이사님은 외부에 나가시고 안 계십니다."
④ "제가 주말에 급한 볼일이 있어 문상을 가기가 어렵게 되었습니다. 죄송하지만 부줏돈 좀 대신 내주십시오."

**10. 다음 중 밑줄 친 표현이 올바르지 않은 것은?** ◉ 2012. 2회 1급

① 이 안건을 회의에 부치는 것이 좋습니다.
② 이번 프로젝트는 진행이 느려서 차질이 발생하고 있습니다.
③ 시장상황이 좋으니 수출량을 더 늘이는 것이 좋겠습니다.
④ 이것으로써 치사를 갈음합니다.

Business to Business Documents Coaching

# Chapter 2 실용문서 작성원칙

1. 문서의 기능 및 종류
2. 문서의 성립과 효력 발생
3. 문서 작성의 일반적 원칙

# Chapter 2 실용문서 작성원칙

## 1 문서의 기능 및 종류

문서란 문자나 기호를 사용하여 사람의 의사 또는 사물의 상태, 현상, 관계 등을 표시하여 기록한 것을 의미한다. 그리고 의사를 기록하고 보존하는 물질을 종이에 국한하지 않고 목재, 테이프, 필름, 사진 등 다양한 매체를 사용한 경우도 넓은 의미의 문서라고 볼 수 있다.

조직의 대내외 커뮤니케이션 도구로서 다음과 같은 경우에 문서가 필요하다. 업무내용이 복잡하여 당해 업무의 처리가 곤란한 경우, 사무처리 결과의 증빙자료로서 필요한 경우, 사무처리의 형식상 또는 체제상 기준이 필요한 경우, 사무처리에 대한 의사소통이 대화로는 불충분한 경우, 사무처리의 결과를 일정 기간 동안 보존할 필요가 있을 경우에 문서가 요구된다. 이와 같은 요구에서 작성된 문서는 조직 내 사무활동의 기본매체로서 조직 내의 의사소통 매개체로서의 중요한 역할을 한다.

### 1) 문서의 기능

① 의사 기록 및 구체화 기능
② 의사 전달의 기능
③ 의사 보존의 기능
④ 자료 제공의 기능
⑤ 사무의 연결, 조정, 협조의 기능

## 2) 문서의 종류

### (1) 작성주체에 따른 분류

① 공문서

공문서는 행정기관 내부 또는 행정기관 상호 간이나 대외적으로 공무상 작성 또는 시행된 문서와 행정기관에서 접수한 모든 문서를 말한다(사무관리규정 제3조). 공문서는 일반문서, 도면, 사진, 디스크, 테이프, 필름, 슬라이드, 전자문서 등이 포함되며 문서의 성질에 따라 법규문서, 지시문서, 공고문서, 비치문서, 민원문서, 일반문서로 구분한다.

② 사문서

사문서는 개인이 사적(私的)인 목적을 위해 작성한 문서를 말한다. 즉 사문서는 개인의 사사로운 의사 또는 의견을 표시하는 문서로 안내장, 인사장, 소개장, 추천장 등이 포함된다. 사문서도 각종 신청서, 증명서, 진정서 등과 같이 행정기관에 제출하여 접수된 것은 공문서로 취급한다.

### (2) 유통대상에 의한 분류

① 유통되지 않는 문서 : 내부결재문서

내부적으로 계획 수립, 처리방침 결정, 업무보고, 소관사항 검토 등을 하기 위해 결재를 받는 문서는 발신하지 않는다.

② 유통대상 문서

㉠ 사내문서(내부용 문서)

사내문서란 조직체 내부에서 여러 가지 업무연락을 하거나 정보 전달을 목적으로 작성되는 문서를 말한다. 조직체 내부의 지시, 명령, 협조를 위하여 또는 보고, 통지를 위하여 작성된다. 그 종류로는 품의서, 보고서, 지시서, 협조전, 업무연락서, 회보, 전언통신문, 전문, 명령서, 인사발령서, 장표 등이 있다.

㉡ 대외문서

대외문서는 자체 기관 이외에 다른 기관이나 단체, 개인 등에 수발하는 문서를 말한다. 대외문서의 종류는 의례문서와 거래문서로 나눌 수 있으며 의례문서에는 인사장, 안내장, 초대장 등이 있고 거래문서에는 직접 상거래에 필요한 주문서, 청구서, 영수증, 신청서, 통지서, 조회서 등이 있다.

㉢ 발신자와 수신자 명의가 같은 문서

행정기관의 장 또는 합의제 행정기관이 자신의 명의로 발송하고 자신의 명의로 수신하는 문서를 말한다. 즉, 수신자 명의와 발신자 명의가 같은 문서를 말한다.

㉣ 전자문서

컴퓨터 등 정보처리 능력을 가진 장치에서 전자적인 형태로 작성, 송수신, 저장된 문서를 말하며 이러한 문서는 전산망을 활용하여 시행하거나 접수된다. 그 외에 전자문서에는 전자우편, 인터넷을 통한 기록물까지도 포함한다.

### (3) 처리 단계에 의한 분류

① 접수문서 – 배포문서 – 기안문서 – 합의문서 – 완결문서 – 시행문서

② 이첩문서 – 공람문서 – 보관문서 – 보존문서 – 폐기문서

③ 미처리문서 – 미완결문서

- 미처리문서 : 접수문서나 배포문서로 어떠한 처리도 하지 않은 문서
- 미완결문서 : 기안문서로 결재에 이르지 않았거나 결재를 받고도 시행되지 않은 문서
- 미결문서 : 기안문서 중 보조기관의 검토를 거쳤으나 아직 최종결재권자의 결재가 남아 있는 상태이거나 기안문서에 대한 내용의 확인과정과 협의 미비 등으로 인하여 결재가 보류된 문서

**참고** **문서사무의 흐름도**

문서의 기안, 결재, 협조과정을 통해 조직 내외의 사무처리 및 정보 순환이 이루어져 업무의 연결, 조정기능을 수행하게 된다.

■ **문서사무의 흐름도**

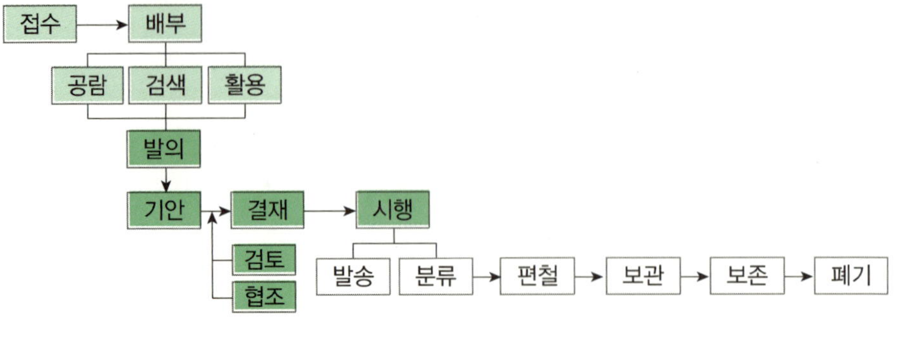

# 2 문서의 성립과 효력 발생

## 1) 문서의 성립

① 문서는 기관의 적법한 권한이 있는 조직원이 직무 범위 내에서 문서를 작성해야 한다. 또한 문서에는 기관의 의사표시가 명확히 표현되어야 하며 위법 또는 부당하거나 시행 불가능한 내용이 아니어야 한다.

② 문서의 성립시기는 결제권자가 해당 문서에 서명의 방식으로 결재함으로써 성립한다(다른 법령에 특별한 규정이 있는 경우는 제외). 전자서명에 따른 전자결재도 이에 포함된다. 결재권자라 함은 기관의 장, 기관의 장으로부터 결재권을 위임받은 자 및 대결하는 자를 말한다.

## 2) 문서의 효력발생시기

### (1) 일반문서

문서의 효력발생시기를 정하는 원칙에는 표백주의, 발송주의, 도달주의, 요지주의 등이 있으며, 일반원칙으로 사무관리규정상 문서의 효력발생시기로 도달주의를 택하고 있다(제6조). 따라서 공문서는 다른 법령에 특별한 규정이 없는 한 수신자에게 도달됨으로써 효력이 발생한다. 분쟁이 야기될 수 있는 문서는 수령증, 등기우편, 배달 또는 내용증명 등 도달을 증명할 수 있는 발송방법을 활용할 필요가 있다.

**참고 문서 효력발생시기에 따른 원칙**

- 표백주의 원칙 : 문서가 성립한 때, 즉 결재로서 문서 작성이 끝난 때에 효력 발생
- 발송주의 원칙 : 성립한 문서가 상대방에게 발신된 때부터 효력 발생
- 도달주의 원칙 : 시행문서가 수신인에게 도달되었을 때 효력 발생
- 요지주의 원칙 : 시행문서가 수신인에게 도달된 후 수신인이 문서내용을 알게 된 시점부터 효력 발생

### (2) 공고문서

고시, 공고가 있은 후 5일이 경과한 날부터 효력이 발생한다. 다만 효력발생시기가 미리 규정되어 있거나 공고문서에 특별히 명시되어 있는 경우는 제외된다.

### (3) 전자문서

전자문서의 경우 수신자가 관리하거나 지정한 전자적 시스템 등에 입력되는 때부터 문서의 효력이 발생된다는 도달주의를 원칙으로 하고 있다.

## 3 문서 작성의 일반적 원칙(공문서 작성 기준)

### 1) 용지의 선정

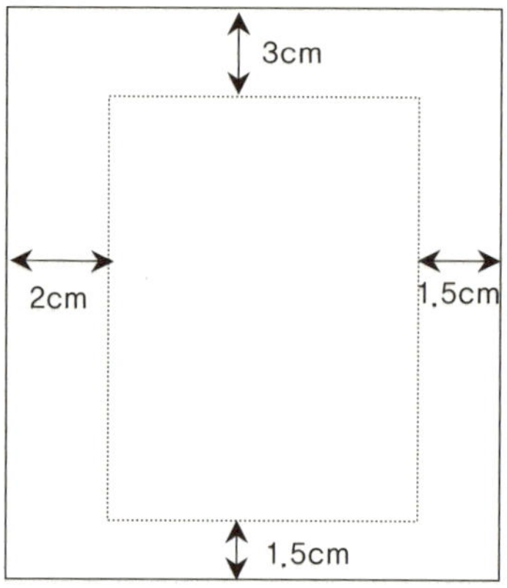


#### (1) 용지의 기본규격

가로 210mm, 세로 297mm(A4 용지)

#### (2) 용지의 여백

| | |
|---|---|
| 위로부터 | 3cm |
| 왼쪽으로부터 | 2cm |
| 오른쪽으로부터 | 1.5cm |
| 아래로부터 | 1.5cm |

※ 문서의 편철 위치나 용도에 따라 각 여백을 달리할 수 있다.

#### (3) 용지의 색상 및 글의 색채

용지는 흰색을 사용하며 글자의 색채는 검은색 또는 푸른색을 사용한다. 단, 도표의 작성이나 수정, 강조 등 특별한 표시를 하고자 할 때는 다른 색을 사용할 수 있다.

### 2) 문서의 용어

① **글자** : 국어기본법에 따른 어문규범에 맞게 한글로 작성한다. 쉽고 간명하게 표현하고 뜻을 정확하게 전달하기 위해 필요한 경우에는 괄호 안에 한자, 그 밖의 외국어를 쓸 수 있다. 특별한 사유가 있는 경우를 제외하고 가로로 쓴다.

② **숫자** : 아라비아 숫자로 쓴다.

③ **날짜** : 숫자로 표기하되, 연·월·일의 글자는 생략하고 그 자리에 온점(.)을 찍어 표시한다(예 : 2013. 12. 15.).

④ **시간** : 시・분 표기는 24시각제에 따라 숫자로 하되, 시・분의 글자는 생략하고 그 사이에 쌍점(:)을 찍어 구분한다(예 : 오후 5시 30분 – 17:30).

⑤ **금액** : 금액을 표시할 때는 아라비아 숫자로 쓰되 숫자 다음에 괄호를 하고 한글로 기재한다[예 : 금223,850원(금이십이만삼천팔백오십원)].

⑥ **바코드 표기** : 문서에 음성정보나 영상정보 등이 수록되거나 연계된 바코드 등을 표기할 수 있다.

### 3) 문서의 면 표시

#### (1) 문건별 면 표시

① 전후 관계를 명백히 할 필요가 있는 중요한 문서가 2장 이상으로 이루어진 경우에 문건별 면수 표시는 문서의 중앙 하단에 표시한다. 양면 기재된 문서는 양면 모두에 표시하도록 한다.

② 표시방법은 당해 문서의 전체 면수와 그 면의 일련번호를 붙임표(-)로 이어 표시한다. 예를 들어 전체 문서가 3면인 경우 3-1, 3-2, 3-3으로 면 표시한다.

③ 첨부서류에서는 하나의 문건으로 보고 계속 이어서 면 표시를 한다.

#### (2) 문서철별 면 표시

① 문서철별 면 표시는 당해 문서철의 첫 번째 면에서 시작한 그 면의 일련번호를 우측 하단에 표기한다.

② 문서철별 면수는 표지와 색인목록을 제외한 본문부터 시작하여 면수를 부여하며 맨 윗 장부터 아래로 일련번호를 부여한다.

③ 문서철단위 면 표시는 임시로 연필 표시했다가 정리가 끝나면 펜으로 확정 표시한다.

④ 동일한 문서철을 2권 이상으로 분리하여 편철한 경우에 두 번째 권 이하의 문서철별 면수는 전권 마지막 면수에 이어서 그 다음의 일련번호로 시작한다. 이 경우에도 표지와 색인목록은 면수 부여 대상에서 제외한다.

### 4) 항목의 구분

문서의 내용을 둘 이상의 항목으로 구분하여 작성하고자 할 경우에는 글머리 기호 구분에 따라 표시한다. 항목 구분이 숫자인 경우에는 오름차순, 한글인 경우에는 가나다순으로 표시한다.

기안문 작성 시 하나의 항목만 있을 경우에는 항목 구분을 할 필요가 없으므로 번호를 기재하지 않는다.

### (1) 항목부호 표시 위치

① 첫째 항목부호는 제목의 첫 글자와 같은 위치에서 시작한다.

② 하위항목은 앞 항목의 위치에서 2타(한글은 1자, 영문·숫자는 2자)씩 띄어 오른쪽에서 시작한다.

③ 항목부호와 그 항목의 내용 사이에는 1타를 띄운다.

④ 하나의 항목만 있을 경우에는 항목 구분을 생략한다.

### (2) 항목부호 표시방법

| | |
|---|---|
| 첫째 항목 | 1., 2., 3., 4., 5. |
| 둘째 항목 | 가., 나., 다., 라., 마. |
| 셋째 항목 | 1), 2), 3), 4), 5) |
| 넷째 항목 | 가), 나), 다), 라), 마) |
| 다섯째 항목 | (1), (2), (3), (4), (5) |
| 여섯째 항목 | (가), (나), (다), (라), (마) |
| 일곱째 항목 | ①, ②, ③, ④, ⑤ |
| 여덟째 항목 | ㉮, ㉯, ㉰, ㉱, ㉲ |

둘째, 넷째, 여섯째 항목의 경우에 하, 하), (하) 이상 더 계속되는 경우는 거, 거), (거)로 이어 표시한다. 또한 필요한 경우에는 항목의 구분을 본질적으로 벗어나지 않는 범위 내에서 □, ○, ·, 등과 같은 특수 기호로 쓸 수 있다.

## 5) 문서의 '끝' 표시

① 문서의 본문에서 끝났을 경우 한 글자(2타)를 띄우고 '끝'자를 표시한다.

견적서를 보내 주시기 바랍니다.VV끝.

② 붙임(첨부물)이 있을 경우 붙임의 표시 끝에 한 글자(2타)를 띄우고 '끝'자를 표시한다.

붙임VV신제품 발표 기획안 1부.VV끝.

붙임VV1. 신제품 발표 기획안 1부.
VVVVV2. 전기(1/4분기) 제품기획회의 회의록 1부.VV끝.

③ 본문내용이나 붙임에 적은 사항이 오른쪽 한계선에서 끝났을 경우 다음 줄의 왼쪽 한계선에서 한 글자(2타)를 띄우고 '끝'자를 표시한다.

(본문내용) ------------------------ 제출하여 주시기 바랍니다.
VV끝.

④ 본문의 내용이 표 형식으로 끝나는 경우

* 기재사항이 표의 마지막 칸까지 작성되는 경우에 표 밖의 아랫줄 왼쪽 기본선에서 한 글자(2타)를 띄우고 '끝'자를 표시한다.

| 제품 | 단가 | 주문량 | 금액 |
|---|---|---|---|
| A상품 | 50,000 | 100 | 5,000,000 |
| B상품 | 40,000 | 50 | 2,000,000 |

VV끝.

* 기재사항이 표의 중간에서 끝나는 경우에는 '끝' 표시를 하지 않고 기재사항의 마지막으로 작성된 칸의 다음 칸에 '이하빈칸'을 표시한다.

| 제품 | 단가 | 주문량 | 금액 |
|---|---|---|---|
| A상품 | 50,000 | 100 | 5,000,000 |
| B상품 | 40,000 | 50 | 2,000,000 |
| C상품 | 35,000 | 미정 | 미정 |
| 이하빈칸 | | | |
| | | | |

# Chapter 2 자격증 기출문제

**1. 다음 중 문서의 성립 및 효력 발생에 대한 설명으로 가장 옳지 않은 것은?**

◉ 2014. 1회 1급

① 문서는 당해 문서에 대한 서명에 의한 결재가 있음으로써 성립한다.

② 문서는 발신자가 문서를 발송함으로써 그 효력이 발생한다.

③ 공고문서의 경우 특별한 규정이 없을 때 공고가 있은 후 5일이 경과한 날부터 효력이 발생한다.

④ 법규문서 중 법률, 명령, 조례, 규칙은 공포일로부터 20일 경과 후 효력이 발생한다.

**2. 문서의 성립과 효력발생에 대한 설명 중 가장 적절하지 않은 것은?** ◉ 2010. 1회 2급

① 문서는 직무의 범위 내에서 공무상 작성해야 한다.

② 문서에 대한 결재가 있음으로써 문서가 성립한다.

③ 문서의 효력발생시점은 문서를 발신한 때부터이다.

④ 공고문서의 경우 고시나 공고가 있은 후 5일이 경과한 날부터 효력을 발생한다.

**3. 다음은 공문서의 "끝" 표시를 하는 방법이다. 가장 적절하지 않은 것은?**

◉ 2010. 1회 1급

① 첨부물이 있는 경우 붙임의 표시문 끝에서 2타를 띄우고 "끝"자를 쓴 뒤 마침표(.)를 찍는다.

② 공문의 표 안 기재사항이 표의 중간에서 끝남으로써 공문의 내용이 끝나는 경우에 기재사항의 마지막자 다음 칸에 "끝"자를 쓴 뒤 마침표를 찍는다.

③ 표의 마지막 칸까지 모두 작성된 경우에는 서식의 칸 밖의 아래 왼쪽 기본선에서 2타를 띄운 후 "끝"을 쓰고 마침표를 찍는다.

④ 문서의 내용이 우측 한계선에서 끝날 때에는 다음 줄 왼쪽의 기본선에서 1자를 띄우고 "끝"자를 쓴 뒤 마침표(.)를 찍는다.

**4. 문서의 처리 단계에 따른 명칭 설명 중 가장 적절하지 않은 것은?** ◉ 2010. 1회 2급

① 공람문서 : 배포문서 중 별도의 처리 없이 단순히 상급자에게 보고 또는 열람하는 문서

② 이첩문서 : 배포문서 중 그 취지와 내용이 다른 기관의 문서를 그 기관에게 다시 알리기 위해 기안된 문서

③ 보관문서 : 일처리가 끝난 완결문서로 보관하는 문서

④ 시행문서 : 기안하고 결재하고 시행목적에 따라 완결된 문서

**5. 다음 중 문서의 끝을 표시하는 방법으로 가장 적절하지 않은 것은?** ◉ 2009. 2회 2급

①

| 2. 다시 견적을 보내주시기 바랍니다.  끝. |
|---|

②

별첨과 같이 서류를 동봉하오니 참고 바랍니다. 끝.
첨부 신제품 기획안 1부. 이상

③

| 제품 | 단가 | 주문량 |
|---|---|---|
| USB | 88,000 | 18 |
| Monitor | 450,000 | 16 |
| | | 이하빈칸 |

④

| 제품 | 단가 | 주문량 |
|---|---|---|
| USB | 88,000 | 18 |
| Monitor | 450,000 | 16 |

끝.

**6. 다음 중 공문서에 대한 설명으로 가장 적절하지 못한 것은?** ◉ 2010. 2회 2급

① 공문서는 행정기관 또는 공무원이 그 직무상 작성 또는 접수한 문서를 말한다.
② 공문서는 일반적인 용지로 작성된 문서만 의미하며 도면, 사진, 필름 등은 공문서에 포함되지 않는다.
③ 공문서는 기본적으로 사무관리규정 시행규칙에 따라 작성한다.
④ 개인이 작성한 사문서도 행정기관에 제출해 접수하면 공문서가 된다.

**7. 우리나라에서 채택하고 있는 문서의 효력발생시기는?** ◉ 2013. 2회 2급

① 시행문서의 발송시점부터
② 시행문서의 작성완료시점부터
③ 시행문서가 수신자에게 도달되었을 때부터
④ 시행문서가 수신자에게 도달된 후 수신자가 문서내용을 알게 된 때부터

Business to
Business
Documents
Coaching

# 3 Chapter 공문서 만들기 (기안문 및 시행문)

1. 기안문의 구성
2. 기안문의 종류
3. 기안문의 결재
4. 시행문의 작성
5. 문서의 발신 및 접수
6. 문서의 공람
7. 문서의 경유

Business to Business Documents Coaching

3
Chapter

# 공문서 만들기
## (기안문 및 시행문)

## 1 기안문의 구성

**발 신 기 관 명**

수신
(경유)
제목

---

**발　신　명　의** 직인

---

기안자　직위(직급) 서명　　　검토자　직위(직급) 서명　　　결재권자　직위(직급) 서명

협조자

시행　　처리과명-연도별 일련번호(시행일)　　접수　처리과명-연도별 일련번호(접수일)

우　　도로명 주소　　　　　　　　　　　/ 홈페이지 주소

전화번호(　)　　　팩스번호(　)　　　　/ 기안자 전자우편주소　　/ 공개구분

| 구분 | 내용 |
|---|---|
| 두문 | 발신기관명, 수신(참조), 경유 |
| 본문 | 제목, 내용, 붙임 |
| 결문 | 발신명의<br>기안자/검토자/결재권자의 직위 또는 직급 및 서명<br>협조자의 직위 또는 직급 및 서명<br>생산등록번호와 시행일자/접수등록번호와 접수일자<br>발신기관 우편번호, 주소, 홈페이지 주소<br>발신기관 전화번호, 팩스번호, 담당자 전자우편주소, 공개구분 |

## 1) 두문

### (1) 발신기관명

문서의 기안부서가 속한 기관명을 기재한다. 용지의 위에서 3cm를 띄우고 중앙에 기재한다. 글자크기는 본문의 글자크기보다 크고 진하게 표시한다.

참고 **로고 및 상징 표시**

기안문의 두문 여백에는 기관의 로고, 상징, 마크, 홍보문구, 바코드 등을 표시하여 기관의 이미지를 높일 수 있다.

- 로고의 위치는 왼쪽 상단에 표시하며 시작부분은 왼쪽 기본선이고 높이는 기관명을 기준으로 한다. 크기는 가로 2cm와 세로 2cm 범위 내에서 나타낸다.
- 상징의 위치는 오른쪽 상단에 표시하며 끝나는 부분은 오른쪽 한계선이고 높이는 기관명을 기준으로 한다. 크기는 가로 2cm와 세로 2cm 범위 내에서 나타낸다.
- 홍보문구는 발신기관명 바로 위에 표시한다.

### (2) 수신

① 수신란에 수신자명 또는 수신자 기호를 쓰고 그 다음에 이어서 (    ) 안에는 처리할 보조기관 또는 보조기관 실무자의 직위를 쓴다.

예 : 수신 대영물산(기획과장)

② 수신기관이 여럿인 경우는 '수신'란에 '수신자 참조'라고 기재한 후, 결문의 발신명의 다음 줄에 '수신자'란을 만들어 수신자기호 또는 수신자명을 표시한다.

예 : (두문) 수신 수신자 참조

:

(결문) 수신자 한국행정학회, 한국비서학회, 대한상공회의소

③ 수신기관이 2개 이상의 경우라도 불특정 다수 기관일 때는 두문의 수신부분에 표기한다.

예 : 수신 각 학교장

④ 민원회신 문서의 경우는 '수신'란에 민원인의 성명을 쓰고 ( ) 안에는 우편번호와 주소를 쓴다.

예 : 수신 홍길동 귀하(우110-735 서울시 종로구 필운대로 1길 34)

⑤ 수신자가 없는 내부결재문서는 '수신'란에 '내부결재'라고 표시한다.

예 : 수신 내부결재

⑥ 수신 옆의 ( ) 안의 처리할 자의 직위가 분명하지 않을 경우 '○○업무 담당과장' 등으로 쓴다.

### (3) 경유

경유기관은 시행문서가 수신기관에 앞서 중간에 거쳐 가는 기관이다. 이 기관에서 문서를 접수한 경우 문서의 검토를 마친 후 다른 경유기관 또는 최종수신자에게 보내는 때에 결재를 받아야 한다. 또한 경유기관의 장의 명의로 발송하는 문서를 만들어 경유문서를 붙여 보내고 경유기관의 의견이 있을 경우는 이를 붙임으로 경유문서와 함께 보낸다.

경유문서의 경우에 (경유)란에 '이 문서는 경유기관의 장은 ○○○이고 최종수신기관의 장은 ○○○입니다.'라고 표시한다. 해당 경유기관이 없는 경우는 '경유'의 제목 표시하여 내용을 쓰지 않고 빈 줄로 남겨둔다.

■ **경유문서의 표시**

[최초 발신기관]

**발신기관명**

수신 □□□

(경유) 이 문서의 경유기관의 장은 □□□이고 최종수신기관의 장은 ○○○입니다.

제목 경유문서의 이송

[경유기관]

**발신기관명**

수신 ○○○

(경유) 이 문서의 경유기관의 장은 □□□이고 최종수신기관의 장은 ○○○입니다.

제목 경유문서의 이송

붙임 1. 시행문(△△△ 경유문서) 1부.
2. 의견서 1부(있는 경우에만 첨부). 끝.

## 2) 본문

### (1) 제목

본문의 내용을 함축하여 쉽게 알 수 있도록 명확하게 표시하며 대체로 1행의 길이를 넘지 않도록 간단히 표현한다. 제목의 끝은 결구(예 : 개최, 보고, 안내, 의뢰 등)로 표현한다.

### (2) 내용

문서의 내용이 복잡하여 2개 이상의 항목을 구분하여 작성할 필요가 있는 경우에는 반드시 항목을 구분하여 작성한다. 항목으로 구분된 문단의 문장이 2줄 이상일 때는 둘째 줄의 시작은 들여쓰기를 하지 않고 왼쪽 기본선에서 시작한다.

① 전문 : 의례적인 인사말로서 사내문서인 경우는 생략하기도 한다.

② 주문 : 글을 쓰는 배경이나 목적 등을 정확하고 간결하게 표현한다.

③ 말문 : 마무리하는 인사말이나 지원을 부탁하는 글을 나타낸다.

#### (3) 부기

문서에 참고서류, 서식, 금전 등 기타의 물품이 첨부되는 때에는 본문의 내용이 끝난 다음 줄에 '붙임'을 표시한다. 이는 붙임(첨부물)의 명칭과 수량을 나타내며 붙임이 두 가지 이상일 경우는 항목을 구분하여 표시한다.

기안문에 첨부되는 계산서, 통계표, 도표 등 작성상의 책임을 밝힐 필요가 있다고 인정되는 첨부물에는 작성자를 표시해야 한다.

* 붙임의 표시

(본문내용) --- 붙임을 참고하시어 제출하여 주시기 바랍니다.
붙임VV1.V입사지원서(소정양식) 1부.
2.V최종학력 성적증명서 1부.VV끝.

### 3) 결문

#### (1) 발신명의

① 문서는 당해 기관의 장의 명의로 발신한다.

② 기관 내 보조기관 상호 간에 발신하는 문서(내부용 문서)는 당해 보조기관 명의로 발신한다.

③ 내부결재문서는 기관 내부적으로 업무계획 수립, 처리방침 결정, 업무보고, 소관사항 검토 등을 하고자 할 때 작성한다. 이 문서는 어떤 사안에 대해 내부적으로 의사를 결정하기 위해 검토, 판단 등이 필요한 경우 결재를 받는 문서로서 대외적 시행이 필요하지 않으므로 발신명의를 표시하지 않는다.

④ 기관장의 권한을 대행하거나 직무를 대리하는 사람이 발신명의와 함께 본인의 성명을 적는 경우 '권한대행' 또는 '직무대리'의 표시를 하고 그 직위를 적도록 한다.

* 권한대행/직무대리 발신명의 표시

청람(주) 대표이사 직무대리 김 철 수
부 사 장

### (2) 수신자

수신기관이 두 군데 이상인 경우에 사용되며 수신자의 명칭 대신에 수신자 기호를 쓰기도 한다. 수신기관들 사이는 쉼표(,)로 구분하며 마지막 수신기관 끝에는 마침표(.)를 찍는다.

### (3) 기안자

기안자는 직위와 성명을 적고 서명하며 이와 함께 발의자와 보고자도 알 수 있도록 표시한다. 직위가 있는 경우에는 직위를 쓰고 직위가 없는 경우에는 직급을 쓴다.

① **발의자** : 기안하도록 지시한 자 또는 기안자가 스스로 입안한 자를 말한다. 발의자의 직위나 직급 앞 또는 위에 ★ 표시를 한다.

② **보고자** : 결재권자에게 직접 보고하는 자로서 보고자의 직위나 직급의 앞 또는 위에 ⊙ 표시를 한다(보고자와 발의자가 동일한 경우 ★⊙를 함께 표시한다).

**✱ 보고자 표시의 생략**

- 전자문서로 결재하거나 결재권자에게 직접 보고하지 않는 경우는 보고자 표시를 생략한다.
- 검토 및 결정을 요하지 않는 문서, 회의록과 같은 단순 사실 기록문서나 일상 반복적인 업무로 경미한 사항에 관한 문서의 경우는 발의자 및 보고자의 표시를 생략할 수 있다.

### (4) 검토자

① 검토자는 결재권자를 보좌하는 직속하급자로서 기안문은 결재권자의 결재를 받기 전에 검토자(보조기관)의 검토가 필요하다. 즉 검토는 기안한 내용을 점검하여 동의 여부를 결정하는 것으로 직제상 수직적 합의를 의미한다. 검토자의 직위나 직급을 적고 이어서 서명을 한다.

② 신속한 의사결정을 위하여 검토자의 수는 가능한 한 결재권자의 결재에 이르기까지 2인이 넘지 않도록 한다.

③ 왼쪽부터 오른쪽으로 낮은 직급에서부터 상위직급의 순으로 적는다.

④ 결재권자를 대신하여 보조기관에서 전결이나 대결을 하는 경우는 전결자(대결자)가 자신의 직급을 적고 전결이나 대결을 기입한 후 이어서 서명한다.

⑤ 출장 등의 사유로 검토를 받을 수 없는 경우 결재를 생략하며 검토자의 서명란에 사유를 명시한다.

⑥ 검토자가 다른 의견을 표시하는 경우에는 직위나 직급 다음에 '(의견있음)'이라고 표시한다.

> **참고** **보조기관이란?**
> 기관의 의사 또는 판단의 결정이나 표시를 보조하는 기관으로 기관의 결정 또는 집행에 직접 참여한다. 일반적으로 직무상의 직선적 계선체계를 말한다(사장, 부사장, 전무이사, 상무이사 등).

### (5) 결재권자

결재권자는 안건을 허가하거나 승인할 수 있는 최종권한을 가진 사람으로서 당해 기관장의 직명을 기재하고 이어서 서명날짜를 표시한다.

### (6) 협조

기안문의 내용과 관련이 있는 다른 부서의 업무협조를 받고자 할 경우 결재자의 서명을 받기 전에 관계부서장의 협조 서명을 받아야 한다. 검토는 직제상 수직적 합의를 나타내며 협조는 수평적 합의를 의미한다. 협조는 결재 전에 받아야 하고 기안부서와 협조부서 간 동일 직급의 실무자가 교차적으로 서명하거나 기안부서의 검토를 모두 마친 후 협조부서의 협조를 거쳐 결재권자의 결재를 받기도 한다.

협조의 표시는 기안문의 협조란에 협조자가 자신의 직위를 쓰고 서명을 한다.

**＊ 다른 의견의 표시**

협조자가 기안내용과 다른 의견이 있는 때에는 당해 문서 본문의 마지막에 의견내용을 적거나 별지에 따로 의견내용을 표시할 수 있다. 또한 협조자란에 직위나 직급을 적은 다음 '(의견있음)'이라고 표시한다.

의견있음(의견붙임)의 사항은 결재권자가 결재를 하거나 담당자가 참고하도록 하기 위한 것이므로 시행문에는 그 내용을 표시하지 않도록 한다. 기안자, 검토자, 협조자의 의견이 다를 경우 한 의견으로 조정하여 합의하도록 노력하며 합의가 가능한 때에는 문안을 수정하거나 재작성할 수 있다(검토자는 기안사안이 자신들의 소관업무이므로 기안문의 문안을 직접 수정하거나 재작성, 반려할 수 있지만, 협조자는 해당 사안에 대한 직접적인 수정 또는 재작성, 반려를 할 수 없다).

**＊ 협조자의 의견 표시방법**

- 의견붙임 : 협조자의 의견을 별지에 표시하는 경우
- 의견있음 : 협조자의 의견을 당해 문서의 본문의 마지막에 표시하는 경우로 의견내용과 함께 의견을 표시한 사람의 소속, 직위(직급), 성명을 표시한다.

(본문내용)..... 끝.

본문내용에 대한 의견 있음

1. 의견내용
2. 학교정책국 국장 홍○○

대리 김철수　국장 김준근　부원장 □□□ 원장 ○○○

협조자 학교정책 국장 (의견있음) 홍○○

**＊ 기안자, 검토자, 협조자의 표시**

기안자는 기안문의 기안자란에, 검토자는 검토자란에 직위 또는 직급을 쓰고 서명란에 서명한다. 다만 '기안자' 및 '검토자'의 용어는 생략한다. 협조자는 협조자란에 '협조자'의 용어를 표시한 후 해당자의 직위 또는 직급을 쓰고 그 옆에 서명을 한다.

### (7) 처리과

발신기관에서 당해문서를 처리한 처리과명을 표시한다.

### (8) 생산(접수)등록번호

기존 공문서의 문서번호를 등록번호로 명칭 변경하고 생산문서는 생산등록번호로, 접수번호는 접수등록번호로 표기한다. 일반 공문서에서는 처리과명과 문서등록 일련번호로 구성하여 표기한다. 전자문서의 검색이 용이하도록 생산(접수)부서를 숫자로 관리하기도 한다.

### (9) 시행일자/접수일자

시행일자는 문서가 효력을 발생하는 날짜로서 내부결재 공문서인 경우에는 최종결재가 되는 날부터 효력을 발생하는 것이 일반적이다. 기입방법은 약식('13)을 사용하지 않으며 연도, 월, 일 사이는 온점(.)을 찍어 구분한다. 접수일자란에도 연월일을 각각 온점(.)을 찍어 숫자로 기재한다.

### (10) 발신기관 연락처 및 담당자

① **우편번호 및 주소, 홈페이지 주소**

우편번호는 '우'자 다음 1타를 띄우고 번호를 빈칸 없이 기록한다. 우편번호를 표기한 다음 1타를 띄우고 주소를 적는다. 주소는 발신기관이 위치한 도로명 및 건물번호를 적은 다음에 괄호하여 사무실이 위치한 층수와 호수를 기재한다.

예 : 우 110-735 서울특별시 종로구 필운대로 1길 34(3층 305호)

주소가 길게 나타날 경우에는 도/시/군 등의 글자는 생략하여 기록할 수 있다. 빗금(/)을 표시한 후 발신기관의 홈페이지 주소를 표기한다.

② **전화번호 및 팩스번호**

( ) 안에 지역번호를 적고 국번과 번호를 표기한다. 국번과 번호 사이는 붙임표(-)를 표시하며 붙임표 앞뒤에는 여백을 두지 않는다. 또한 당해 기관 내부 문서의 경우는 구내 전화번호를 기재한다.

③ **담당자 전자우편 주소**

발신기관 내 당해 문서의 처리 및 문의에 응할 사람(담당자)의 전자우편 주소를 기재한다.

### (11) 공개 여부

문서의 공개 여부는 공개, 부분공개, 비공개로 구분하여 표시한다. 문서 공개 여부의 판단은 기안자, 검토자, 결재권자가 한다.

### (12) 암호 또는 음어 송신

결재권자가 시행할 문서에 결재를 할 때, 그 내용이 비밀사항이거나 누설되는 것을 방지하고자 할 때 그 발신방법을 암호 또는 음어로 지정한다. 비밀로 분류된 문서의 송신은 송신자와 수신자 사이에 서로 응답이 있는 경우에 한하여 송신한다. 송신문의 제목 또는 본문의 '끝'이나 '이하빈칸' 표시 다음에 따옴표(" ")를 하고 그 안에 비밀등급을 표시하여 송신한다.

## 2 기안문의 종류

### 1) 일반기안

일반기안은 기안문의 가장 일반적인 형태로 하나의 안건을 처리하기 위한 기안을 말하며 정해진 기안용지에 해당 문안을 작성한다. 기안문 서식은 일반기안문, 전자기안문, 간이기안문의 3가지가 있다.

### 2) 일괄기안

일괄기안은 서로 관련성이 있는 2개 이상의 안건을 동시에 하나의 기안문으로 일괄하여 기안하는 것을 말한다. 일괄기안은 각각의 기안문에 작성하며 두문, 본문, 결문에 들어갈 각각의 구성요소가 모두 포함되어야 한다. 그리고 각 안의 내용 및 성격에 따라 다르게 설정할 수 있으며 각각 다른 생산등록번호를 사용하여 같은 날짜에 시행하여야 한다.

### 3) 공동기안

공동기안은 둘 이상의 기관장의 결재를 받아 공동의 명의로 시행하는 문서를 기안하는 경우를 말한다. 공동기안은 관계기관 간의 긴밀한 사전 협의가 요구되므로 관계기관의 장의 결재를 받기 전에 그 기관의 해당 보조기관 등과 충분한 사전 협의가 있어야 한다.

〈일반기안문 예제〉

## 대 한 학 술 정 보 연 구 원

수신 수신자 참조(교무과장)
(경유)
제목 여학생 정보화 능력 신장사업 신청 안내

---

1. 귀하와 귀 기관의 무궁한 발전을 기원합니다.

2. 당 기관에서는 제2차(2014년도) 여성발전기금사업으로서 여학생의 정보화 능력개발의 기회 제공과 동기 유발을 통해 여학생 정보화 능력을 신장하고자 '여학생 정보화 경시대회 개최' 및 '여학생 정보화 캠프 운영' 시범사업을 추진합니다.

3. 위와 관련한 시범사업 주관기관을 공모하오니 아래의 사항을 참고하시어 관심 있는 기관의 많은 참여 바랍니다.

아 래

가. 사업내용(신청대상에 따른 지원금액)

| | 정보화 경시대회 | 정보화 캠프 |
|---|---|---|
| 사업신청 대상 기관 | 전국 4년제 대학교<br>비영리 공익 여성단체 | 서울지역 4년제 대학교 |
| 지원금액 | 15,000원 내외(1인당) | 30,000원 내외(1인당) |

나. 신청방법 : 지원신청서(붙임 서식) 제출
다. 신청마감 : 2014년 9월 30일(금)(우편은 당일 접수분에 한함.)

붙임 1. 여학생 정보화 능력 신장사업 추진계획 1부.
2. 행사 지원신청서 3부. 끝.

## 대 한 학 술 정 보 연 구 원 장

수신자 전국 각 4년제 대학(총)장, 대한여성학회, 여성단체협의회.

대리 김철수 국장 김준근 부원장 홍길만 원장 장윤석
협조자 학교정책국장(의견붙임)
시행 여성교육정책과 – 050091(2014. 07. 21) 접수
우 137-700 서울시 서초구 염곡동 200 / http://www.krif.org
전화번호 (02)355-5500 팩스번호 (02)355-7700 / chsoo@krif.org / 공개

〈공동기안문 예제〉

## 대 한 학 술 정 보 연 구 원

수신 수신자 참조(교무과장)
(경유)
제목 여학생 정보화 능력 신장사업 신청 안내

---

1. 귀하와 귀 기관의 무궁한 발전을 기원합니다.

2. 당 기관에서는 제2차(2014년도) 여성발전기금사업으로서 여학생의 정보화 능력개발의 기회 제공과 동기 유발을 통해 여학생 정보화 능력을 신장하고자 '여학생 정보화 경시대회 개최' 및 '여학생 정보화 캠프 운영' 시범사업을 추진합니다.

3. 위와 관련한 시범사업 주관기관을 공모하오니 아래의 사항을 참고하시어 관심 있는 기관의 많은 참여 바랍니다.

아 래

가. 사업내용(신청대상에 따른 지원금액)

| | 정보화 경시대회 | 정보화 캠프 |
|---|---|---|
| 사업신청 대상 기관 | 전국 4년제 대학교<br>비영리 공익 여성단체 | 서울지역 4년제 대학교 |
| 지원 금액 | 15,000원 내외(1인당) | 30,000원 내외(1인당) |

나. 신청방법 : 지원신청서(붙임 서식) 제출
다. 신청마감 : 2014년 9월 30일(금)(우편은 당일 접수분에 한함.)

붙임 1. 여학생 정보화 능력 신장사업 추진계획 1부.
2. 행사 지원신청서 3부. 끝.

**대 한 학 술 정 보 연 구 원 장**
**한 국 여 성 과 학 기 술 인 회 장**

수신자 전국 각 4년제 대학(총)장, 대한여성학회, 여성단체협의회.

대리 김철수 국장 김준근 부원장 홍길만 원장 장윤석 회장 이민화
협조자 학교정책국장(의견붙임)
시행 여성교육정책과 - 050091(2014. 07. 21) 접수
우 137-700 서울시 서초구 염곡동 200 / http://www.krif.org
전화번호 (02)355-5500 팩스번호 (02)355-7700 / chsoo@krif.org / 공개

### (1) 공동기안문의 결재 표시

공동기안문서는 그 문서처리를 주관하는 기관에서 기안하여 먼저 그 기관장의 결재를 받은 후 관계된 기관장의 결재를 받아 공동으로 시행한다. 결재 표시방법은 주관기관을 왼쪽, 관계기관을 오른쪽에 표시한다.

학술정보연구원장 홍정보 9/3 여성과학기술인회장 이기술 9/4

### (2) 공동기안문의 발신명의 표시

당해 문서의 처리를 주관하는 기관장 명의를 맨 위에, 관계기관장 명의를 그 밑에 표시한다. 관계기관장이 여러 곳일 경우는 상위직급의 관계기관장의 명의부터 표시한다.

결재 후 시행문으로 작성될 때 문서처리를 주관하는 기관의 발신명의에만 관인을 날인한다.

대한학술정보연구원장 인
한국여성과학기술인회장

## 4) 수정기안

수신한 문서를 신속하게 시행하고자 할 때 내용의 일부만 간단히 수정하거나 필요한 사항을 추가하여 수정기안한다. 수정기안을 하면 발신기관의 결재정보 및 관인정보와 수신한 기관의 공람정보, 결재정보, 관인정보 등이 혼합되어 혼동을 줄 우려가 있으므로 수정기안보다는 별도의 기안문을 작성하여 시행하는 것이 적절하다.

* 수정기안 표시방법

① 수정할 글자 중앙에 가로로 두 선을 그어 수정 또는 삭제한다.

② 문서의 일부를 삭제 또는 수정하는 경우, 삭제 또는 수정한 자가 그 부분에 서명 또는 날인한다.

③ 문서의 중요한 내용을 삭제 또는 수정하는 경우 여백에 삭제 또는 수정한 자수를 표시하고 서명 또는 날인한다.

④ 시행문을 정정하는 경우는 여백에 정정한 글자수를 표시하고 관인으로 날인한다.

⑤ 전자문서의 경우 수정한 내용대로 재작성해서 결재를 받아 시행한다(수정 전의 문서를 기안자, 검토자 또는 결재권자가 보존할 필요가 있다고 인정하는 경우에는 이를 보존한다).

*** 간이결재인 사용**

수정기안은 수신한 문서와 다른 색깔의 글자로 수정부분을 기재한 후 기안자, 검토자, 결재자의 직위(직급) 및 서명란을 수정하여 그 위의 여백에 결재를 받거나 적당한 여백에 '간이결재인'을 찍어 결재를 받는다.

간이결재인의 결재란 수는 적절하게 조정하여 사용하며 위 칸은 기안자, 검토자, 결재권자의 직위(직급)를 표시하고 아래 칸에는 서명을 표시한다.

■ **간이결재인**

| 기안자 직위(직급) | 검토자 직위(직급) | 검토자 직위(직급) | 결재권자 직위(직급) |
|---|---|---|---|
| 서명 | | | |

## 3 기안문의 결재

문서의 결재란 당해 사안에 대하여 기관의 의사를 결정할 권한을 가진 사람(=결재권자)이 직접 그 의사를 결정하는 행위를 말한다(보조기관의 검토와 관계부서의 협조는 결재의 개념에 해당되지 않는다).

결재 표시는 날인을 사용하거나 지워지지 않는 필기구로 서명을 하며 반드시 결재인을 표시하고 필요에 따라서 결재일자를 표시할 수도 있다. 결재의 종류는 정규결재, 전결, 대결, 후결 등으로 구분한다.

### 1) 정규결재

정규결재는 기안자로부터 최고결재권자(기관장)까지 정상적인 절차를 거쳐 결재를 하는 형태이다. 기관장의 직위를 간략히 직위란에 표시하고 결재란에 서명날짜와 함께 서명한다.

대리 박상민　　상무 이수만　부사장　이민호　　사장 김철수 5/10

### 2) 전결

전결은 사무처리의 신속과 능률을 기할 목적으로 기관장으로부터 업무의 내용에 따라서 결재권한을 위임받은 사람이 행하는 결재를 말한다. 전결권자는 그 직무를 수행하기 위하여 필요한 권한을 가지며 위임된 전결사항에 대하여 전결권자가 책임을 진다.

＊ 전결 표시

전결 표시는 전결한 사람의 서명란에 '전결'의 표시(또는 '전결' 고무인 날인)를 한 후 이어서 전결자의 서명을 한다.

서명하지 않는 사람의 결재란은 표기하지 않는다.

대리 박상민　　상무 이수만　부사장 전결 이민호 5/8

### 3) 대결(代決)

대결은 조직 내부의 결재권자가 존재하지 않거나, 출장, 휴가, 기타 사유로 상당한 기간 부재중일 때 긴급한 문서 결재를 위해 그 직무를 대행할 수 있는 사람이 행하는 결재를 말한다.

각 기관에서는 직무상 공백을 없게 하며 그 책임을 명백히 하기 위해서 직무대리에 관한 사항을 직무대리규정을 통해 미리 정하고 있다. 법정대리, 지정대리 등의 직무대리규정에 따라 어떤 직무를 대리하는 자가 대결을 한다.

**＊ 후열(後閱) 표시**

결재권자의 직무대리자가 대결한 문서 중 그 내용이 중요한 문서에 대해서 결재권자에게 사후에 보고하는 경우 후열이라고 한다. 즉 직무대리자가 대결하고 사후에라도 원결재권자에게 보여주기 위하여 후열이라는 표시를 하고 결재를 하면 사후에 원결재권자에게 보고하는 절차를 진행하도록 한다. 이러한 경우 결재권자의 사후 검토는 문서의 성립 또는 효력에 영향을 주거나 이를 보완하는 의미는 없다. 표시방법으로는 결재란에 '후열' 표시를 하여 결재권자의 서명을 받으며 문서의 열람만 가능하다.

참고 **사후보고**

후열을 '사후보고'로 변경하여 처리하기도 한다. 사후보고는 정해진 보고방법이 없어서 구두보고, 메모보고 등도 가능하며 서명을 필요로 하지 않는다.

**＊ 대결표시**

① 최고결재권자(기관장)를 대결하는 경우 : 대결하는 사람의 서명란에 '대결'을 표시하고 대결권자가 서명한다. 서명하지 않는 기관장의 결재란은 표기하지 않는다.

대리 박상민　　상무 이수만 5/7　　　　부사장 대결 이민호 5/8

② 위임전결사항을 대결하는 경우 : 기관장의 결재란을 표기하지 않고 전결권자의 서명란에 '전결'을 적어 전결문서임을 표시한다. 전결권자를 대신해서 대결하는 사람의 서명란에는 '대결'을 표시하고 대결권자가 서명한다.

대리 박상민　　상무 대결 이수만 5/7　부사장 전결

### 4) 후결(後決)

결재권자가 부재중이거나 특별한 사정에서 결재를 할 수 없을 때 또는 결재할 시간적 여유가 없을 때 최종결재권자의 차하위자의 결재로서 우선 시행하게 하고 사후에 최종결재권자의 결재를 받는 조건부 대결을 말한다. 따라서 후결은 정규결재권자의 사후 결재가 있어야 완전히 효력을 발생한다. 후결 문서를 시행한 후 결재권자가 결재 시 수정할 경우 수정사항을 다시 통보한다.

사무관리규정에서 대결(선 행정행위)과 후결(후 행정행위) 사이에 법적 안정성을 해치는 문제점이 있어 후결을 폐지함으로써 최근에 후결은 행정기관에서 거의 사용되지 않는 결재방식이다.

## 4 시행문의 작성

### 1) 문서 시행문 작성

문서의 시행(施行)은 기안문서의 결재가 완료된 후 결재문서의 내용을 내/외부에 표시하거나 결정된 의사대로 사무를 수행함으로써 문서의 효력을 발생하게 하는 일련의 절차를 말한다.

2003년 이전에는 기안문과 시행문 양식이 별도로 작성되었으나 2004년부터 기안문과 시행문이 하나로 통합되어 절차를 간소화하였다. 즉 결재가 끝난 기안문에 관인(직인)을 찍으면 시행문이 될 수 있다. 문서의 시행절차는 결재를 마친 기안문서를 복사하여 관인(직인)을 날인하고 문서를 발신하는 과정을 거친다.

### 2) 관인 날인 또는 서명

관인(직인)은 기관장의 명으로 발송 교부하는 문서에 사용하는 직인을 총칭하는 말로서 전자이미지관인(직인)도 포함한다. 관인(직인)은 발신명의 표시의 마지막 글자가 인영의 가운데 오도록 찍는다.

기안자가 경미한 내용의 문서라고 결정한 문서, 즉 일일명령 등 단순 업무처리에 관한 지시문서나 기관 간의 단순한 자료요구, 업무연락, 통보 등을 위한 문서에는 관인(직인) 날인을 생략할 수 있다. 이와 같이 관인(직인)을 생략하는 경우 발신명의의 오른쪽에 '관인생략,' '직인생략,' '서명생략'을 표시한다.

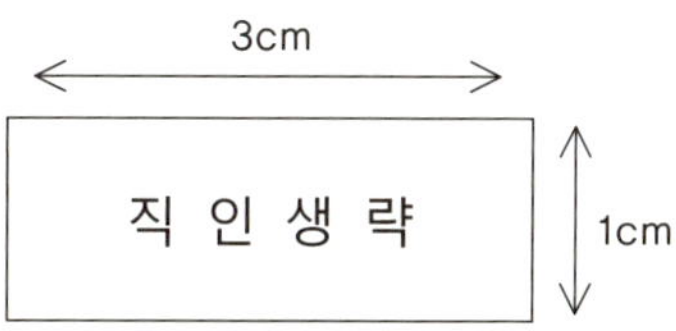


## 5 문서의 발신 및 접수

### 1) 문서의 발신

시행문은 종이문서의 경우 관인(직인)을 관리하는 사람이 관인(직인)을 찍은 후 처리과에서 발송한다. 전자문서인 경우에는 기안자나 문서의 수·발신 업무를 담당하는 사람이 전자이미지관인(직인)을 찍고 처리과에서 발송한다.

① 종이문서의 경우 이를 복사하여 발송하며 전자문서의 경우에는 별도로 복사하지 않고 전자문서시스템의 정보통신망을 이용하여 발신한다.

② 우편, 팩스 등의 방법으로 발신하는 경우 내용이 중요한 문서는 등기우편이나 발신사실을 증명할 수 있는 특수한 방법으로 발신하도록 한다.

③ 인편, 전신, 전송으로 발송할 때에는 문서발송대장에 문서의 접수사항을 명확히 기재하도록 한다.

④ 단순한 업무관련 지시 또는 자료요구, 업무연락, 통보, 공지사항, 일일명령 등의 문서는 업무관리시스템 또는 전자게시판, 홈페이지 등에 게시하여 시행할 수 있다.

### 2) 문서의 접수

문서는 처리과에서 접수하며 접수한 문서는 접수일시, 접수등록번호를 접수란에 표시하도록 한다. 접수란이 없거나 전자적으로 표시할 수 없는 문서의 경우 두문의 오른쪽 여백에 '접수인'을 찍고 접수일시와 접수등록번호를 적는다.

| 접수 | —<br>(   .   .   .   :   ) |
|---|---|

둘 이상의 보조기관 관련 문서의 경우 관련성이 가장 높은 보조기관에서 그 문서를 접수한다. 문서를 접수한 처리과는 관련이 있는 보조기관에서 해당 사항을 처리할 수 있도록 문서의 내용을 처리과의 장의 명의로 통보한다.

경유문서를 접수한 기관은 해당 기관장의 명의로 다른 경유기관의 장이나 최종수신자에게 경유문서를 첨부하여 발신하여야 한다. 해당 기관의 의견이 있을 경우 그 의견을 시행문 본문에 표시하거나 첨부하여 보내도록 한다.

감열기록방식의 팩스로 수신한 문서 중 보존기간이 3년 이상인 문서의 경우 이를 복사하여 접수하도록 한다. 이 경우 감열기록방식의 팩스로 수신한 문서는 폐기한다.

## 6 문서의 공람

처리과의 문서 수·발신담당자는 접수한 문서를 처리담당자에게 인계하고 처리담당자는 해당 문서에 대한 공람을 거쳐 업무처리를 한다.

공람대상 문서에 해당하는 경우 업무처리담당자가 공람할 자의 범위를 정하여 공람한다.

공람대상 문서는 결재권자로부터 처리지침을 받아야 할 필요가 있는 문서, 보조기관의 업무협조에 관한 문서, 접수된 문서처리를 위해 미리 검토가 필요한 문서 등이 해당된다. 통계, 설문조사 등을 위해 취합하는 문서는 제외한다.

공람의 순서는 상급자 또는 하급자부터 순서대로 공람하는 순차공람과 직위에 관계없이 동시에 공람하는 병렬공람이 있다.

종이문서의 경우 접수문서의 적당한 여백에 공람자의 직위 또는 직급을 표시하고 서명한다. 전자문서는 전자문서시스템상에서 공람하였다는 기록이 자동으로 표시되도록 한다.

공람을 하는 결재권자는 처리과에 문서의 처리기한 및 처리방법을 지시할 수 있다.

## 7 문서의 경유

경유기관은 접수한 경유문서에 대해 검토를 마친 후 다른 경유기관이나 최종수신자에게 경유기관의 장의 명의로 발송한다. 별도의 경유기관의 의견이 있을 경우는 그 의견을 본문에 표시하거나 붙임으로 보내도록 한다.

**경유기관 발신기관명**

수신

(경유) 이 문서는 경유기관의 장은 홍길동이고 최종수신기관의 장은 장보고입니다.

제목 경유문서의 이송

---

본문내용

붙임 1. 시행문(○○기업* 경유문서) 1부.

2. 의견서** 1부. 끝.

**경유기관 발신명의**

* ○○기업 : 최초 발신기관명

** 의견서가 있는 경우에만 첨부

# Chapter 3 공문서 작성 실습하기

## [문제 1] 결재 前 기안문 작성하기

| 발신기관 | 학술문화재단 | | |
|---|---|---|---|
| 수신기관 | 한국대학교, 문화대학교, 나라대학교, 미래대학교 | | |
| 문서등록번호 | 2015135 | 시행일자 | 2015. 9. 4. |
| 전화번호 | (02)587-0014 | 전송번호 | (02)583-7340 |
| 주소 | 서울시 성북구 장위동 36(우편번호 131-070) | | |
| 발신기관 기관장 | 이사장 | 발신기관 처리과 | 기초과학지원단 |
| 수신기관 기관장 | 총장 | 수신기관 처리과 | 기초과학연구소장 |
| 발신기관 담당자 | 본인이름/이메일 | 공개 여부 | 공개 |
| 발신기관 홈페이지 | http://www.ITfuture.net | | |

제목 : 산학협동 연구지원사업 정책과제 신청 안내

학술문화재단 2015130(2015. 8. 16)의 관련입니다. 학술문화재단에서는 중소규모 단위의 연구주제를 집중 지원함으로써 연구역량을 제고하기 위한 사업으로서 산학협동 연구지원사업을 실시하고 있습니다. 이 사업은 기초과학 학문분야의 연구자를 대상으로 일반 공모에 의해 엄격하고 객관적인 심사기준에 따라 시행합니다. 따라서 귀교의 자료를 다음을 참고하시어 제출해 주시기 바랍니다.

가. 지원대상 : 학술진흥법 시행령 해당자 5인 이상의 공동연구

나. 신청 및 접수

1) 신청방법 : 재단 홈페이지의 산학협동 연구지원사업 정책과제에 온라인 신청한 후 연구계획서를 제출하여 접수함.

2) 온라인 신청기한 : 2015년 10월 31일(금) 17:00까지

3) 연구계획서 접수기한 : 2015년 11월 7일(금) 17:00 도착분 유효

4) 문의사항 : 산학협동 연구지원사업팀((02)587-5566)

다. 지원규모 : 3억 원 이내/년

붙임 : 산학협동 연구지원사업 신청요강 1부/산학협동 연구지원과제 협약서 1부/
학술연구과제 관리지침 1부

## [문제 1 모범답안 따라하기] 결재 前 기안문 작성하기

학 술 문 화 재 단

수신 수신자 참조(기초과학연구소장)
(경유)
제목 산학협동 연구지원사업 정책과제 신청 안내

---

1. 귀하와 귀 대학교의 무궁한 발전을 기원합니다.
2. 본건은 학술문화재단 2015130(2015. 8. 16.)의 관련입니다.
3. 학술문화재단에서는 중소규모 단위의 연구주제를 집중 지원함으로써 연구역량을 제고하기 위한 사업으로서 산학협동 연구지원사업을 실시하고 있습니다.
4. 이 사업은 기초과학 학문분야의 연구자를 대상으로 일반 공모에 의해 엄격하고 객관적인 심사기준에 따라 시행합니다. 따라서 귀교의 자료를 다음을 참고하시어 제출해 주시기 바랍니다.

다 음

가. 지원대상 : 학술진흥법 시행령 해당자 5인 이상의 공동연구
나. 신청 및 접수
1) 신청방법 : 재단 홈페이지의 산학협동 연구지원사업 정책과제에 온라인 신청한 후 연구계획서 제출하여 접수
2) 온라인 신청기한 : 2015년 10월 31일(금) 17:00까지
3) 연구계획서 접수기한 : 2015년 11월 7일(금) 17:00 도착분 유효
4) 문의사항 : 산학협동 연구지원사업팀((02)587-5566)
다. 지원규모 : 3억 원 이내/년

붙임 1. 산학협동 연구지원사업 신청요강 1부.
2. 산학협동 연구지원과제 협약서 1부.
3. 학술연구과제 관리지침 1부. 끝.

학 술 문 화 재 단 이 사 장

수신자 한국대학교, 문화대학교, 나라대학교, 미래대학교.

---

담당자 국장 이사장
협조자
시행 기초과학지원단 - 135(2015. 9. 4.) 접수
우 131-070 서울시 성북구 장위동 36
전화번호 (02)583-7340. 팩스번호 (02)583-7340 / AAA@hanmail.com / 공개

## [문제 2] 공문서 작성하기

| 발신기관 | 서울자동차공업협동조합 | | |
|---|---|---|---|
| 수신기관 | 대림자동차, 한라공조, 현대모터스, 동양기전, 평화산업 | | |
| 문서등록번호 | 2015014 | 시행일자 | 2015. 2. 10. |
| 전화번호 | (02)777-0303 | 전송번호 | (02)777-2425 |
| 주소 | 서울시 서초구 서초동 163-3(우편번호 131-000) | | |
| 발신기관 기관장 | 이사장(도진영) | 발신기관 처리과 | 관리운영팀 |
| 수신기관 기관장 | 대표이사 | 수신기관 처리과 | 총무부 |
| 발신기관 처리과 내 보조기관 | 이사(황윤석), 전무(이재철) | | |
| 발신기관 결재사항 | 전무 전결사항 | 발신기관 담당자 | 본인이름<br>본인 전자메일 |
| 발신기관 협조자 | 김영수 기획부장 | 공개 여부 | 공개 |
| 발신기관 홈페이지 | http://www.seoulmotors.or.kr | | |

제목 제40회 정기총회 개최 안내

제40회 정기총회를 다음과 같이 개최하고자 하오니 업체 대표께서는 바쁘시더라도 필히 참석하여 주시기 바랍니다. 조합원 대표께서 부득이한 사정으로 참석하지 못할 경우에는 대리참석이 가능합니다. 또한 사전 자료 배포를 위하여 본 공문을 받는 즉시 조합에 미리 알려 주시기 바라며 많은 업체 대표 여러분의 참여를 부탁드립니다.

총회일시 : 2015년 2월 26일(木) 10:00~14:30
장　　소 : 센트럴씨티호텔 25층(체리홀 / ☎ (02)6282-2000)
회　　순 : 붙임 참조
기　　타 : 대리인 참석 시 붙임 '위임장'을 총회 당일 접수창구에 제출 바람.
정기총회 종료 후 오찬 및 기념품 제공함.
총회 당일 행사 시작시간 20분 전까지 착석 바람.
참석 여부 : 관리운영팀 장미선 대리(☎ (02)777-0014)

붙임 정기총회 회순 1부/위임장 1부/회의장 약도 1부

## [문제 2 공문서 서식에 채워 넣기] 공문서 작성하기

수신 ( )
(경유)
제목

---

1. [인사말]
2.
3.

4.

다 음

가.
나.
다.
라.
1)
2)
3)
4)

붙임 1.
2.
3.

수신자

---

담당자
협조자
시행 – ( . . .) 접수
우
전화번호 팩스번호 / /

## [문제 3] 공문서 작성하기

| 발신기관 | 미래정보통신(주) | | |
|---|---|---|---|
| 수신기관 | 두남기술(주), LD정보기술, 기전통신, 하나기술금융 | | |
| 문서등록번호 | 2015099 | 시행일자 | 2015. 1. 20. |
| 전화번호 | (02)325-5902 | 전송번호 | (02)325-5904 |
| 주소 | 서울시 서초구 방배 243-42(우편번호 321-159) | | |
| 발신기관 기관장 | 대표이사(한광호) | 발신기관 처리과 | 홍보부 |
| 수신기관 기관장 | 대표이사 | 수신기관 처리과 | 총무부 |
| 발신기관 처리과 내 보조기관 | 이사(이준근), 상무(이만철) | | |
| 발신기관 결재사항 | 상무 전결사항 | 발신기관 담당자 | 본인이름<br>본인 전자메일 |
| 발신기관 협조자 | 홍재석 총무부장 | 공개 여부 | 공개 |
| 발신기관 홈페이지 | http://www.ITfuture.net | | |

제목 : 제6회 정보기술 연구회 및 IT 심포지엄 포스터 게시 요청

내용 : 귀사의 무궁한 발전을 기원합니다.

당사는 지식경제부의 산하 전문연구기관으로서 국내 산업의 정보화 촉진을 위한 전문기술의 지원 및 표준화 업무를 수행하고 있습니다.

이 활동의 일환으로 제10회 정보통신의 달을 맞이하여 '제6회 정보기술 연구회 및 IT 심포지엄'을 개최하고자 합니다.

이에 따라 심포지엄 행사의 홍보를 위하여 첨부한 포스터를 귀사에 게시하여 주시면 감사하겠습니다.

붙임 : 제6회 정보기술 연구회 및 심포지엄 행사안내문 1부/제6회 정보기술 연구회 심포지엄 안내 포스터 5부

## [문제 4] 공문서 작성하기

발신기관 : 국가보훈처(처장 홍수철)
주소 : 서울시 영등포구 여의도동 13-2(우편번호 150-010)
연락처 : (02)555-1114　팩스 : (02)555-1234
수신기관 : 한국중고등학교, 이화중고등학교(처리부 : 교무처)

국가보훈처의 복지사업과(담당자 본인이름)에서는 2014년도 국가유공자 자녀 봉사단 편성에 앞서 여러 관계 학교에 이를 안내하기 위한 공문서를 작성한다. 이 문서는 이전의 '보훈 10333'과 관련된 문서이다. 2014년도 국가유공자 자녀를 대상으로 봉사단을 편성하고자 학생 추천을 요청하는 문건으로 해당 학교에 재학 중인 국가 유공자 자녀 중 통솔력이 있고 책임감이 투철한 학생을 선발하여 추천하도록 협조를 부탁하는 내용이다. 참가범위는 중학교의 경우 2, 3학년 재학생 중 희망자와 고등학교의 경우 2학년 재학생 중 희망자를 대상으로 한다. 추천기한은 2014년 11월 3일(월)까지이다. 선발대상에서 지난해 참가했던 책임교사와 학생은 제외하며 이는 첨부한 지난해 참가학생명단을 참고하도록 안내한다. 첨부물로 2013년 국가 유공자 자녀 봉사단 참가학생명단 1부와 추천서 양식 1부를 함께 발송한다.

본 문서의 시행일자는 2014년 10월 20일이며 문서생산등록번호는 222번이다.

결재과정 : 차장(김철수)에게 위임전결된 사항으로 처리된다. 기안문서를 결재받기 전에 미리 협조기관인 정책홍보과(과장 홍길동)의 서명을 받는다. 문서가 결재 보조기관으로 박일성 실장에게 검토를 받고, 한정기 국장에게 전달된 상황에서 현재 차장의 결재를 받을 수 없어 국장이 최종결재를 하여 시행한다.

복지사업과에서 결재가 완료된 공문서를 직인생략한 후에 수신기관(한국중고등학교)으로 발송한다. 이 문서는 한국중고등학교에서는 문서접수처로 2014년 10월 10일에 등록번호 999번으로 접수된다.

## [문제 5] 공문서 작성하기

발신기관 : 미래중앙연수원(원장 홍수철)
주소 : 서울시 강남구 도곡동 13-2(우편번호 135-000)
연락처 : (02)999-1114 팩스 : (02)999-1234
수신기관 : 한솔정보통신, DK정보기획(처리부 : 교육부)

미래중앙연수원의 교육개발과(담당자 본인이름)에서는 2014년도 정보기술 컨설턴트 아카데미 교육 진행에 앞서 개설하는 교육과정이 디지털 경영환경의 변화 속에서 미래가치 혁신을 주도할 수 있는 컨설턴트 양성을 위한 프로그램임을 홍보하는 신청 안내문이다. 이는 대학생을 대상으로 한 취업준비를 위한 프로그램으로 여러 대학의 많은 관심과 협조를 요청한다. 교육과정명은 정보기술 컨설턴트 아카데미이며 11월 3일(월)부터 12월 27일(토)까지 2달 동안 진행한다. 교육시간은 목(18:00~21:30)과 토(14:00~17:00)이며 한국정보산업연합회 연수원 3층에서 수업한다. 교재비를 포함하여 200,000원의 교육비를 내도록 하며 방문 접수와 인터넷 신청을 통해 신청 가능하다. 방문 신청하여 교육비를 직접 현장에서 납입하면 교재를 미리 받을 수 있으며 인터넷 신청을 한 경우는 3일 이내에 온라인 입금을 해야 한다. 온라인 입금을 할 경우 계좌번호는 국민은행 123－45678－91이며 예금주는 미래중앙연수원이다. 입금 시 반드시 신청자의 이름을 기재해야 한다. 첨부물로 교육과정안내서 1부와 교육장 약도 1부를 함께 발송한다.

본 문서의 시행일자는 2014년 10월 20일이며 문서생산등록번호는 111번이다.

결재과정 : 부원장(김철수)에게 위임전결된 사항으로 처리된다. 기안문서를 결재받기 전에 미리 협조기관인 교육지원과(과장 홍길동)와 교육연구과(과장 이만기)의 서명을 받는다. 문서가 결재 보조기관으로 박일성 이사에게 검토를 받고, 한정기 상무에게 전달된 상황에서 현재 부원장의 결재를 받을 수 없어 상무가 최종결재를 하여 시행한다. 교육개발과에서 결재가 완료된 공문서를 직인생략한 후에 수신기관(DK정보기획)으로 발송한다. 이 문서는 DK정보기획에서는 문서접수처로 2014년 10월 10일에 등록번호 999번으로 접수된다.

## [문제 6] 공문서 작성하기

발신기관 : ㈜에프엠(대표이사 이만기)
(주 소 : 서울특별시강남구도곡동11-1(우편번호 135-120))
(연락처 : (02)575-3911 팩스 : (02)575-3992))
수신기관 : 한국대학교, 종로대학교, 우리대학교
(수신기관 처리과 : 경영대학장)
홈페이지 : www.fmcompany.co.kr / 담당자 메일 she@fmcompany.co.kr

제 목 : 각자 설정

문서번호는 지원 1229으로 작성하며 시행일자는 2014년 8월 11일로 기입한다.
㈜에프엠 행사지원팀(본인이름 대리, 홍길동과장)은 제9차 국제○○협회 연례총회를 준비하는 대행사로서 각 대학에 자원봉사 운영요원을 추천해 주도록 요청하는 안내문을 발송한다. 본 문서는 ㈜에프엠에서 각 수신기관으로 발송한 문서번호 '지원 1199'와 관련된 문서이다.

국제○○협회(IAP)는 비정부·비정치기관의 ○○협회로서 1,400명 이상의 전·현직 ○○를 개인회원으로 100개의 검찰기관 및 범죄방지기구를 회원으로 보유하고 있는 기관이다. 국제○○협회의 2014년 제9차 연례총회를 작년 폴란드 바르샤바에 이어 서울에서 개최할 예정이다. 이번 회의는 대검찰청, 국제인권법학회 등 국내 유수의 대학 및 연구기관과 공동 개최하게 되어 그 의미가 더욱 크다. 따라서 성공적인 회의개최를 위해 본 국제회의 대행을 맡고 있는 ㈜에프엠은 국제회의 전문지식과 실무를 겸비한 관심 있는 우수한 운영요원을 모집한다.

정식 행사명은 국제○○협회-IAP(the International Association of Prosecutors)이며 행사는 2014년 10월 24일부터 25일까지 COEX 그랜드 볼룸에서 개최한다. 총 500명(해외 400명, 국내 100명)이 참가할 예정이며 대검찰청이 주최한다. 운영요원의 근무는 10월 24일부터 25일 08시부터 18시까지이며 23일 10시부터 15시까지 현장리허설이 있다. 운영요원으로 50명을 2014년 9월 15일부터 19일까지 모집하며 1차 서류전형, 2차 면접을 통해 선발하도록 한다. 신청은 자원봉사신청서(붙임 참조)를 우편 또는 팩스로 제출하거나 ㈜에프엠 홈페이지 '자료실'의 '자원봉사신청서'를 다운로드하여 작성한 후 이메일로 보내도록 한다. 운영요원의 지원업무는 리플릿, 초청장, 포스터를 발송하는 작업을 하며 회의 의사록 및 보도자료를 제작하거나 보조한다. 또한 회의기간 동안은 등록데스크 및 안내를 담당한다.

붙임으로 운영요원 자원봉사신청서 1부와 IAP 행사프로그램 1부를 첨부한다.

본 기안문서는 보조기관인 기획이사(이상진)를 거쳐 부사장(신영균)의 전결사항으로 처리하는 사항이지만 부사장의 사정으로 기획이사가 대결 처리하도록 한다. 기안문서를 결재 받기 전에 협조기관인 인사팀(팀장 홍만식)의 서명을 받는다.

## [문제 7] 공문서 작성하기

발신기관 : 소방방재청(대표 청장)
(주 소 : 서울특별시 종로구 수송동 11-1(우편번호 135-120))
(연락처 : (02)784-3911 팩스 : (02)784-3992))
수신기관 : 서울시 21개 소방서, 서울시 각 지역 의용소방대
(수신기관 처리과 : 예방과)
홈페이지 : www.nema.go.kr / 담당자 전자메일 : she@nema.go.kr
제목 : 각자 설정
문서번호는 방예 1229로 작성하며 시행일자는 2014년 11월 11일로 기입한다. 소방방재청의 방제예방팀(본인이름 주임, 홍길동 과장)은 민방위의 날 훈련준비를 위해 해당 관내 거주자에게 실시요령을 전달하도록 각 수신기관에 다음과 같은 내용으로 지침을 내린다.
2005년 이후 현재 매월 민방위의 날에 실시하는 소방훈련은 민방위 훈련의 축소와 소방훈련 자율화 방침에 따라 대상처의 대표자나 방화관리자가 주도하여 체계적으로 실시하고 있는 상황임을 먼저 알린다. 대상처의 자체 소방훈련은 그동안 잘 실시되고 있으나 추가로 몇 가지 사항을 유의하여 훈련에 해당 거주자들의 모두 참여와 함께 훈련효과를 높일 수 있도록 각 소방서의 해당 관내 거주자에게 공지하라는 내용이다. 훈련일시는 매달 15일 오후 1시로 하며 공휴일의 경우 익일에 실시하도록 알린다. 훈련 시의 유의사항으로 사전에 훈련계획을 수립하도록 하며 민방위 훈련 실시 전에 철저한 점검과 작동의 시험을 실시해야 함을 알린다. 또한 훈련은 실전과 동일한 상황별 훈련프로그램으로 진행함으로써 효과를 높일 수 있도록 당부한다. 이와 같은 유의사항 전달과 함께 전년도 전국 소방훈련 현황 정보를 아래의 표로 제시한다.

| | 183차 | 184차 | 185차 | 186차 | 187차 |
|---|---|---|---|---|---|
| 공공기관 | 13,090 | 35,982 | 46,982 | 20,956 | 37,998 |
| 제조업체 | 36,529 | 14,967 | 13,561 | 15,987 | 56,908 |

붙임으로 2013년 및 2014년 소방훈련 일정표 1부와 소방훈련 시행 지침서 1부를 첨부한다.
본 기안문서는 보조기관인 방제국장(이상진)을 거쳐 차장(신영균)의 전결사항으로 처리하는 사항이지만 차장의 사정으로 방제국장이 대결 처리하도록 한다. 기안문서를 결재받기 전에 협조기관인 안전점검팀(팀장 홍만식)과 소방행정팀(팀장 윤재희)의 서명을 받는다.

# Chapter 3 자격증 기출문제

**1. 가나기획의 선 비서가 공문서를 작성하는 방법으로 가장 적절하지 못한 것은?**

◉ 2011. 1회 1급

① 수신기관이 3곳이어서 수신자란에 '수신자 참조'라고 기재한 후 결문의 발신명의란 위에 수신자란을 만들어서 수신기관명을 표시했다.

② 첨부할 서류가 있어서 첨부물의 명칭과 수량을 쓴 후 마침표(.)를 찍고 "끝" 표시를 했다.

③ 기안문 내용이 총무부의 협조가 필요한 사항이므로 협조자에 총무부장을 표시해두었다.

④ 검토자(보조기관)는 왼쪽부터 오른쪽으로 낮은 직급에서부터 상위직급 순으로 적었다.

**2. 다음은 대한전자의 직무전결표의 일부분이다. 이에 의거하여 문서를 처리한 것 중 적절하게 처리되지 못한 것끼리 짝지어진 것은?**

◉ 2010. 2회 1급

가. 전무가 출장 중이여서 교육훈련프로그램 승인을 위해서 일단 이사 전결로 처리하였다.
나. 인사부장 명의로 직원채용결과서를 통보하였다.
다. 영업부 대리의 국내 출장을 승인받기 위해서 전무의 결재를 받았다.
라. 기획부의 교육대상자를 선정하기 위해서 기획부장의 결재를 받아 처리하였다.

| 직무내용 | 대표이사 | 위임전결권자 | | |
|---|---|---|---|---|
| | | 전무 | 이사 | 부서장 |
| 직원채용 승인 | O | | | |
| 직원채용결과 통보 | | | | O |
| 교육훈련대상자 선정 | | | O | |
| 교육훈련프로그램 승인 | | O | | |
| 직원국내출장 승인 | | | O | |
| 직원해외출장 승인 | | O | | |
| 임원국내출장 승인 | | O | | |
| 임원해외출장 승인 | O | | | |

① 가, 나, 다　② 가, 다, 라
③ 가, 나, 라　④ 가, 나, 다, 라

**3. 다음은 대한산업의 직무전결표의 일부분이다. 이에 의거하여 문서를 처리하였을 경우 가장 적절하지 않은 것은?** ◉ 2009. 2회 1급

| 직무내용 | 대표이사 | 위임전결권자 | | |
|---|---|---|---|---|
| | | 전무 | 이사 | 부서장 |
| 정기월례보고 | | | | O |
| 각 부서장급 인수인계 | | O | | |
| 3천만 원 초과 예산집행 | O | | | |
| 3천만 원 이하 예산집행 | | O | | |
| 각종 위원회 위원 위촉 | O | | | |
| 해외출장 | | | O | |

① 인사부장의 인수인계에 관하여 전무에게 결재받은 후 시행하였다.

② 인사징계위원회 위원을 위촉하기 위하여 대표이사 부재중에 전무가 전결하였다.

③ 대표이사 비서의 해외출장을 위하여 대표이사에게 사인을 받았다.

④ 30,000,000원에 해당하는 물품 구매를 위하여 전무 전결로 처리하였다.

**4. 다음과 같은 결재에 대한 설명으로 가장 적절한 것은?** ◉ 2012. 2회 2급

> **행정자치부장관**
>
> 행정사무관 김수영 행정능률과장 대결 박근환
> 행정관리국장 전결
> 협조자 행정제도과장 강지민

① 행정능률과장 박근환이 행정자치부 전결사항인 문서를 대결하였다.
② 행정능률과장 박근환이 행정관리국장 전결사항인 문서를 대결하였다.
③ 행정관리국장 박근환이 행정능률과장 대결사항인 문서를 전결하였다.
④ 행정관리국장 박근환이 행정자치부장관 대결사항인 문서를 전결하였다.

**5. 다음은 기안문의 결재 종류에 대한 설명이다. 바르게 설명되지 않은 것은?** ◉ 2012. 2회 2급

① 업무처리의 신속화와 능률화를 위해 결재권을 위임시켜 결재권을 가진 사람이 대신 결재하는 것을 전결(專決)이라고 한다.
② 결재권자가 출장, 휴가 등으로 장기간 부재중일 때 긴급한 문서 결재를 위해 그 직무를 대행할 수 있는 사람이 행하는 결재를 대결(代決)이라고 한다.
③ 결재권자가 특별한 사정으로 결재할 수 없을 때 최종결재권자의 차하위자의 결재로 먼저 시행한 후 사후에 최종결재권자의 결재를 받는 조건부 결재를 선결(先決)이라고 한다.
④ 기안자로부터 최고결재권자까지 정상적인 절차를 거쳐 결재하는 것을 정규결재라고 한다.

**6. 결재권자인 최철수 행정국장은 지금 출장 중이고 그 직무대리는 조남호 과장이다. 조 과장이 최 국장 전결사항인 문서를 대결해야 할 때 강 비서가 이를 표시하는 방법으로 가장 적절한 것은?** ◉ 2011. 2회 2급

① 행정사무관 김두식 행정능률과장 대결 조남호 행정국장 전결
② 행정주사 김서진 행정사무관 대결 조남호 행정능률과장 전결
③ 행정사무관 김두식 행정능률과장 조남호 행정국장 대결 최철수 차관 전결
④ 행정사무관 김두식 행정능률과장 조남호 행정국장 최철수 차관 대결 이민호

**7. 다음과 같은 문서처리인에 대한 설명으로 가장 적절하지 못한 것은?** ◉ 2011. 1회 2급

> 과장 김지영 부장 황주식 이사 김수영
> 전무 대결 이수민

① 김지영 과장이 기안한 문서이다.
② 황주석 부장의 검토를 거친 문서이다.
③ 이수민 전무가 결재권한을 위임받아서 대결하였다.
④ 본 문서의 최종결재권자는 기관장이다.

**8. 신입비서인 오 비서가 문서를 작성하는 방법으로 가장 적절하지 않은 것은?** ◉ 2011. 1회 2급

① 본격적인 용건에 앞서서 인사말을 작성하였다.

② 첫인사에 이어 문서의 용건으로 도입할 때는 "다름이 아니오라"로 시작하였다.
③ 항목을 구분할 때, 1. 1) 가. 가)순으로 글머리 기호를 사용하였다.
④ 총회의 일시, 장소, 연락처 등은 번호를 매겨 목록화하였다.

**9. 다음 중 행정기관에서 경유문서를 처리하는 방법에 대한 설명으로 가장 적절하지 않은 것은?** ◉ 2009. 2회 2급

① 경유기관의 장은 경유문서를 최종적으로 처리할 권한이 없다.
② 경유문서는 기안문 및 시행문의 수신자란 밑에 "(경유)"라고 표시한 후 경유기관을 적는다.
③ 경유기관의 장이 경유문서에 대한 의견이 있는 경우에는 이를 첨부하여 다른 경유기관 또는 최종수신자에게 보낸다.
④ 경유기관의 장이 경유문서의 검토과정에서 문제점을 발견한 경우 이를 기록하여 발신행정기관의 장에게 반송한다.

**10. 문서의 결재란 당해 사안에 대해 기관의 의사를 결정할 권한을 가진 결재권자가 의사를 결정하는 행위를 말한다. 이 결재의 내용을 설명한 것으로 가장 적절하지 않은 것은?** ◉ 2009. 2회 2급

① 정규결재 : 기안 작성자로부터 최고결재권자까지 정상적인 절차를 거쳐 결재를 하는 방식을 말한다.
② 전결 : 기관장으로부터 업무의 내용에 따라 결재권한을 위임받은 사람이 행하는 결재를 말한다. 전결권자는 그 직무를 수행하기 위해 필요한 권한을 갖지만 위임된 전결사항에 대해서는 기관장이 책임을 진다.
③ 대결 : 조직 재무의 결재권자가 존재하지 않거나 출장, 휴가, 기타 사유로 상당한 기간 부재중일 때는 긴급한 문서 결재를 위해 그 직무를 대행할 수 있는 사람이 행하는 결재를 말한다.
④ 후결 : 최종결재권자가 결재를 할 수 없을 때 최종결재권자의 차하위자의 결재로서 우선 시행하고 사후에 결재권자의 결재를 받는 조건부 대결을 말한다.

**11. 다음 중 공공기관에 근무하는 장 비서가 공문서를 작성하는 방법으로 가장 적절하지 않은 것은?**

◉ 2009. 1회 2급 · 2008. 1회 2급

① 관인을 생략하는 경우는 관인생략 표시를 발신명의의 오른쪽에 한다.
② (경유)에는 결재를 받는 과정에서 다른 부서의 협조를 위해 부서명을 적는다.
③ 공문서를 작성할 경우에는 가급적 1건 1매로 간략하게 나타낸다.
④ 문서의 시행은 결재권자의 승인을 받아 문서가 효력을 발생하게 하는 것이다.

**12. 공문서 작성 후 '가나물산'과 '갑을상사'의 영업부장에게 문서를 발송하고자 할 경우 '수신자'의 표기방법으로 옳은 것은?**

◉ 2008. 1회 2급

① 수신자 수신자 참조(영업부장)
② 수신자 가나물산 영업부장, 갑을상사 영업부장
③ 수신자 가나물산, 갑을상사 귀중
④ 수신자 가나물산, 갑을상사 영업부장 제위

**13.** **다음 중 공문서 작성요령에 대한 설명으로 가장 옳지 않은 것은?** ◉ 2008. 1회 2급

① 시행일자와 접수일자란에는 연월일 대신 온점(.)을 찍어 기재한다.

② 홈페이지 주소는 행정기관의 홈페이지 주소를 기재한다.

③ '기안자,' '검토자,' '결재권자'라는 용어는 표기하지 않고 기안자, 검토자, 결재권자의 직위/직급을 쓰고 서명한다.

④ 담당자의 전화번호를 표기하는 경우, 지역번호, 국번, 전화번호는 '-'로 구분한다.

**14.** **다음 공문서에 관한 설명 중 가장 적절하지 않은 것은?** ◉ 2012. 1회 2급

① 직인을 생략하는 경우에는 발신명의 왼쪽에 "직인생략" 표시를 한다.

② 시행문과 기안문의 양식이 통합되어 시행문을 복사해서 직인을 찍은 것이 시행문이다.

③ 기안문 수정 시 수정할 글자 중앙에 가로로 두 선을 그어 수정 삭제하고 수정한 사람이 해당 부분에 서명 또는 날인한다.

④ 정규결재는 기안 작성으로부터 최고결재권자까지 정상적인 절차를 거치는 결재이다.

**15.** **마 비서의 공문서 처리방법으로 가장 적절한 것은?** ◉ 2014. 1회 1급

① 전결권자인 전무님이 출장으로 부재중이어서 직무대행자에게 대결을 받았다.

② 최종결재권자인 사장님이 부재중이어서 직무대행자에게 전결을 받았다.

③ 최고결재권자인 사장님께서 사전에 전무님께 위임하였으므로 전무님께 대결받았다.

④ 정규결재절차에 따라 결재권자인 전무님까지 기안자인 노 과장이 올린 기안을 결재받았다.

**16.** **다음 문서처리인에 대한 설명으로 옳은 것은?** ◉ 2014. 1회 2급

| 과장 박철민 부장 정찬우 이사 대결 김성찬 부사장 전결 |
|---|

① 이 문서를 기안한 사람은 정찬우 부장이다.

② 이 문서의 전결권자는 부사장이고 최종 책임은 사장이 진다.

③ 이 문서는 부사장의 부재중에 직무대행자 김성찬 이사가 결재한 문서이다.

④ 이 문서는 전결권자인 부사장의 사후 결재가 꼭 필요하다.

**17.** **다음 중 업무가 상사에게 집중되는 것을 방지하고 신속한 업무의 처리와 능률을 기할 목적으로 기관장으로부터 결재권한을 위임받아 결재를 행하고 그에 대한 책임을 지는 결재방식을 무엇이라고 하는가?** ◉ 2014. 1회 3급

① 선결(先決) ② 전결(專決)
③ 대결(代決) ④ 후결(後決)

Business to Business Documents Coaching

# 4 Chapter 논리적 보고문서 만들기

1. 사내문서의 소개
2. 보고서 만들기
3. 연락문서 작성

4
Chapter

# 논리적 보고문서 만들기

## 1 사내문서의 소개

사내문서는 동일 회사 내에서 부서 간의 연락 및 통지 등을 위해 쓰이는 문서를 말한다. 사내문서는 효율적인 조직업무와 신속한 처리를 위해 의례적인 표현은 생략하고 간결한 형식과 내용으로 구성하는 것이 일반적이다.

### 1) 사내문서의 유형

① **지시문서** : 명령서, 지시서, 통지서, 기획서 등
② **보고문서** : 업무보고서, 출장보고서, 조사보고서, 영업보고서 등
③ **연락문서** : 업무연락서, 조회문, 회답문, 통지서 등
④ **기록문서** : 회의록, 인사기록카드, 장표 등

### 2) 사내문서의 구성

사내문서의 구성은 두문, 본문, 결문으로 이루어진다. 이는 간단명료하게 6하 원칙에 따라 작성하며 첫인사나 마지막 인사는 생략하는 경우가 많다.

① **두문** : 문서번호, 발신년월일, 수신자(부서/직위/성명), 발신자(부서/직위/성명)
② **본문** : 제목, 주 내용(취지 및 목적, 진행과정 및 방법)
③ **결문** : 붙임, 담당자명 및 연락처

### 3) 사내문서의 작성요령

① 사안이 생길 때마다 즉시 작성한다.
② 읽기 쉽고 정확한 문장으로 간결하게 작성한다.
③ 첫머리(인사말)는 보통 생략하고 부서명 등은 약호, 약칭 등을 활용할 수 있다.

④ 해당 관련 부서와 책임자, 업무 진행경로, 수신자, 결재라인 등을 정확하게 표시한다.

⑤ 사내문서의 문안 작성 시 감정적 표현을 나타내는 형용사, 부사 등의 표현은 가급적 사용하지 않는다.

⑥ 문장의 끝나는 말은 '했다. 했음'과 같이 간결하고 일관성 있게 사용한다.

⑦ 문장의 길이는 가능하면 두 줄을 넘지 않도록 한다.

## 2 보고서 만들기

### 1) 보고서의 구성

보고서란 업무에 관련한 특정 사건에 입각한 정보를 전달하는 방법으로 이는 상사 또는 상급 부서에 업무관련 사전·경과 내용이나 결과를 전달하는 시각적인 의사소통 수단으로 사용된다. 일반적으로 보고서는 조직에서 특정 사건의 현황이나 연구 또는 조사결과를 체계적이고 객관적으로 정리하여 보고하거나 건의할 때 작성하는 문서로서 조직 내 의사소통의 매개가 되어 업무의 효율을 높이는 역할을 한다.

참고 **보고서의 유형**

- **일상적인 보고서** : 일일보고서, 주간보고서, 월간보고서, 연간보고서, 출장보고서, 회의보고서, 연수보고서
- **의견제시 보고서** : 조사보고서, 제안서, 기획서
- **돌발적인 보고서** : 사고보고서, 시말서, 클레임 보고서

참고 **보고서 vs 리포트**

- **보고서** : 객관적인 사실 보고 – 조사결과의 개요 중심
- **리포트** : 개인적인 의견, 감상, 분석 – 조사결과의 분석 중심
- **분석(상황)보고서** : 과제에 관련된 상황을 객관적으로 제시하고 적절한 방안을 동시에 제시함(배경, 주요 상황, 시사점 제시)

### (1) 보고서의 작성목적

보고서는 관리층의 정책결정의 방침설정을 위해 필요한 사전 상황 파악에 중요한 자료로 사용하며 사업추진상황을 분석적으로 확인함으로써 합리적인 통제 및 조정이 가능한 관리도구로 활용된다.

① 정보제공 보고서

정보를 제공하는 목적을 갖고 있는 보고서는 수신자에게 사실적 근거가 명확한 자료를 제공하며 이 자료의 출처를 밝히도록 한다. 수신자의 이해를 돕기 위해 시각적 자료로 표와 차트 등을 활용할 수 있다.

② 정보분석 보고서

정보분석 보고서는 문제의 배경을 제시하고 관련된 정보와 대안을 분석하고 최종적으로 문제의 해결책을 제시한다.

③ 설득 및 제안 보고서

설득목적의 보고서는 새로운 프로젝트나 투자에 대해 긍정적으로 호의적인 의사결정을 하도록 작성한다.

### (2) 보고서의 구성

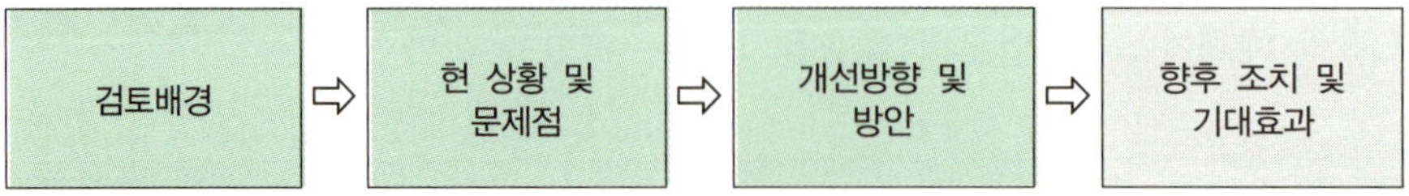


① **검토배경** : 문제 파악, 시장환경 등 현재 상황을 요약하고 보고서의 목적 및 도입 추진의 경위를 작성한다.

② **현 상황 및 문제점** : 검토배경의 상황을 분석하고 문제점을 분석한다.

③ **개선방향 및 방안** : 논리적 근거에 따라 제도방향을 요약한다.

④ **향후 조치 및 기대효과** : 작성자의 소견, 기대효과 등으로 작성한다.

### (3) 보고서 작성요령

① 수신자의 요청이나 기대에 초점을 맞춘 보고서를 작성한다.

② 사실과 의견을 명확히 구분하여 작성한다.

현황 및 분석내용을 기재하고 마지막 부분에 자신의 의견을 적는다. 결론을 먼저 제시하고 이에 대한 근거를 나타내는 표현방식을 사용한다.

• '~ 때문에 ~ 해야 한다'라는 표현보다는 '~해야 한다. 그 이유는 ~ 때문이다.'의 표현방식이 명확한 내용 전달에 효과적이다.
• 사실적 자료를 기초로 현황 및 분석내용을 기록할 때는 객관적인 입장에서 작성해야 하며 '~로 생각된다'나 '~인 것으로 보여진다'의 개인적 의견의 작성은 피하도록 한다.

작년의 매출은 아주 좋았다. 전년에 비해 약 20%나 상승했다. 이런 상승세가 계속된다면 금년에는 매출이 확실히 30% 정도 상승할 것이다.

→ 작년의 매출액은 ○○○원으로 전년에 비해 22% 상승했다. 이러한 상승세가 계속된다면 금년에는 매출액의 30% 상승이 전망된다. 그 이유는 …

③ 요점을 명확히 전달하기 위해 읽기 용이하고 간결하게 정리한다.
이해하기 쉬운 문구를 사용하여 내용의 취지를 충분히 전달하도록 한다.
상대방의 시각적 이해도를 높이기 위해 일목요연하고 논리적이어야 한다.
장문의 경우 요약문(초록)을 별도로 작성하여 보고서의 앞부분에 붙인다.
표와 그림으로 시각적인 효과를 나타내 내용의 설득력을 높일 수 있다.

④ 각 사안별로 문장을 나누어 대항목에서 소항목으로 항목화하여 작성한다.
내용의 구성은 한 문장으로 이어 쓰는 것보다 먼저 소제목을 적은 후 짧은 문장 또는 명사구로 나누어 구분한다. 내용을 시각적으로 항목화할 경우 본문내용을 모두 읽지 않더라도 독자가 원하는 부분만을 찾아서 볼 수 있다.

"올해 제작할 제품설명 책자에는 항목별 세부구성내용, 영문사용설명서, 전국 AS센터 정보를 새롭게 추가할 예정이다"를 항목화시켜서 작성하면,

1. 2013년 제품설명서 추가내용
   가. 항목별 세부구성내용
   나. 영문사용설명서
   다. 전국 AS센터 정보

## 2) 보고서의 작성절차

### (1) 보고서 작성준비

보고서 작성준비는 프로젝트의 정의와 보고서 작성목적의 기술로 구성된다. 먼저, 프로젝트 정의는 보고서의 범위, 목적달성을 위한 방법에 따라 달라지며 보고서 목적은 보고서의 목표, 중요성, 한계점에 따라 달라진다. 보고서의 목적을 정한 후 보고서의 분량, 보고대상, 보고기한 등을 명확히 한다.

### (2) 자료수집

보고서의 목표와 핵심이 정해지면 관계된 자료를 적극적으로 수집한다. 보고서 작성을 위한 자료수집은 일차적 자료원과 이차적 자료원으로 구분할 수 있다.

① 일차적 자료원은 회사의 기록(전년도 회사의 영업실적, 회계보고서, 판매보고서), 관측(현지 판매상황 변화와 그 원인 등), 인터뷰(소비자나 경영관리자와의 면담을 통한 정보수집), 현장조사(설문조사를 통한 현장정보수집)의 자료수집방법이 있다.

② 이차적 자료원은 주로 기존에 출간된 자료를 이용하는 방법으로서 광범위한 도서관의 자료를 활용한다.

### (3) 자료의 서류화

공식보고서에 대한 신뢰성을 갖기 위해 도서관에서 수집한 자료를 각주나 참고문헌으로 처리하는 서류화 작업을 한다.

### (4) 자료의 정리

보고서를 읽기 쉽고 이해하기 쉽도록 만들기 위해서는 자료를 잘 조직하는 것이 필요하다.

① 연역법

연역법은 결론을 미리 적고 세부사항을 접근하는 방식으로 정보 전달을 목적으로 하는 보고서를 작성할 때 바람직하다.

② 귀납법

사실 제시와 토론을 먼저 하고 결론과 권고사항을 나중에 제시하는 방법으로 수신자가 해당 사안에 대해 잘 모르는 경우, 수신자를 설득시키려고 하는 경우에 이용한다.

### (5) 자료의 시각화

표, 차트, 도해 등은 정보를 명료화, 요약화, 강조화하는 데 중요한 역할을 한다. 시각적인 자료에 따른 효과적인 설명은 먼저 무엇을 나타내고자 하는가를 질문해 보며 목적을 확인하는 작업부터 시작한다. 그리고 그 목적에 따라 적합한 표현방법을 선택하도록 한다.

**참고 시각화 자료와 텍스트의 배치**

- 시각적 자료의 내용을 쉽게 이해할 수 있도록 반드시 표나 차트의 번호와 제목을 만들어야 한다. 표나 차트는 가능하면 본문의 해당 설명과 가장 가까운 곳에 배치하도록 한다. 본문에는 표나 차트의 번호 및 제목을 표시한 후 이를 설명하도록 한다.
- 표나 차트의 데이터를 외부자료에서 인용할 경우 표나 차트 아래 주석을 달거나 해당 페이지의 하단에 각주로 출처를 표기하도록 한다.
- 차트를 포함한 그림이나 표는 한 페이지에 3~4개를 넘지 않도록 한다.

① 자료의 도해

좋은 보고서에는 도해가 효과적으로 사용되며 주로 도해로 표현되는 것은 구조, 순서 및 절차, 수량 및 크기의 비교, 일람표, 비유 등이다.

② 그래프 작성

차트의 작성은 숫자만으로 간과하기 쉬운 문제점을 시각적으로 명확히 하여 내용의 요지나 해결방안을 파악하기 쉽도록 한다. 그래프를 사용하면 수량이나 크기를 비교하거나 과거와 현재의 트렌드를 비교할 때 효과적이다. 문장에 비해 즉독성(읽는 이가 보고서가 의미하는 바를 신속 정확하게 인식하도록 하는 것)이 강하며 구조화되어 있어 이해가 쉽다는 이점이 있어서 보고문서에 자주 활용된다.

차트에서 데이터의 수치는 정확하게 기입해야 하며 수치를 표시할 때에는 값을 반올림하고 소수점 이하가 미치는 영향이 크지 않을 경우는 이를 생략하는 것이 좋다.

㉠ 막대그래프(바그래프)

막대그래프는 여러 가지 통계나 사물의 양을 막대 모양의 길이로 나타내어 알아보기 쉽도록 그린 그림표이며 각각 수치의 상하 비교가 편리하여 각 부분의 상대적 크기를 양적으로 비교할 수 있다.

비교항목은 3~5개 정도가 적합하며 각 항목의 막대 간격을 막대 두께만큼 띄어서 쉽게 내용을 파악할 수 있도록 한다. 다만 가로축의 비교항목이 많은 경우는 막대 간격을 막대 굵기의 1/2로 할 수 있다.

항목 비교유형을 표현할 때, 특히 항목들의 이름이 짧지 않은 경우는 세로막대그래프 대신 가로막대그래프를 사용하는 것이 더 바람직하다. 세로막대그래프는 막대의 너비가 좁기 때문에 항목의 이름을 명확히 적기가 어렵기 때문이다.

㉡ 선그래프

선그래프는 시계열분석을 할 때 시간의 흐름에서 하나 또는 그 이상의 항목들이 변화하는 것을 보여준다. 시간에 따라 양적으로 변화하는 상태에 점을 찍고, 그 점을 선분으로 이어서 나타낸 선그래프는 시간의 추이에 따라 자료를 한눈에 비교할 수 있다. 기업의 월별 매출의 변화, 시간당 고객수의 변화 등 시간적 추이에 따른 변화를 비교하는 차트로 작성한다.

두 종류 이상의 데이터를 기입할 때는 실선 또는 점선 등을 이용하여 구분하거나 선의 색을 여러 종류로 구분하여 표시한다.

수량을 나타내는 눈금의 자릿수는 4개를 넘지 않도록 하며 이를 초과할 경우 단위를 표시하여 줄여 쓴다.

■ **막대/선그래프 활용의 예**

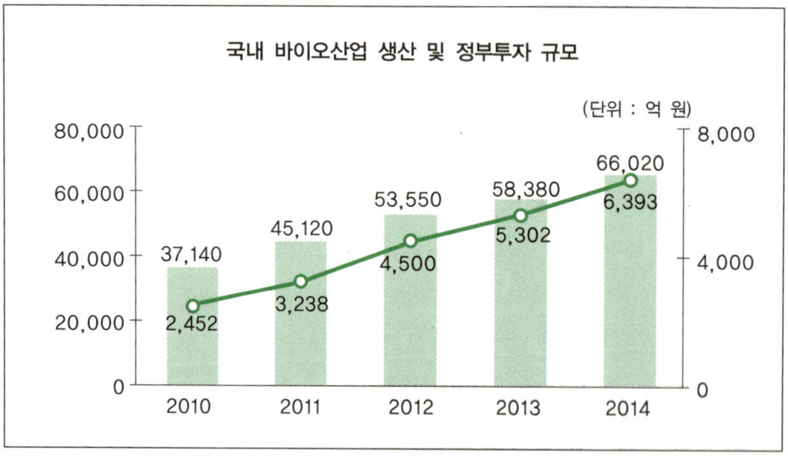

㉢ 원그래프

원그래프는 전체 통계량에 대한 부분의 비율(%)을 하나의 원의 내부에 부채꼴로 구분한 그래프로서 전체 또는 부분과 부분의 비율을 이해하기 쉽게 표시할 수 있다.

구성을 차지하는 각 항목의 합이 반드시 100이 되도록 하며 각 항목의 순서는 시계방향으로 돌아가며 비율이 높은 순서대로 나열한다.

여러 개의 항목은 각 파이로 표시하고 다양한 색깔로 각 항목을 구분하고 동일한 서체를 사용한다.

■ **원그래프 활용의 예**

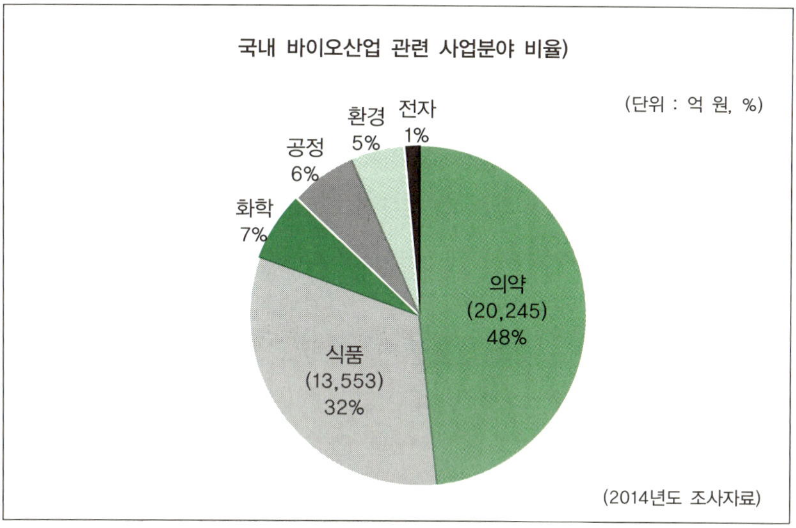


㉣ 기타 그래프

- 띠그래프 : 각 항목의 내역을 나타내며 복수의 그래프를 나열하여 비교하는 것이 가능하다.
- 방사형그래프 : 다차원 데이터의 패턴을 통해 특정 기준에 부합정도를 보여주고자 할 때 사용한다(예 : 고객만족요소, 가치분석).
- 누적막대그래프 : 시계열과 전체에서 차지하는 비중을 보여주고자 할 때 시간의 흐름에서 전체 가치를 구성하는 요소가 나타내는 정도의 변화를 보여준다(예 : 여러 기업의 매출액 비교와 각 매출을 차지하는 상품별 비중분석).

• 혼합그래프 : 2개 이상의 항목과 비교대상을 다차원에서 분석하여 혼합한다. 특히 크기가 다른 2개 이상의 전체 집합과 각 구성항목을 비교할 때는 혼합그래프인 누적세로막대형을 사용한다.

#### (6) 최종보고서 제출

최종보고서는 서문, 본문, 결문(부록)의 3부분으로 구성한다.

① **서문** : 타이틀페이지, 목차, 초록으로 구성한다.

② **본문** : 설명 또는 배경, 발견사항에 대한 논의, 요약, 결론, 권고사항으로 구성한다.

③ **부록** : 미주, 참고문헌, 부록으로 구성한다. 본문에 비해 상대적으로 중요도가 떨어지거나 보고서 흐름에 큰 영향을 주지 않는 내용은 부록으로 구성하여 별도의 자료로 준비한다.

### 3) 일상적 보고서

#### (1) 업무보고서(업무일지)

업무보고서는 담당자가 본인의 업무를 계획적으로 운영해 나가기 위해 당일 업무처리 현황 및 미종료 업무사항을 기재하는 문서이다. 업무보고서(일지)의 작성자는 당일의 업무일지 작성을 통해 본인의 효율적인 시간관리가 가능하다.

업무보고서는 업무의 주요 진행상황에 대한 근거를 남기는 자료로 활용되고 향후 업무의 하자가 발생하지 않도록 하는 효과가 있을 수 있다. 작성자의 성과측정이나 업무활동 보고 자료로서 업무보고서를 활용할 수 있다. 또한 부서원 간의 업무활동에 대한 공유자료로서 가치가 있으며 후임자를 위한 업무 인수인계 보조자료로 이를 활용할 수 있다.

업무보고서는 일일업무보고서와 주간업무보고서로 구분한다. 일일업무보고서의 내용은 작성자 정보, 전일의 미종료업무, 당일업무사항, 당일 미종료업무 등을 기재한다. 주간업무보고서는 한 주 동안의 업무의 진행을 적으며 지난주의 업무보고(종료사항, 진행사항)와 금주의 업무계획에 대해 기재한다.

① **일일업무보고서**

일일업무보고서는 하루 동안 어떠한 일을 했는지를 상사에게 보고하는 기록이다. 금일과 익일의 주요 업무내용, 업무의 진척상황(현황보고), 활동성과를 구성내용으로 신속하게 작성하며 경우에 따라 문제점이나 건의사항을 보고할 수도 있다. 일일업무보고서를 작성하면서 작성자는 자신의 업무활동을 매일 기록하고 점검하는 습관을 통해 업무적 사고력을 키울 수 있다. 또한 중요한 안건을 기록하는 습관을 기초로 하여 보다 철저한 자기관리와 분석이 가능하다.

② 주간업무보고서

주간업무보고서는 한 주간의 진행된 업무를 보고하는 문서로서 일주일 단위로 업무내용과 소요시간을 파악하고 효과적으로 업무를 진행하고 있는가를 체크한다. 일주간의 주요 업무내용이나 진척상황, 개선점, 문제점 등을 정리하여 보고하면서 업무흐름을 재검토함으로써 자기관리를 할 수 있도록 돕는다. 업무수행계획과 실적의 대비를 통해 업무개선을 위한 자료로 활용하며 내주 예정업무계획 등도 기재한다. 미리 갖추어진 주간업무보고서 양식을 사용하여 요일별로 처리한 업무의 상세내용을 작성하기도 한다.

〈주간업무보고서 예제〉

<table>
<tr><td colspan="4" rowspan="2">주간업무보고서</td><td></td><td></td><td></td></tr>
<tr><td></td><td></td><td></td></tr>
<tr><td>기 간</td><td colspan="3">2014. 9. 3. ~ 9. 9</td><td>작성일</td><td colspan="2">2014. 9. 9.</td></tr>
<tr><td>소 속</td><td>홍보기획팀</td><td>직위</td><td>과장</td><td>제출자</td><td colspan="2">한 나 리</td></tr>
<tr><td>구 분</td><td colspan="4">주요 활용내용</td><td colspan="2">비 고</td></tr>
<tr><td>금주<br>주요 업무</td><td colspan="4">1. 3일(월) 전시디자인 초안 검토를 위해 A광고기획사와 회의<br>- 6일(목)까지 실무진 최종시안 확정<br>2. 독일 전시회 출품 물품준비(4~6일)<br>3. 독일(프랑크푸르트)지사로 전시회 출품 배송(7일(금))</td><td colspan="2"></td></tr>
<tr><td>다음 주<br>주요 업무</td><td colspan="6">- 다음 주 목요일(13일)까지 독일 출장준비 예정<br>- 전시디자인 최종본 다음 화요일(11일)까지 전달받음</td></tr>
<tr><td>특별사항</td><td colspan="6"></td></tr>
</table>

③ 월간업무보고서

월간업무보고서는 1개월간 업무의 경과와 성과를 보고하는 문서로서 월초에 세운 계획이나 목표수량을 먼저 적고 이에 대한 시행활동내용을 적는다. 목표수량과 실제 활동내용을 비교·분석하며 성과, 개인소견, 전망 등을 기재한다.

### (2) 출장보고서

출장보고서는 출장업무를 마친 후에 작성하고 직접 출장을 명령한 상사에게 제출한다. 일정과 비용을 열거하는 것보다 출장으로 무엇을 달성하였는지에 초점을 맞춘다. 그러므로 내용에는 출장에 관한 보고자의 견해나 문제점 및 그 해결책을 보고해야 의미 있는 출장보고서가 된다. 출장보고서의 구성은 날짜별로 구성하는 것보다 요약, 세부항목, 결론 및 권고의 마무리 순으로 구성하는 것이 좋다.

참고 **출장보고서 내용**

출장목적, 출장일정, 출장장소, 동행인 인적사항, 수행내용(주요 논의사항, 방문기관개요, 주요 사업내용, 최신정보), 출장성과(기대효과, 발전방안, 제도개선사항, 활용방안), 기타(건의사항, 문제점) 등

### (3) 연수보고서

연수보고서는 신입사원 연수회나 신기술 세미나 등과 같은 각종 연수를 받은 후에 수강내용이나 습득한 기술을 구체적으로 기술한 것을 말한다. 이 보고서에는 연수를 통해 배운 것 외에 이후 이 기술을 어떻게 활용할 것인가를 중점적으로 적는다.

참고 **연수보고서 내용**

연수목적, 연수일정, 연수장소, 주최 및 강사, 연수내용(연수내용요약, 습득기술, 최신정보), 연수성과(기대효과, 발전방안, 사내 활용방안), 기타(최근동향연구, 건의사항) 등

〈출장보고서 예제〉

<table>
<tr><td colspan="4" rowspan="2">출 장 보 고 서</td><td>문서번호</td><td>영업 01-235</td></tr>
<tr><td>작성일자</td><td>2014. 10. 11.</td></tr>
<tr><td>부서</td><td>기획실</td><td>직위</td><td>과장</td><td>출장자</td><td>김 철 수</td></tr>
<tr><td>출장기간</td><td colspan="3">2014. 10. 6.(월) ~ 10.(금)(5일간)</td><td>출장지</td><td>부산시 백화점</td></tr>
<tr><td>출장목적</td><td colspan="5">제품 ○○○의 대리점 매출실태 조사 및 판촉계획 검토</td></tr>
</table>

보고내용

가. 매출상황

1) 신제품 ○○○은 청소년층을 주 고객으로 하여 비교적 단기간에 집중적으로 판매되었음.
2) 판매점의 입지에 따라 매출액이 큰 차이를 보였음.
   백화점 및 ○○○제품을 구비한 판매점은 예상 외로 판매실적이 저조했고, 이에 비해 단일 품목만 취급한 전문 판매점은 판매 증가추세를 보였으며 심지어 일부 대리점에서는 품절 사태까지 발생됨.

나. 매출액에 격차가 생긴 원인

백화점과 전문 판매점 사이의 매출액의 차이는 소비자의 전문 판매점의 제품 신뢰도, 애프터서비스 등에 대한 인식이 크게 달라졌기 때문인 것으로 판단됨.

다. 대책

1) 전문 판매점의 정확한 실제 판매상황 조사가 요구됨.
2) 이번 판매실적 조사를 기초로 배정량을 조절함.
3) 주 고객인 청소년층에게 맞추어 디스플레이, 광고지 기타 판촉자료의 디자인을 새롭게 구상함.
4) 판매가 봄・가을에만 집중되지 않도록 판매점에 판촉지원을 충분히 할 것.

붙임 1. 신제품 ○○○ 판매 백화점 및 판매점 리스트 1부.
　　 2. 백화점 및 판매점의 신제품 ○○○ 매출현황 조사서 1부.

### 4) 의견제시 보고서

#### (1) 조사보고서

조사개요는 본 조사가 어떤 조사인지를 정확하게 전달하는 부분으로 문장이 장황하게 길어지지 않도록 간단명료하게 알기 쉽도록 작성한다. 특히 전문용어를 사용할 때는 독자의 수준을 고려하여 주의 깊게 사용한다. 업계의 시장상황이나 변화 등을 분석할 때에는 사실 위주로 구성하고 결론이나 제안부분에서는 의견을 밝혀야 한다. 조사결과는 조사의 중요부분의 발췌와 종합적인 설명을 하는 총평과 세부적인 결과보고인 각론으로 구성한다. 간단하게 요약된 보고서에서는 총평으로 조사결과를 요약하며 상급자에게 보고시 이 부분만을 검토하는 경우가 많다.

제목 페이지에는 문서의 제목, 문서 작성자명, 회사, 부서명, 문서종류와 작성일자를 기재하며 필요한 경우에 문서의 열람범위를 나타낸 '문서의 제한'이 표기되어야 한다. 조사결과 보고서는 조사 데이터를 처음 접하는 사람이라도 쉽게 이해할 수 있도록 작성해야 하므로 숫자나 문자만으로 작성하기보다는 그래프나 표 등과 같은 시각적 자료를 활용하는 것이 효과적이다.

〈조사보고서 예제 : 영업소별 매출보고서〉

보고자 : 영업관리과 대리 김이진 2014년 2월 5일

# 2014년 영업소별 매출보고서

## 1. 현황 보고

[표 1]과 같이 A, B, C영업소의 2014년 매출실적을 조사하여 전년도(2013년) 매출실적과 비교한 결과, 각 영업소의 실적에 현저한 차이가 남. [그림 1]은 영업소별 매출점유율을 나타낸 결과로 A영업소 52%, C영업소 27%, B영업소 21% 순으로 나타남.

**영업소별 매출실적** (단위 : 만 원)

| 연도 / 영업소 | 전년 실적 (2013년) | 금년 실적 (2014년) | 증가율 |
|---|---|---|---|
| A영업소 | 50,000 | 58,000 | 16% |
| B영업소 | 28,000 | 23,000 | −18% |
| C영업소 | 30,000 | 30,000 | 0% |

**영업소별 매출점유율**

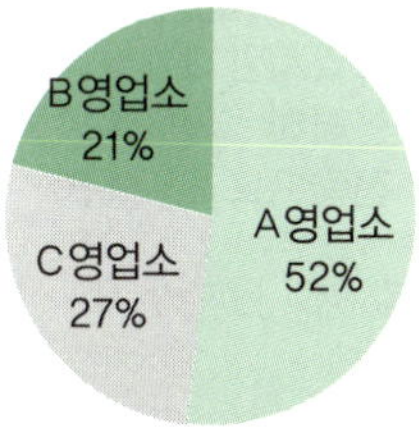


## 2. 영업소별 매출실적 차이의 원인분석

영업소에 따라 2014년도 매출실적에 차이가 나타난 이유는 각 영업소의 매출전략에 영향을 받은 것으로 조사됨.

가. A영업소의 경우 기존 고객에 대한 동호회 결성을 추진하여 소개 캠페인을 실시한 결과 좋은 성과를 거둠.

나. B영업소의 경우 기존의 다이렉트 메일에 의한 소극적 고객관리를 그대로 유지함으로써 고객수, 매출액이 현저히 감소함.

다. C영업소의 경우 고가의 상품을 적극적으로 판매하여 고급 이미지전략이 성공함으로써 고객 감소에도 불구하고 전년도와 동일한 매출액을 달성함.

## 3. 소견

가. 앞으로 A영업소의 고객유치방침을 다른 점포에도 전개하여 고객유치와 매출액의 증가를 도모할 필요가 있음.

나. C영업소에서 실시한 고가격, 이미지전략의 성패는 입지와도 관계가 있다고 판단되므로 다른 점포로의 이용가능성을 알아보기 위해 마케팅 조사를 실시해야 함.

〈조사보고서 예제 : 판매보고서〉

보고자 : 판매관리부 과장 김영철 2015년 8월 20일

# 상반기 PC 판매보고서

## 1. 현황 보고

가. 최근 PC업계는 과잉투자 및 공급과다로 인한 경기침체로 판매부진을 면치 못하고 있는 실정이며 이와 같은 외부 여건의 영향으로 올해 들어 자사의 판매실적도 감소세로 들어섰다. 올해 PC의 상반기 판매실적(1~7월)은 전년도에 비해 판매감소율이 −3.5%로 상당히 저조한 상태이다.

나. 1월과 2월은 신학기 기획상품 출시 및 대대적인 홍보활동을 통해 판매실적이 증가율을 보였지만 3월부터 6월까지는 IT업계의 불황과 신제품의 9월 출시로 인해 판매실적이 현저히 떨어졌다. 하지만 7월은 대폭적 가격인하 및 다양한 판촉행사 실시 등의 영업전략으로 판매량이 급증하였다.

## 2. 월별 PC 판매량 및 전년도 대비 판매 증감률

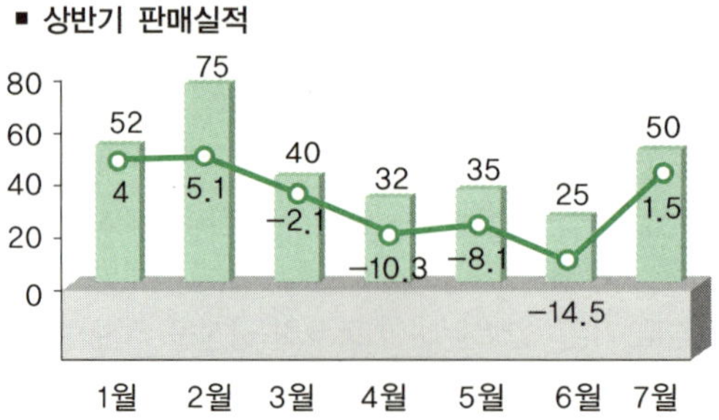


## 3. 소견

PC업계의 침체에 따른 불황을 극복하기 위해 자사만의 차별화 판매전략을 7월부터 실시하였다. 이 전략의 일환으로 실시한 대폭적인 가격인하정책과 다양한 판촉행사에 힘입어 현재 증가추세를 보이고 있다. 하지만 장기적인 측면에서 가격인하 판매전략의 기대효과 및 계속적 실시 여부에 대해 논의해 보아야 한다.

가. 기존 제품의 가격인하 및 신상품 홍보전략

재고량의 감소를 위해 실시한 기존 제품의 파격적인 가격인하는 곧 출시되는 신제품의 시장공략에 장애전략이 될 수 있다. 하지만 업계의 침체에 따른 신상품의 효과는 크게 기대할 수 없는 상황에서 기존 제품의 판매와 신상품의 시장전략을 정책적으로 병행할 수 있는 아이디어가 필요하다.

나. 판촉행사 및 홍보전략

7월 한 달 동안 장기간(9~12개월) 무이자 할부 및 경품행사 실시로 판매량은 늘었으나 광고비용 및 판촉비를 고려할 때 장기적인 매출증가를 기대하기는 어렵다.

〈조사보고서 예제 : 마케팅 사전 조사보고서〉

■ 표지

○○의류의 상반기 세일
광고효과
조사보고서

20XX. XX. X.

영업전략팀 과장 ○○○

■ 목차

목 차

1. 조사목표

2. 조사개요
가. 조사대상
나. 조사방법
다. 조사시기
라. 조사항목

3. 조사결과

4. 향후 마케팅전략

■ 조사내용

1. 조사목표

○○의류의 상반기 세일 광고효과를 조사 및 분석함으로써 20XX년도 마케팅전략을 실시하는 지표를 개발한다.

2. 조사개요

가. 조사대상 : 서울 지역의 20~50대 여성

나. 조사방법 : 설문조사

다. 조사시기 : 20XX년 3월 1일~3월 15일

라. 조사항목

1) ○○의류의 상품 마크의 인지상황

2) ○○의류에 대한 구매의욕상황

3) ○○의류의 상반기 세일인지도

4) 상반기 세일인지경로

5) 광고모델인지도

### 3. 조사결과

가. ○○의류의 상품 마크의 인지상황

상품 마크의 인지는 78%의 높은 비율을 나타냄. 연령별 인지도를 분석한 결과 30대 초반과 중반의 연령층에서 인지도가 높게 나타나는 반면 40대 후반과 50대의 인지는 가장 낮게 나타남.

나. ○○의류에 대한 구매의욕상황

다. ○○의류의 상반기 세일인지도

라. 상반기 세일인지경로

세일인지경로를 조사한 결과 백화점 및 대형마트의 홍보를 통해서 인지하게 된 경로가 10%로 나타났으며 신문이나 카탈로그 등 지면광고를 통한 홍보 인지는 3%로 낮게 나타남. 또한 ○○의류의 세일 광고가 다른 의류 메이커의 세일 광고와 차별화하지 못한 것으로 조사됨.

마. 광고모델인지도

■ 주요 인지도 조사

| 조사항목 | 구성비 |
|---|---|
| 상품인지도 | 78.0 |
| 구매의욕 | 35.4 |
| 세일인지도 | 34.0 |
| 세일인지경로 | 6.4 |
| 모델인지 | 43.1 |

■ 주요 인지도 조사결과

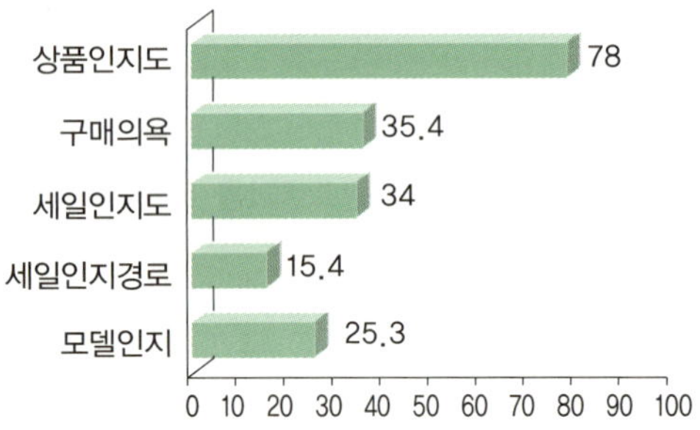


### 4. 향후 마케팅전략

가. 현재 세일광고의 70%를 지면광고(신문, 카탈로그)를 이용하고 있으나 세일인지의 효과성을 살펴볼 때 홍보매체의 다양화가 필요함. 신문은 남성대상의 직접 매체이므로 여성의 인지도를 높이기 위해서는 대면광고 경로를 모색하는 것이 효과적일 수 있음.

나. 모델 선정 시 현재의 인기보다는 모델의 이미지와 함께 상품의 이미지를 소비자에게 굳혀 갈 수 있는 지속적인 이미지를 우선시하는 것이 바람직함.

### (2) 제안서

제안서는 서비스 수행 및 제품 판매를 목적으로 하거나 특정 문제의 해결을 목적으로 작성하는 보고서이다. 프로젝트에 대한 진행방향 및 형태를 언급하고 해결방안을 논리적으로 제시하는 설득형 보고서로 작성한다. 제안서를 작성할 때 새로운 안건을 제시함에 있어 왜 이 제안을 수행해야 하는지 설득할 수 있는 내용을 담도록 한다.

① 업무개선형 제안서

업무개선형 제안서는 일의 진행방식이나 내용에 관한 개선책을 자발적으로 제안하는 문서로서 구체적인 개선책의 제안이 주 내용이다.

＊ 업무개선형 제안서의 구성

- 기본구성 : 제안일, 제안자(부서, 직위, 성명)를 기입한다.
- 제안목적 : 제안제목은 간결하게 정리하여 작성한다.
- 제안내용 : 제안의 구체적인 설명으로 제안이유, 현재의 문제점 등을 적고 다수의 해결책을 제안한다.
- 기대효과 : 제안내용을 채택하면 어떤 효과를 기대할 수 있는지를 적는다.

② 사업계획서형 제안서

사업계획서형 제안서란 특정 기업이나 기관에서 프로젝트를 발주받거나 투자자로부터 투자를 유치하고자 할 때 수주업체의 개발경험이나 능력, 기술적 특징, 프로젝트 진행방향 등을 분석하여 제출하는 문서를 말한다.

＊ 사업계획서형 제안서의 구성

사업계획서는 사업개요, 법률개요, 시장분석, 사업내용, 법인설립, 수익분석으로 구성할 수 있다. 서비스의 특성[경쟁사 서비스(제품)와의 차이점, 비교우위 등], 사업전략(서비스소개, 마케팅계획, 운영계획, 사업추진일정 등)이 반드시 포함되어야 한다.

- 사업개요 : 개요부분에서는 서론, 배경, 현 문제나 제안의 목적과 세부목표를 제시한다.
- 사업환경분석 : 관련 사업 및 관련 업종에 대한 개략적인 환경분석을 위해 경쟁사비교, 성공사례분석, 시장조사 등(전략개발을 위한 활동)/시장의 요구, 새로운 환경분석(조사를 통해 도출한 사항)을 한다. 이때의 근거자료는 공공기

관 및 전문기관의 통계자료를 근거로 작성하는 것이 좋다.

- 사업제안 : 제안에 대한 객관적인 근거를 토대로 제안사항을 구체적으로 제시하고 제안의 실행을 통한 기대효과를 파악한다.
- 사업전략 : 목표를 달성하기 위한 대체적인 방법론을 기술하기 위해 5W1H에 근거한 구체적 전략 전술, 전략 전술의 실행 방법 등을 나타낸다.
- 조직구성과 필요예산 : 인적구성으로 프로젝트 담당인력의 이름과 프로필을 제공하며 필요예산에는 예상지출액의 예산이 포함된다. 인적구성의 프로젝트 경험과 역량의 기술을 제시함으로써 담당인력의 적격성을 증명한다. 필요예산은 고객에게 명확히 전달하여 오해가 없도록 하며 가격, 구체적인 청구방법, 지급방법, 지급시기 등을 명시한다.
- 향후 단계별 사업계획 : 프로젝트 제공과정의 일정표를 작성하고 최종프로젝트의 완성 및 제출시기를 나타낸다.
- 예상결과 및 잠재적인 문제점 : 상대방에게 구체적이고 실질적인 효과를 이해시키고 잠재적인 문제점들에 대하여 명기하고 이에 대한 대처방안을 기술하도록 한다.

*** 사업계획서형 제안서의 작성 단계**

| | |
|---|---|
| 1 | 제안서의 기본방향을 설정하며 제안요청서(RFP : Request for proposal)에서 제시된 방침이 있을 경우에는 그 방침에 따라 기본방향을 설정한다. |

⇩

| | |
|---|---|
| 2 | 제안서의 작성계획 및 일정을 수립한다. |

⇩

| | |
|---|---|
| 3 | 제안서 작성에 직접 필요한 정보와 자료, 첨부서류 등을 준비한다. |

⇩

| | |
|---|---|
| 4 | 제안서의 형식을 결정하여 이에 따라 작성 및 편집한다. |

⇩

| | |
|---|---|
| 5 | 발주기관에 제출한다. |

〈제안서 예제〉

# 제 안 서

<table>
<tr><td rowspan="2">제<br>안<br>자</td><td>성명</td><td>홍길동</td><td>직급</td><td>과장</td><td>작성일</td><td>2015. 7. 9</td></tr>
<tr><td>소속</td><td>영업1팀</td><td>사번</td><td>5511</td><td>연락처</td><td>5511</td></tr>
<tr><td colspan="2">제안유형</td><td colspan="5">1. 경영, 사무개선 2. 현장관리 3. 교육홍보 4. 계약 5. 기타</td></tr>
<tr><td colspan="2">제안제목</td><td colspan="5">고객관리 사원 채용을 위한 제안</td></tr>
<tr><td colspan="2">제안배경</td><td colspan="5">1. 2014년 3/4분기 이후 고객급증에 따른 고객관리업무의 증가<br>2. 체계적인 고객리스트 관리프로그램의 운영 필요함.</td></tr>
<tr><td colspan="2">제안내용</td><td colspan="5">1. 영업사원의 전력상승 위해 사무직원 증원모색<br>2. 증원인원수 : 4명(각 영업팀당 1인)<br>3. 의뢰처 : ABC 파견센터</td></tr>
<tr><td colspan="2">개선효과</td><td colspan="5">1. 영업사원이 고유 업무에 전념함으로써 매출증가 도모<br>2. 오류처리를 줄임으로써 고객의 신뢰감 증진<br>3. 사내 관련부문의 재처리를 줄여 업무효율화 향상</td></tr>
<tr><td colspan="2">첨부서류</td><td colspan="5">1. 각 영업사원의 근황보고서<br>2. ABC 파견센터 제출 견적서</td></tr>
</table>

## 3 연락문서 작성

### 1) 안내문 · 게시문

안내문은 객관적인 정보를 전달하고 안내하기 위해 작성하는 문서로서 상대방의 선택과 의사결정을 도울 수 있게 핵심내용을 간략하면서도 정확하게 표현해야 한다. 또한 정보내용에 대해 독자의 흥미를 유발할 수 있도록 부드럽고 알기 쉽게 작성하며 사내문서라도 경우에 따라서는 첫인사와 끝인사를 포함하여 작성하기도 한다. 인사말을 포함한 전문은 어느 정도 길어져도 무난하며 알리는 세부내용은 별기부분에 항목별로 기재하여 전달한다. 안내문은 업무와 직접 관련된 내용보다는 회사 내의 행사나 복리후생에 관한 사항을 알리는 예가 많다.

게시문은 광범위한 다수의 사람을 대상으로 알리고 싶은 사항이나 연락사항을 공유하기 위해 만든 문서를 말한다. 사내의 복도나 식당에 게시하는 경우도 있지만 최근에는 웹문서로 인트라넷이나 인터넷 홈페이지를 이용해 게시문을 공지하는 경우가 늘고 있다. 게시문의 내용은 안내문과 유사한 형식으로, 내용을 쉽게 알 수 있도록 문안을 구성하고 사람들의 관심을 끌 수 있게 작성한다. 내용의 구성은 주최자, 대상자, 전달사항을 시각적으로 눈에 띄게 나타내며 제목은 친숙한 용어로 표현한다. 구체적인 사항은 항목별로 일목요연하게 나타낸다.

### 2) 회람문

회람문은 특정 범위의 사람들에게 읽힐 목적으로 각 부서 혹은 한 부서의 전원이 읽도록 하기 위해서 작성하는 문서이다. 단기간에 여러 사람에게 내용을 전달해야 하는 경우는 여러 장을 복사해서 각자에게 배포하지만 보안등급이 높은 문건이나 수신자의 의견사항을 개별적으로 수렴해야 할 경우는 회람문에 회람표를 첨부하여 전달할 수 있다.

회람표에 부서, 직위, 성명을 기록하고 서명하도록 하며 회람일자도 기록한다. 회람문서 관리자는 회람문을 전달하기 전에 미리 회람표에 회람순서를 명시하여 회람과정을 관리할 수 있다. 그리고 반드시 복사본을 준비하여 문서의 분실에 따른 대비를 한다. 그리고 회람문서 관리자는 회람문서의 회람표에 회람기한을 명시하며 회람 중간에 회람경로를 확인하여 회람절차를 관리하도록 한다.

〈안내문 · 게시문 예제〉

2014. 4. 20

○○ 임직원 제위

# ○○가족 친선등반대회 안내

신록이 푸른 오월을 맞이하여 ○○인의 화합과 친선을 도모하고자 전임직원이 참여하는 '○○가족 친선등반대회'를 다음과 같이 개최합니다.

등반대회와 다채로운 프로그램으로 개최되는 금번 ○○가족 친선등반대회에 많이 참여하여 뜻있고 보람 있는 시간이 될 수 있기를 기대합니다.

다 음

1. 대회일시 : 2014년 5월 23일(금) 09:00~16:00
2. 대회장소 : 북한산 둘레길 흰구름길(집결지 : 북한산생태숲 앞)
3. 대회코스 : 약 2시간 30분 소요
   (생태숲 앞(대회본부)–구름 전망대–화계사 –이준열사묘역)
4. 대회일정

| 시간 | 내용 |
|---|---|
| 09:00 | 개회식(개회사, 대회규정 소개 등) |
| 09:30~12:30 | 친선등반대회 |
| 12:30~14:00 | 중식 |
| 14:00~16:00 | ○○가족 화합 한마당 및 시상식 |

5. 대회평가 : 소요시간, 단결력 등 종합평가
6. 대회시상 : 우승(1팀), 준우승(3팀)
7. 대회진행 : 산악연맹 산악조난구조대
8. 기타
   가. 참가선수와 참가가족은 전원 보험에 가입해야 하므로 성명 및 주민등록번호를 기재하여 신청서를 제출하기 바람.
   나. 참가선수 전원에게 기념품 및 중식 제공함.
   다. 문의사항 : 기획총무팀 한수동 과장((02)355–1234, su@hanmail.com)

〈회람표 예제〉

<table>
<tr><th colspan="7">회 람 목 록</th></tr>
<tr><th colspan="7">발신사항</th></tr>
<tr><td>성명</td><td colspan="2">장 만 석</td><td>부서</td><td>–</td><td>직급</td><td>대표이사</td></tr>
<tr><td>발신일</td><td colspan="2">2015. 9. 20.</td><td>연락처</td><td colspan="3">(02)399-0566 / mansuk@hanmail.com</td></tr>
<tr><td>내용</td><td colspan="6">○○광고기획사 대형제품 광고 시안 회람</td></tr>
<tr><th colspan="7">회 람 수 신 부 서</th></tr>
<tr><td>번호</td><td>성명</td><td>직급</td><td>부서</td><td>서명</td><td>접수일</td><td>비고</td></tr>
<tr><td>1</td><td>홍길동</td><td>부사장</td><td>–</td><td></td><td>2015. 9. 20.</td><td></td></tr>
<tr><td>2</td><td>박상진</td><td>전무이사</td><td>–</td><td></td><td>2015. 9. 21.</td><td>의견붙임</td></tr>
<tr><td>3</td><td>황기영</td><td>전무이사</td><td>–</td><td>–</td><td>–</td><td>해외출장</td></tr>
<tr><td>4</td><td>이형규</td><td>이사</td><td>기획관리</td><td></td><td>2015. 9. 23.</td><td></td></tr>
<tr><td>5</td><td>최일섭</td><td>이사</td><td>대형영업</td><td></td><td>2015. 9. 27.</td><td>의견붙임</td></tr>
<tr><td>6</td><td>홍진태</td><td>부장</td><td>기획관리</td><td></td><td>2015. 9. 27.</td><td></td></tr>
<tr><td>7</td><td>허재호</td><td>부장</td><td>대형영업</td><td></td><td>2015. 9. 29.</td><td></td></tr>
<tr><td></td><td>총 7명</td><td></td><td></td><td></td><td></td><td></td></tr>
<tr><td colspan="7">• 회람기한(2015. 9. 30.(수))까지 본 건의 회람을 마쳐주시기 바랍니다.<br>• 문의사항 사장실 비서 김영숙 (02)399-0599</td></tr>
</table>

### 3) 업무연락문 · 업무협조문

업무연락은 회사 내 다른 부서에 내용을 전달하거나 협조를 요청할 때 작성하는 문서로서 전화나 이메일을 통해서 비공식적 상황에서 업무연락이나 협조가 이루어졌다고 하더라도 정식절차를 거친 공식문서를 통해 요청하는 것이 일반적이다. 상황과 배경에 대한 내용을 전달하여 업무의 취지를 밝히며 연락내용이나 협조요청사항에 대해 구체적으로 작성해야 한다.

〈업무협조전 예제〉

<table>
<tr><th colspan="4">업무협조전</th></tr>
<tr><td>발신일자</td><td>2015. 5. 20.</td><td rowspan="5">수<br>신<br>자</td><td>기획부 부장 홍유진</td></tr>
<tr><td>문서번호</td><td>2015-0127</td><td>인력개발부 부장 송진호</td></tr>
<tr><td>발신부서</td><td>정보시스템부</td><td>총무부 부장 최민성</td></tr>
<tr><td>발 신 자</td><td>하진호 부장</td><td>노사협력부 부장 김기창</td></tr>
<tr><td>전화번호</td><td>구내번호 599</td><td></td></tr>
<tr><td>제 목</td><td colspan="3">기획인사관리 통합시스템 만족도 조사 실시 협조 요청</td></tr>
<tr><td colspan="4">금번 우리 연구소에서 신규로 구축한 기획인사관리 통합시스템의 향후 고도화 및 개선을 위한 정보화계획을 수립하고자 통합시스템 사용자들을 대상으로 만족도 조사를 아래와 같이 실시하고자 합니다. 많은 협조 부탁드립니다.<br><br>아 래<br><br>1. 조사기간 : 2015년 5월 19일(화)~5월 27일(수)<br>2. 조사대상 : 기획인사관리본부 소속 임직원 전체<br>3. 조사방법 : 각 부서에서 설문지를 배포 후 수합하여 정보시스템부에 제출<br>4. 제출일시 : 2015년 5월 29일(목) 18시까지</td></tr>
</table>

<table>
<tr><td>담당자</td><td>정보시스템부 대리 이정명 ㊞</td><td>정보시스템부</td><td>부장 하진호 ㊞</td></tr>
<tr><td colspan="4">상기와 같이 업무협조를 부탁드리오니 바쁘시더라도 업무에 차질이 없도록 협조 바랍니다.</td></tr>
</table>

### 4) 업무인수인계서

사무업무인계는 일반적으로 문서를 통해 이루어지고 기밀에 속하는 사항은 구두로 인계할 수 있다. 문서로 사무인수인계를 할 때는 업무인수인계서를 1장 작성하여 인계자와 인수자 및 입회자가 이름을 적고 서명한 후 이를 보관한다.

업무인수인계서는 직원이 퇴사를 하여 새로운 직원이 해당 업무를 넘겨받는 경우, 부서 간 또는 부서 내의 업무배치 변경으로 해당 업무를 인수 및 인계해야 하는 경우에 작성하는 문서이다. 인수인계서를 작성할 때는 먼저 인수인계일자, 인수자명, 인계자명을 적고 서명을 한다. 인수인계해야 하는 업무사항으로는 기본담당업무, 진행 중 업무상황 및 계획업무, 미결사항, 예산 및 집행실적, 담당업무상의 중요 문제점 및 개선사항 등을 적는다. 또한 관련된 인수인계 서류사항과 물품목록도 자세히 기재한다. 참고사항으로 해당 부서와 관련된 거래처의 정보(연락처) 등을 인수인계한다.

**〈업무인수인계서 예제〉**

## 업무인수인계서

- 인계일 : 2015. 8. 30.
- 인계자 : ○○○ 과장(기획관리부)
- 인수자 : ○○○ 대리(기획관리부)

1. 인수인계 업무목록
   - 기본업무사항
   - 진행업무
   - 계획업무(미결사항)
2. 인수인계 서류 및 물품목록
   - 주요 전달서류
   - 진행서류
   - 보유물품
3. 기타 참고사항

위와 같이 모든 업무를 누락 없이 인수인계함.

2015년 8월 30일

인계자 ㉠

인수자 ㉠

입회자 ㉠

# Chapter 4 보고문서 작성 실습하기

## [문제 1] 다음의 내용을 기초로 영업보고서를 작성하시오.

보 고 자 : 영업관리과 대리 [본인이름]

작성일자 : 2015년 2월 5일

제　　목 : [각자 설정]

내　　용

서울지역 영업소의 2014년 매출실적을 조사한 결과 전년도에 비해 영업소 매출목표의 달성률이 15%가량 떨어진 것으로 나타났다. 서울지역 영업소별(강북영업소, 강서영업소, 강동영업소)로 매출실적을 비교한 결과 각 영업소의 매출실적에 현저한 차이가 있음을 알 수 있다.

강북영업소, 강서영업소, 강동영업소의 2014년 매출실적 및 증가율은 [표 1]과 같다. 강북영업소의 경우 2014년 매출실적이 5억 8천만 원으로 2013년 매출실적 5억 원보다 16% 증가하여 매출목표(15%)를 달성하였다. 강서영업소의 경우 2014년 매출실적이 2억 3천만 원으로 2013년 2억 8천만 원보다 16% 감소한 것으로 나타나 매출목표 달성률(15%)에 30% 정도 미달하였다. 강동영업소의 2014년 매출실적은 3억 원으로 2013년과 동일한 매출실적을 나타냈으나 매출목표(10%)를 달성하지는 못하였다. 영업소별 매출 점유율은 [그림 1]과 같이 강북영업소(52.3%), 강동영업소(27.0%), 강서영업소(20.7%) 순으로 나타났다.

영업소에 따라 매출실적에 차이를 가져온 요인 중 하나는 각 영업소의 매출 전략에 영향을 받은 것으로 조사된다. 강북영업소의 경우 기존 고객에 대한 동호회 결성을 추진하여 '소개 캠페인'을 실시한 결과 좋은 성과를 거두었다. 강서영업소의 경우 기존의 다이렉트 메일로 고객관리를 유지하여 고객수와 매출액이 현저히 감소했다. 강동영업소의 경우 고액의 상품을 적극적으로 판매하여 고급 이미지전략이 성공하였으나 고객의 감소로 전년도와 동일한 매출액을 달성하였다.

앞으로 강북영업소의 고객유치 사례를 다른 점포에도 전개하여 고객마케팅과 매출액 증가를 도모할 필요가 있다. 또한 강동영업소에서 실시한 고가격, 이미지전략의 성패는 영업소의 입지와도 관계가 있다고 판단되므로 입지우위조건을 가진 영업소에서의 이용가능성을 알아보기 위해 마케팅 조사를 실시해야 한다.

## [문제 1 따라하기] 영업보고서 따라하기

보고자 : 영업관리과 대리 김이진 2015년 2월 5일

### 2014년도 서울지역 영업소 매출실적보고서

1. **현황 보고**

가. 서울지역 영업소의 2014년 매출실적을 조사한 결과 전년도에 비해 영업소 매출목표의 달성률이 15%가량 떨어진 것으로 나타남.

나. 서울지역 영업소별(강북영업소, 강서영업소, 강동영업소)로 매출실적을 비교한 결과 각 영업소의 매출실적에 현저한 차이가 있음.

2. **영업소별 매출실적 비교**

가. 영업소별 매출실적 및 증가율

1) [표 1]과 같이 강북영업소의 경우 2014년 매출실적이 5억 8천만 원으로 2013년 매출실적 5억 원보다 16% 증가하여 매출목표(15%)를 달성함.

2) 강서영업소의 2014년 매출실적은 2억 3천만 원으로 2013년 2억 8천만 원보다 16% 감소한 것으로 나타나 매출목표(15%)에 30% 정도 미달함.

3) 강동영업소의 2014년 매출실적은 3억 원으로 2013년과 동일한 매출실적을 나타냈으나 매출목표(10%)를 달성하지 못함.

**■ [표 1] 영업소별 매출실적** (단위 : 만원)

| 영업소 \ 연도 | 전년 실적 (2013년) | 금년 실적 (2014년) | 증가율 |
|---|---|---|---|
| 강북영업소 | 50,000 | 58,000 | 16% |
| 강서영업소 | 28,000 | 23,000 | –18% |
| 강동영업소 | 30,000 | 30,000 | 0% |

나. 영업소별 매출점유율

영업소별 매출점유율은 [그림 1]과 같이 강북영업소(52.3%), 강동영업소(27.0%), 강서영업소(20.7%) 순으로 나타남.

■ [그림 1] 영업소별 매출점유율(2014년)

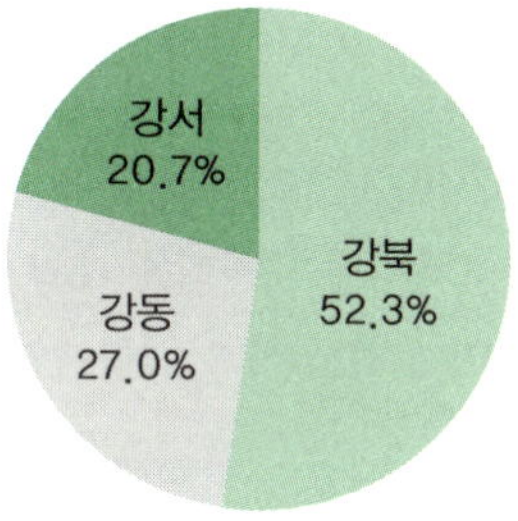


3. **영업소별 매출실적 차이의 원인분석**

영업소에 따라 2014년도 매출실적에 차이를 가져온 요인 중 하나는 각 영업소의 매출전략에 영향을 받은 것으로 조사됨.

가. 강북영업소의 경우 기존 고객에 대한 동호회 결성을 추진하여 '소개 캠페인'을 실시한 결과 좋은 성과를 거둠.

나. 강서영업소의 경우 기존의 다이렉트 메일을 이용한 소극적 고객관리를 유지함으로써 고객수와 매출액이 현저히 감소함.

다. 강동영업소의 경우 고가의 상품을 적극적으로 판매하여 고급 이미지전략이 성공함으로써 고객 감소에도 불구하고 전년도와 동일한 매출액을 달성함.

4. **소견**

가. 앞으로 강북영업소의 고객유치 사례를 다른 점포에도 전개하여 고객마케팅과 매출액의 증가를 도모할 필요가 있음.

나. 강동영업소에서 실시한 고가격, 이미지전략의 성패는 영업소의 입지와도 관계가 있다고 판단되므로 입지우위조건을 가진 영업소에서의 이용가능성을 알아보기 위해 마케팅 조사를 실시하도록 함.

이상

## [문제 2] 다음의 내용을 기초로 조사보고서를 작성하시오.

작성일 : 2015년 6월 3일
작성자 : 연구조사부 [본인이름]
제 목 : [각자 기입]

내 용

외국 정보기술(IT)업체들의 아시아 태평양 시장공략 거점이 한국으로 옮겨지고 있다. 최근 들어 외국 IT업체들이 국내에 아태지역 전체를 대상으로 기술서비스를 제공하는 '아태지역 기술센터'를 연이어 설립하면서 한국이 아시아지역의 새로운 주요 진출 거점으로 떠오르고 있다.

엔터프라이즈 소프트웨어업체인 퍼시픽사는 국내 공급사인 IT테크를 아태지역 기술센터로 지정해 아시아지역에 대한 기술지원과 서비스를 제공하고 있다. 이 외에 자일리스, 시렌코, 오토테크 등과 같은 지명도 있는 네트워크 업체들은 이미 한국에 기술지원센터를 설립하여 아태지역을 대상으로 기술서비스사업을 실시하고 있다. 2015년 국가별 외국 IT업체의 국내 진출현황을 살펴보면 일본업체 29건, 미국업체 56건, 독일업체 45건, 중국업체 20건, 기타 국가 12건에 해당된다.

관련 업계에 따르면 앞으로 미국의 ABC 자회사인 티랜드시스템의 극동지역센터를 한국에 설립할 계획이며 국내 연구기관 및 업체들과 공동으로 아태지역 타깃의 제품 및 솔루션 개발을 추진해 나갈 계획이다. 또한 많은 유럽계 IT업체들도 국내에 기술연구소를 설립하는 것에 대해 긍정적 반응을 보이고 있으므로 내년부터 이들의 본격적인 투자가 기대된다.

이와 같은 외국 IT 기업의 국내 진출 현상은 한국의 IT 기술 수준이 상당히 높고 다른 아시아지역 국가에 영향력을 갖고 있어 지역 거점으로서의 장점을 지니고 있기 때문이라고 얘기한다. 또한 정부의 IT 지원정책에 따른 제도적 특혜가 다른 주변 국가에 비해 높은 편이기 때문에 이는 IT 산업발전의 확고한 기반이 되고 있다.

## [문제 3] 다음의 내용을 기초로 조사보고서를 작성하시오.

한국산 단감의 2014년 10~12월 수출가격은 평균단가기준 US$21.3이며, 이는 대만의 도매가격보다 국내 도매가격이 2배 높게 나타난 것이다. 수출물량도 평균단가의 차이에 따라 2배 정도의 차이가 나타난다. 그리고 한국과 수출시기가 비슷해 직접적인 경쟁관계에 있는 일본산 단감의 경우, 한국산 단감과 수출물량은 비슷하지만 평균단가가 한국산 단감보다 1.5배 정도 높게 책정되고 있다. 미국산 단감의 경우, 평균단가가 아시아지역보다 3~4배 높은 것으로 나타났으나 남아메리카와 유럽 등지의 고정적 시장수요로 높은 수출물량을 확보하고 있는 상황이다.

(단위 : 100상자/US$)

| 구분 / 국가 | 수출물량 | 평균단가 |
|---|---|---|
| 한국 | 679 | 21.3 |
| 일본 | 715 | 33.2 |
| 대만 | 1,100 | 11.3 |
| 미국 | 1,800 | 88.2 |

차트 작성
(국가별 수출물량
점유율)

이와 같이 한국산 단감의 가격경쟁우위가 확보되지 않는 시점에서 2015년부터 대만산이나 일본산의 현지가격 하락이 예상됨에 따라 한국산 단감이 수출경쟁에서 점차 뒤처지게 될 것이며 이에 대한 지속적인 대책이 필요하다.

일본산 단감보다 국내산 단감이 가격은 낮지만 물량에서 별 차이가 없는 이유는 단감이 수입쿼터 물량을 배정받기 위해 경쟁이 치열한 품목으로 144%의 고율관세를 적용하기 때문이며 또한 현재 해외에서 일본산의 인지도가 높아 한국산 이미지 형성에 더 많은 시간이 필요하기 때문이다. 한국산 단감도 고급형 포장개선을 통해 수출품으로서의 상품가치를 올려 소비자 신뢰도를 높여야 할 필요가 있다. FTA 발표로 수출이 유리해진 한국산 단감의 가공식품 개발과 집중 지원으로 고율관세의 장벽을 줄이고 현지 시장 수출확대를 추진하도록 한다. 그리고 한국산 단감이 대만산보다 가격경쟁에서 차이가 나는 이유는 대만의 국가적인 지원에 따른 단감농장의 재배면적 증가와 다품종 개량의 결과에 있다. 이에 대해 한국산 단감도 도시농업으로 제도적 기반을 구축 지원하고 한국산 단감 수출단지를 조성해 획기적 생산기반을 마련하도록 한다.

미국산 단감보다 한국산 단감이 가격경쟁우위를 가지고 있으나 수출물량에서 큰 차이가 나는 이유는 원거리 이동 시 상품보존의 어려움 때문에 일본, 대만 등 수출경쟁이 치열한 아시아시장권에만 수출이 제한되는 경향이 있기 때문이다. 따라서 한국산 단감의 수출상품에 대한 지속적 품종개선 기술연구와 수확 후 관리기술 개발을 통해 원거리 소비시장을 확대하기 위한 노력이 필요하다.

## [문제 4] 다음의 내용을 기초로 조사보고서를 작성하시오.

최근 글로벌 경기침체에도 불구하고 글로벌 패스트 패션 브랜드들은 높은 영업이익률을 유지하고 있다. 2005년 이래로 해외 SPA 브랜드들이 본격적으로 국내 패션시장에 유입되면서 매해 빠른 성장률을 보여주고 있다. 국내 SPA 시장규모는 지난해 말 기준 1조 9,000억 원이다. 2017년에는 3조~4조 원으로 커질 전망이라서 SPA 브랜드 간의 국내시장 경쟁이 더욱 치열해질 것으로 예상된다. 최근 국내 패션기업들은 SPA 브랜드를 런칭하여 적극적인 사업을 추진하고 있으며 매출액에서 매년 높은 성장률을 나타내고 있다.

■ **국내 SPA 패션 브랜드 매출액(영업이익)** (단위 : 억 원)

| | 2012년 | 2013년 | 2014년 | 2014년 연매출성장률 | 2014년 영업이익률 |
|---|---|---|---|---|---|
| ○○리테일 | 800 | 1,330 | 2,500 | [각자계산] | [각자계산] |
| △△코리아 | 1,230 | 2,500 | 3,320 | [각자계산] | [각자계산] |
| ◇◇디자인 | 150 | 370 | 690 | [각자계산] | [각자계산] |

국내 SPA 패션 브랜드의 성장동기는 한국인의 체형에 맞는 피팅감을 적용하여 국내 고객들에게 어필한다는 점에서 찾을 수 있다. 또한 생산에서 공급에 이르기까지 수직화된 공급으로 마진 희생 없이도 빠르고 저렴한 가격에 제품 공급이 가능하다는 점이 해외 SPA 브랜드에 비해 유리한 상황이다. 다품종 소량생산에 따른 신상품 출시로 제품의 사이클을 단축함으로써 소비자들의 구매행동을 촉진할 수 있다. 기존 시즌 단위 상품기획에서 벗어나 신속한 시장수요 변화에 대한 대응으로 사업모델을 변화시킴으로써 고객수요에 대한 재고수준은 유지하면서 재고비용을 줄여나갈 수 있다.

앞으로 국내 SPA 패션 브랜드들이 해외 SPA 브랜드와의 국내외 경쟁에서 선두를 유지하기 위해서는 보다 차별화된 전략이 필요하다. 단순한 공급-구매 관계가 아닌 파트너십 관계를 지향하여 시장에서 요구하는 새로운 질서에 공급업체도 적응해야 생존이 가능하다는 인식하에 제품개발 동향 등을 논의하고 공급속도를 단축할 수 있는 방법 등을 함께 모색해 나가도록 해야 한다.

그리고 국내제조 및 유통이라는 장점에서 품질수준을 해외 SPA 제품과 같게 유지하면서 가격대는 70~80% 수준에 맞추는 가격전략을 추진한다. 고객층이 될 타깃과 콘셉트에 따른 정확한 포지셔닝을 통한 마케팅전략을 계획한다. 중국의 주요 도시인 베이징, 상하이 등에 5개의 플래그십 매장을 오픈한 후 미주나 유럽 등지로 점진적 글로벌전략을 실현할 방침이다.

■ 그래프 연습

아래의 자료를 참고하여 2014년 ○○자동차가 국내 자동차산업에서 차지하는 판매점유율을 다른 경쟁사와 비교하는 그래프를 그려보자.

| | |
|---|---|
| • ○○자동차 21.3%<br>• A자동차 8.1%<br>• B자동차 15.5%<br>• C자동차 13.5%<br>• D자동차 33.8%<br>• E자동차 7.8% | 그래프 작성 |

■ 보고서 작성

보 고 자 : 기획전략과 대리 [본인이름]
작성일자 : 2014년 2월 5일
제 목 : [각자 설정]
내 용 : 세계 스마트폰 시장 현황분석 및 전망

세계 스마트폰 시장은 2008년부터 47.9%씩 성장하여 2013년 9억 7,000만 대에 이르면서 전체 휴대폰 시장에서 53.6%를 차지하고 있다. 정보기술 시장분석기관인 IDC의 조사결과에 따르면 2014년 전 세계 스마트폰 판매량이 12억 대를 넘어서고 2018년 스마트폰 판매량 규모가 18억대에 이를 것으로 전망했다.

(인터넷이나 전문자료를 참고하여 작성)

## [문제 5] 다음의 내용을 기초로 출장보고서를 작성하시오.

출장자 : 본인이름 부장(기획부)

출장지 : 중국 상해

출장일 : 2015년 10월 11일부터 2015년 10월 18일까지

동행자 : 해외영업관리부 김만수 부장, 제품개발부 홍철수 과장

목 적 : [각자 기입]

내용

서울소주는 최근 중국사회에 불고 있는 한국가요, 드라마, 패션의 대유행, 이른바 한류(韓流) 열풍을 타고 서울소주의 수요가 급증할 것이라고 판단해 기존 상해 위주에서 심양, 북경, 천진 등으로 판매망을 확대시키고 내년부터 내륙지역까지 공략할 예정이다. 고객층도 지금까지는 현지 교민에 그쳤으나 20~30대의 중국인을 주요 소비대상으로 겨냥하여 확대전략을 펴고 있다.

서울소주의 지난해 총 수출액은 전년 대비 75% 증가한 7만 달러(5만 3,000상자)를 판매하였으며 올해는 이미 8만 달러(6만 4,000상자)를 (2015년 9월 현재) 판매하여 작년 대비 2배 이상의 매출을 올리고 있다. 연도별 판매량(1상자 = 700ml, 12본입)을 자세히 살펴보면 2011년 5,000상자(5,500달러), 2012년 1만 3,000상자(15,000달러), 2013년 3만 6,000상자(40,000달러), 2014년 5만 3,000상자(70,000달러)를 판매하였으며 2015년은 이미 9월 현재 6만 4,000상자(80,000달러)를 판매하고 있다. 특히 신상품 '참백세'의 선풍적인 인기와 새로운 현지 신상품의 출시에 힘입어 내년에는 10만 상자(150,000달러)를 계획하고 있으며 2018년까지는 300,000달러를 판매해 일본에 이어 중국을 제2의 시장으로 만들 예정이다. 북경, 심양지역을 중심으로 판매거점을 마련, 초기 3개월간 집중홍보하고 2단계로 산동, 천진지역으로 확대시키며 2017년에는 중국 내륙지역을 본격 공략할 방침이다.

서울소주가 올해부터 중국 등 아시아시장 공략에 본격 나섰다. 서울소주는 중국시장을 '제2의 거점'으로 삼는다는 전략 아래 철저한 준비를 하고 있다. 상반기 중 '서울소주' 브랜드의 새 제품을 출시하여 본격적인 현지화전략을 추진할 계획이다. 새로 선보일 '한국명주'는 고급화된 패키지에 23도(375ml) 제품으로 한국요리(불고기)와 잘 어울리는 깨끗하고 부담 없는 술이자 기존 백주와의 차별화를 최대한 부각시킬 방침이다. 서울소주는 이 제품을 중국시장 개척을 위한 전략제품으로 삼고 조기정착을 위해 광고 및 판촉물을 지원하고 상해, 대련 등지에서 판촉 도우미를 통한 시음회 등 다양한 프로모션활동을 전개할 계획이다.

〈뒷장 계속〉

해마다 중국시장에서 서울소주의 매출이 증가하는 원인을 조사한 결과를 요약하면 다음과 같다. 우선 서울소주는 당도를 낮춰 중국인의 음주습성에 적합하도록 배합을 재구성한 우수한 제품력을 갖고 있다. 제품의 맛뿐만 아니라 제품용기, 로고, 라벨, 디자인 등에서도 서양 위스키제품에 비해 부족하지 않은 고급 이미지가 물씬 풍긴다. 그리고 가격 책정 면에서도 중국제품보다 10% 비싸게 책정한 고가격정책을 사용하여 제품차별화를 하였다. 철저한 브랜드 관리를 위해 할인판매를 강력히 막는 정책을 추진하였다. 또한 획기적인 유통구조 개선도 중국시장에 적중했다. 현지에서는 전혀 생각하지도 못했던, 제조업체가 직접 판촉에 나서는 한국식 영업방식 채택이 효과를 나타낸 것이다. 이처럼 중간상인의 충분한 이윤 보장으로 탄탄한 유통경로를 구축할 수 있었다. 서울소주 등 소주업체는 앞으로 중국시장을 교두보로 삼아 대만, 홍콩 및 동남아지역까지 수출망을 확대할 계획이다.

이상

■ **그래프 작성 예제**

〈한글프로그램〉

- 3차원 혼합그래프 (막대그래프 +선그래프)
- 여러 가지 축 설정
  - 가로축
  - 세로축
  - 2차 세로축
  - 깊이축

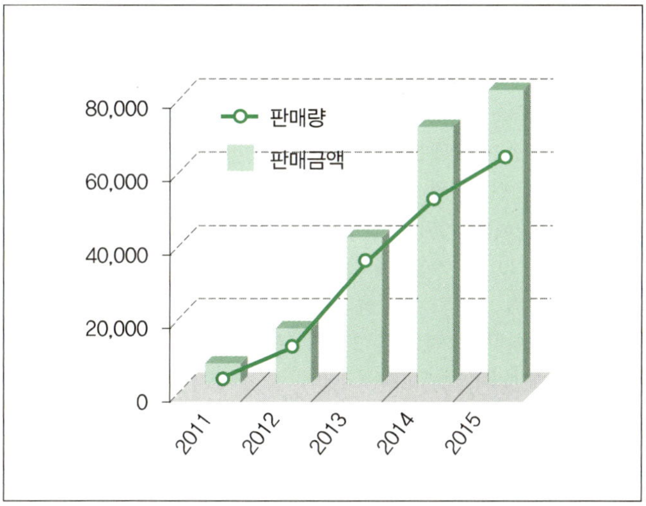

## [문제 5 따라하기] 출장보고서 따라하기

| 출 장 보 고 서 | | | | 문서번호 | 기획 01-1017 |
|---|---|---|---|---|---|
| | | | | 작성일자 | 2015. 10. 20. |
| 부 서 | 기획부 | 직 위 | 부장 | 출 장 자 | ○○○ |
| 출장기간 | 2015. 10. 11. ~ 10. 18.(7박 8일) | | | 출 장 지 | 중국 상해 |
| 동 행 자 | 해외영업관리부 김만수 부장, 제품개발부 홍철수 과장 | | | | |
| 출장목적 | 중국시장에서의 서울소주 마케팅전략 조사 | | | | |

보고내용

가. 현황 보고

1) 서울소주는 최근 중국사회에 불고 있는 한국가요, 드라마, 패션의 대유행, 이른바 한류(韓流) 열풍을 타고 서울소주의 수요가 급증할 것이라고 판단해 기존 상해 위주에서 심양, 북경, 천진 등으로 판매망을 확대시키고 내년부터 내륙지역까지 공략할 예정임.
2) 고객층이 지금까지는 현지 교민에 그쳤으나 20~30대의 중국인을 주요 소비대상으로 겨냥하여 확대전략을 펴고 있음.

나. 매출현황

1) 지난해 총 수출액은 전년 대비 75% 증가한 7만 달러(5만 3,000상자)를 판매하였으며 올해는 이미 8만 달러(6만 4,000상자)를 (2015년 9월 현재) 판매하여 작년 대비 2배 이상의 매출을 올리고 있음.
2) 연도별 판매량[그림 1]은 2011년 5,000상자(5,500달러), 2012년 1만 3,000상자(15,000달러), 2013년 3만 6,000상자(40,000달러), 2014년 5만 3,000상자(70,000달러)를 판매하였으며 2015년은 이미 9월 현재 6만 4,000상자(80,000달러)를 판매하고 있음.

■ 그림 1 연도별 판매량

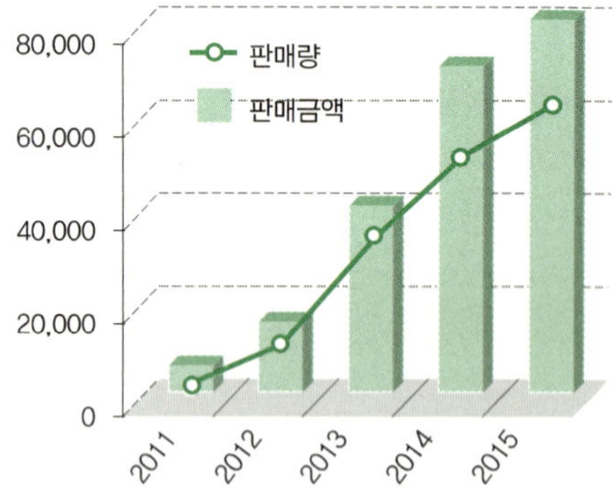

다. 매출증가원인

1) 당도를 낮춰 중국인의 음주습성에 적합하도록 배합을 재구성한 우수한 제품력
2) 용기, 로고, 라벨, 디자인 등에서도 서양 위스키제품에 비해 부족하지 않은 고급이미지 부각
3) 가격도 중국제품보다 10% 비싸게 책정한 고가격정책을 통한 제품차별화
4) 할인판매를 강력히 막음으로써 철저한 브랜드 관리
5) 제조업체가 직접 판촉에 나서는 한국식 영업방식의 획기적 유통구조 개선으로 중간상인의 충분한 이윤을 보장함으로써 탄탄한 유통경로 구축

라. 향후 마케팅전략 및 전망

1) 신제품 '한국명주' 출시

가) 새로 선보일 '한국명주'는 고급화된 패키지에 23도(375ml) 제품으로 한국요리(불고기)와 잘 어울리는 깨끗하고 부담 없는 술이자 기존 백주와의 차별화를 최대한 부각시킬 방침임.
나) 서울소주는 이 제품을 중국시장 개척을 위한 전략제품으로 삼고 조기정착을 위해 광고 및 판촉물을 지원하고 상해, 대련 등지에서 판촉 도우미를 통한 시음회 등 다양한 프로모션활동을 전개할 계획임.

2) 아시아시장 공략 마케팅

가) 서울소주가 올해부터 중국 등 아시아시장 공략에 본격 나서 서울소주는 중국시장을 '제2의 거점'으로 삼는다는 전략 아래 철저한 준비를 하고 있음.
나) 신상품 '참백세'의 선풍적인 인기와 새로운 현지 신상품의 출시에 힘입어 내년에는 10만 상자(150,000달러)를 계획하고 있으며 2018년까지는 300,000달러를 판매해 일본에 이어 중국을 제2의 시장으로 만들 예정임.
다) 상반기 중 '서울소주' 브랜드의 새 제품을 출시하여 본격적인 현지화전략을 추진할 계획임.
라) 북경, 심양지역을 중심으로 판매거점을 마련, 초기 3개월간 집중홍보하고 2단계로 산동, 천진지역으로 확대시키며 2017년에는 중국 내륙지역을 본격 공략할 방침임.
마) 서울소주 등 소주업체는 앞으로 중국시장을 교두보로 삼아 대만, 홍콩 및 동남아지역까지 수출망을 확대할 계획임.

이상

## [문제 6] 다음의 내용을 기초로 출장보고서를 작성하시오.

신원상사(주) 기획실 [본인이름] 과장은 부산지역 신원아울렛 매장으로 출장을 다녀와 보고서를 작성 중이다. 출장은 2015년 7월 10일부터 7월 15일까지이며 기획실 홍영희 대리, 마케팅부 송선미 대리와 함께 다녀왔다. 출장보고서 내용은 아래를 참고하여 작성하며 보고서 뒤에 '부산 아울렛 2012~2014년 상품판매실적 현황표'를 첨부할 예정이다.

부산지역 신원아울렛이 자사상표(PB)로 제작하는 여성의류 매출이 큰 폭으로 늘고 있다. 아울렛 여성의류 PB 매출이 2012년에는 91억 원에 불과하였으나 2013년 100억 원, 2014년 120억 원에 이어 올해 상반기(6월 기준)에만 이미 90억 원의 매출을 올려 지난해 같은 기간보다 150% 이상 늘어날 것으로 예상된다.

PB 의류상품의 제품점유율 추세를 살펴보면 2011년부터 올해 상반기까지 10.5%, 17%, 25%, 33%로 PB 상품의 비중이 꾸준히 증가하고 있음을 알 수 있다. 특히 여성캐주얼 PB 상표인 쉬크는 지난해 매출이 2억 4천만 원이었으나 올해 상반기 이미 5억 원 이상의 매출을 올리고 있다. 이 외에 톰슨, 레드와 같은 다른 여성캐주얼 PB 상품의 매출도 지난해보다 2~3배 증가하고 있다.

이와 같이 부산지역 신원아울렛의 여성의류 PB 상품이 인기를 끌고 있는 이유는 자사 PB 상품이 백화점이나 할인점 등 다른 유통업체와 달리, 디자인에서 생산물량, 품목 선정 등 직접 결정해 상품을 구성하는 생산개발형으로 제작되기 때문이다. 생산개발형 PB는 패션 변화와 경향에 즉각적으로 반영할 수 있는데다 비용을 줄일 수 있는 여지가 많아서 가격과 상품 면에서 높은 경쟁력을 지닐 수 있다. 매장 차별화도 자사 의류 PB 상품의 매출을 높이는 요인이다. 할인매장은 여러 가지 상품을 한 곳에서 파는 반면 아울렛은 일관성 있는 디자인으로 꾸민 개별 편집매장에서 판매할 수 있기 때문이다.

앞으로 부산지역 신원아울렛은 여성의류 PB 상품 매출의 호조에 힘입어, 여성캐주얼 PB 제품의 새로운 브랜드로 10대 및 20대를 겨냥한 클로비스를 출시할 계획이다. 또한 올해 연말에는 남성캐주얼 PB 제품을, 내년 봄에는 아동복 신규 PB 제품을 출시할 계획이다. 이와 함께 PB 상품의 효율적 관리를 위한 경영시스템의 개편을 위해 전사적자원관리시스템(ERP)을 시행하고 재고관리시스템(MRP)을 도입할 계획이다.

## [문제 7] 다음의 내용을 기초로 출장보고서를 작성하시오.

기획실의 [본인이름] 부장은 2016년 7월 20일부터 27일까지 브라질의 경제사회개발은행(BNDES)으로 출장을 다녀왔다. 동행자는 해외영업부의 김철수 과장이다.

최근 중남미 경제는 고성장이 지속 중이며 특히 최근 3년간 연평균 5%대의 성장을 기록함에 따라 이 지역의 성장지속 여부에 대한 관심이 증가하고 있다. 이와 더불어 최근의 경제 성장과 안정에 힘입어 중남미 주요국의 주가도 큰 폭으로 상승하고 있다. 중남미 주요국의 주가는 2005년 이후 급상승하여 2002년 대비 2.5~4배 상승 기록하였고 2007년 1만선이 붕괴되었던 브라질 BOVESPA 지수는 올해 최고가를 경신하여 5만선 이상을 기록하였다.

한국 투자가들도 중남미 경제의 고성장에 대한 관심 증가와 직접투자는 물론 펀드에도 투자를 확대하는 추세이다. 중남미 수출액은 2013년 1,200백만 달러, 2014년 1,600백만 달러, 2015년 2,200백만 달러를 나타내며 투자액의 증가율은 전년 대비 2013년은 38%, 2014년 71%, 2015년 85%로 증가하고 있다. (중남미 수출액을 표로 제시하고 중남미 투자액의 증가율은 그래프로 나타내시오)

앞으로도 중남미지역에 대한 관심과 투자를 확대시킬 필요가 있다. 올해 중남미 지역의 경제는 4.5% 성장할 것으로 전망하며 2018년까지는 4% 중반대의 견고한 성장을 예상할 수 있다. 중남미 여러 국가 중 특히 브라질 경제는 4%의 성장률을 기록하며 완만한 회복세를 보일 전망을 갖는다. 또한 중국 등 신흥국가의 경제 발전에 따른 수요증가로 견고한 성장을 지속하는 한 원자재를 기반으로 한 중남미 경제의 호조를 지속시킬 가능성 크다. 한국 기업은 중남미지역의 시장선점을 위해 수출확대를 통한 적극적인 시장 개척에 더욱 집중할 필요가 있다.

중남미 경제가 호조를 나타내는 이유는 에너지 및 원자재 가격 상승과 더불어 수출이 증가한다는 점이다. 중남미 경제에서 에너지 및 기초원자재의 생산 및 수출이 차지하는 비중이 증가하면서 경제가 호조를 띨 수 있기 때문이다. 또한 원자재 생산은 빈곤층 가계의 주 소득원이 되어 중남미 국가경제에 크게 기여를 하고 있다. 다른 이유로는 물가안정과 재정수지 개선으로 금융시스템 안정을 갖게 되면서 긍정적 영향을 미치고 있다는 점이다. 이는 해외로부터의 투자 및 송금의 증가를 가져오며 해외송금 유입 증가로 경상흑자 달성을 가능하게 하고 있다.

## [문제 8] 다음의 내용을 기초로 출장보고서를 작성하시오.

해외영업부의 [본인이름] 부장은 2015년 9월 30일부터 25일까지 대만의 경제공업국으로 출장을 다녀왔다. 동행자는 마케팅지원부의 유현철 부장이다.

대만은 다른 나라에 비해 빠르게 다양한 IT 관련 제품을 구매할 수 있는 긍정적 환경과 적극적인 정부의 육성정책을 가진 나라이지만 디지털 콘텐츠 서비스 부분 기술 및 내용은 기대한 만큼의 성과를 올리지 못한 것으로 평가되고 있다. 대만의 정보·전자 관련 산업은 성숙기에 진입하여 광전자와 반도체의 영역 외에 산업의 이익이 감소하고 있으며 전통 하드웨어산업은 원가가 저렴한 중국과 동유럽으로 이동하고 있는 상황이다.

시장규모는 2011년은 502억 달러를 나타내고 2012년은 541억 달러로 전년 대비 7.8%가 성장하였으나 2013년 이후 성장률이 둔화되어 가는 추세를 보이고 있다(디지털 콘텐츠산업의 시장규모 및 성장률은 그래프로 나타내시오).

(단위 : 억 $)

| | 2011년 | 2012년 | 2013년 | 2014년 |
|---|---|---|---|---|
| 시장규모 | 502 | 541 | 579 | 656 |
| 시장규모 성장률 | 5.7 | 7.8 | 7.0 | 6.1 |

앞으로 대만 정부의 산업정책의 일환으로 실시하는 '디지털 콘텐츠산업 추진 사무소' 설립은 해외마케팅과 해외기업의 합작통로로 적극적인 협력을 이끌 수 있으리라 기대한다. 또한 오랜 기간 국제적인 기업들의 위탁 생산을 통해 누적된 대만의 경험과 실력은 디지털 콘텐츠를 제작하는 데 있어 주요 위탁 생산지로서 중국과 동남아에 비해 우위를 차지할 수 있는 경쟁력을 여전히 지니고 있다. 따라서 앞으로도 한국기업들은 대만 지역의 디지털 콘텐츠산업에 대한 관심과 투자를 확대시킬 필요가 있다.

대만 디지털 콘텐츠산업 성장률이 둔화되는 이유는 대만의 산업체들은 외국제품의 대리상이 주를 이루고 있으며, 자체 제작은 여전히 낮은 비율을 보이고 있기 때문이다. 이는 오랜 위탁 생산에 따라 자체 연구개발 능력이 부족하고 동시에 대만 자체 상품이 부족해 세계시장에서의 경쟁력이 낮게 나타나는 것이다. 또한 대만은 자체적으로 보유한 상품이 작기 때문에 업체들이 보편적으로 국제시장에서의 경험 및 마케팅 능력이 부족하다. 이와 같은 국제마케팅능력의 부족은 내수시장이 작아 해외시장개척이 필수인 대만 업체들에게 대만 디지털 콘텐츠산업 발전에 불리하게 작용한다. 또한 대만의 업체들은 대부분 중소기업 위주로서 자금규모가 국제적인 기업들에 비해 상당히 적은 상황이며 이는 디지털 콘텐츠산업 발전에 불리하게 작용한다. 따라서 해외시장 개척이 어려울 뿐만 아니라 대만 자체 시장에서도 해외업체들의 배척을 받게 할 수 있다.

## [문제 9] 다음의 내용을 기초로 사내 안내문을 작성하시오.

발　　신 : 인력개발부 교육팀장 임진철

수　　신 : 각 부서 관리자(팀장, 과장급)

제　　목 : 각자 작성

그룹인력개발원에서 종전의 집합교육으로 진행하던 '팀장·중간관리자 리더십 교육'을 사이버교육으로 전환하여 운영하고자 한다.

발신연월일 : 2015년 8월 1일

다음 내용을 별기사항으로 작성한다.

'팀장·중간관리자 리더십 교육'은 2015년 9월 1일부터 11월 23일까지 3개월(12주) 과정으로 개설한다. 교육내용은 리더십, 마케팅, 재무회계, IT정보기술 등의 과목이며 수강료는 과목당 10만 원이지만 회사에서 전액 부담하여 무료로 교육받을 수 있다. 단, 과목당 점수가 C학점 이하이거나 미이수자인 경우에 한하여 본인이 수강료를 부담하도록 한다.

교육은 인력개발원 홈페이지(http://cyber.educenter.co.kr)의 사이버교육코너에서 해당 과목을 지정한 후 학습이 가능하다.

교육을 희망하는 사람은 2015년 8월 15일까지 인력개발원 홈페이지 교육신청코너로 직접 신청하거나 인적사항(성명, 부서, 직위, 연락처, e-mail)과 수강과목을 기재하여 인력개발원의 e-mail(mroh@educenter.co.kr)로 신청할 수 있다. 교육에 관한 문의사항은 인력개발원 교육부 오미란(구내번호 373/mroh@educenter.co.kr)에게 연락한다.

## [문제 10] 다음의 내용을 기초로 제안서를 작성하시오.

비서실의 [본인이름]가 현재 수작업으로 이루어지는 회의실 예약제를 온라인 회의실 예약시스템으로 전환하고자 제안한다. 현재 회의실 예약제에서 발생하는 여러 가지 문제점을 보완하고 회의관리시스템의 체계화를 위해 다음과 같이 제안한다.

1단계 : 수작업으로 이루어지는 회의실 예약제의 문제점 파악

⇩

2단계 : 온라인 예약시스템 운영방법 및 절차

⇩

3단계 : 온라인 예약시스템의 기대효과

회의실은 4층의 대회의실(기준인원 50명)과 5층의 소회의실(기준인원 20명)을 이용할 수 있다. 회의실을 이용하려면 본사 인트라넷의 회의예약시스템을 클릭하여 신청양식에 맞춰 해당 사항을 온라인으로 입력하여 신청한다. 제출된 회의실 예약신청서를 비서실에서 검토한 후 예약결과를 개별적으로 통보하며 실시간 온라인게시판에 회의실 예약상황을 게시할 수 있다.

회의실 기자재 및 비품의 사용을 희망하는 경우 기자재 및 비품의 신청을 별도로 하도록 한다. 회의실 예약신청서의 비품란에 정확히 기재하며 기자재 설치는 회의시작 30분 전까지 설치를 끝내도록 한다. 회의가 끝난 후에는 반드시 비서실 담당자에게 기자재 반납을 확인받도록 한다.

## [문제 10 따라하기] 제안서 따라하기

<table>
<tr><th colspan="4">제 안 서</th></tr>
<tr><td>소 속</td><td>기획관리부 비서팀</td><td>직 위</td><td>대리</td></tr>
<tr><td>성 명</td><td>○ ○ ○</td><td>제 출 일</td><td>2015. 11. 16.(금)</td></tr>
<tr><td>제 목</td><td colspan="3">임원 회의실의 효율적인 예약시스템 제안</td></tr>
<tr><td colspan="4">현재의 문제점<br>1. 회의실을 예약하는 시스템이 제대로 확립되어 있지 않아 중복예약이나 예약 누락이 발생하여 각 부서 회의 진행에 차질이 생김.<br>2. 회의실 예약을 취소 및 변경할 경우 절차가 번거롭고 이에 대한 관리 미숙으로 불필요한 재확인을 하게 됨.<br>3. 빈번하게 발생하는 촉박한 회의실 예약요청으로 회의실 관리에 혼선이 발생함.<br>4. 업무의 정형화 및 표준화의 미비로 예약목록관리에 어려움이 있음.<br>5. 기자재 및 비품관리에 대한 책임이 분명하지 않아서 예약과 반납에 문제가 발생함.<br>6. 회의실 예약 및 문의전화로 비서의 고유 업무에 상당한 지장을 줌.</td></tr>
<tr><td colspan="4">제안내용<br>1. 인터넷 임원 회의실 예약시스템 개발 및 운영<br>가. 회의실 정보제공 : 4층 대회의실(기준인원 50명)/5층 소회의실(기준인원 20명)<br>나. 회의실 예약신청 : 인트라넷 회의예약시스템에서 신청양식 입력 → 예약신청서 검토(비서실) → 예약결과 개별 통보 → 실시간 예약상황 게시<br>다. 회의실 예약 변경 및 취소 : 인트라넷 회의예약시스템에서 실시간 처리 가능<br>2. 기자재 및 비품관리 책임제<br>가. 기자재 및 비품 사용신청 : 회의실 예약신청서의 비품란에 기재하여 신청<br>나. 기자재 설치 : 회의시작 30분 전까지 설치 완료<br>다. 기자재 반납 : 기자재 반납 확인서 제출(비서실)</td></tr>
<tr><td colspan="4">기대효과<br>1. 회의관리업무의 정형화와 표준화를 통해 회의실 이용내역 관리가 용이해짐.<br>2. 회의실 예약신청, 변경, 취소가 실시간으로 가능하며 예약현황을 쉽게 확인할 수 있음.<br>3. 회의관리에 필요한 전화업무의 단축으로 비서고유업무에 몰입하게 됨.<br>4. 회의 후 각종 기자재와 비품의 신속한 반납 및 뒷정리의 사용부서 책임제 운영으로 효율적인 기자재 및 비품의 관리가 예상됨.</td></tr>
</table>

## [문제 11] 다음의 내용을 기초로 제안서를 작성하시오.

내용 : 제안자 : 기획팀 대리 본인이름 / 작성일자 : 현재일자

5일 근무제로 회사의 경영에 많은 변화가 나타나고 있다. 이에 대한 제안으로 집중근무제를 실시하여 특정시간대를 집중근무시간으로 정한다. 집중근무제는 직원들이 다른 일에 시간을 빼앗기지 않고 자신의 일에만 집중할 수 있도록 하기 위한 제안이다.

이 시간에는 회의나 외부업무를 하지 않고 개인 생산성을 극대화하는 노력을 함으로써 1인당 생산성을 향상시킬 수 있다. 또한 이 시간에는 걸려오는 전화나 외부 방문객도 부서 내 당번을 정하여 일임하도록 함으로써 같은 비율의 노동비용을 투입하여 추가인원 고용의 필요를 줄일 수 있다. 다른 부서 방문, 개인 용무나 신문보기, 인터넷 검색 등을 금지함으로써 직원들의 긴장감과 근무의식을 고취시키는 데 기여할 수 있다.

5일 근무제로 주당 44시간에서 40시간으로 노동시간이 변경됨으로써 대략 9% 정도의 생산성 감소로 이어지는 기업의 위기상황에서 집중근무제의 도입이 필요하다. 기업이 무리하게 노동 강도를 높이거나 추가 인원 고용의 부담을 갖지 않고 경쟁력 있는 생산성을 유지하기 위해서는 이와 같은 제도의 실행이 시급히 이루어져야 한다.

# Chapter 4 자격증 기출문제

**1. 박 비서는 상사인 교육담당이사의 지시하에 사내 친절교육을 준비하고 있다. 교육컨설팅사에 고객만족 강의를 의뢰하고자 공문을 작성한다. 다음 중 가장 적절하지 않은 것은?** ◉ 2011. 2회 2급

① 문서에는 날짜, 제목, 수신처, 발송처를 기재하고 사외문서 일련번호를 획득하였다.

② 문서 내의 수신자난에는 주소를 생략하였다.

③ 발신인은 박 비서 자신의 성명을 기재하였다.

④ 사외문서의 서식을 참조하여 워드프로세서로 작성하였다.

**2. 영업부서에 근무하는 김 비서는 상사의 지시로 임원회의 시 보고할 1/4분기 영업실적 보고서를 작성하고자 한다. 다음 중 김 비서의 문서 작성방법 중 가장 적절한 것은?** ◉ 2011. 2회 2급

① 계절인사나 감사표현과 같은 의례적인 인사말로 시작한다.

② 문서 수신자는 상대방의 회사명, 부서명, 직명, 성명 순으로 기입한다.

③ 업계관련 전문용어나 약칭 등을 활용한다.

④ 본문은 '다름이 아니오라,' '이번에'와 같은 표현으로 시작하여 글의 목적 및 배경을 적는다.

**3. 박 비서가 작성한 안내문의 내용으로 가장 적절하지 않은 것은?** ◉ 2012. 1회 1급

> 박보경은 대한유통의 교육담당 김 이사의 비서로 근무하고 있다. 김 이사의 지시로 박 비서는 팀장역량강화 교육을 준비하고 있으며 대상자인 팀장들에게 참석안내문을 작성하고 있다.

① 본문내용을 한마디로 간추려 "팀장역량강화교육 안내"라는 제목을 붙이고 글자를 진하게 편집하였다.

② 교육대상 인원의 명단과 연수원 약도를 첨부하기로 하였다.

③ 본문으로 가장 중요한 정보인 교육일정을 "교육일시는 2011년 12월 2일, 10시이고, 장소는 신갈연수원 10층 대회의실입니다. 10시에는 사장님 인사말씀, 12시 점심식사, 오후 4시 교육평가 및 토의"라고 적었다.

④ 연수원 약도에는 찾아오는 방법으로 대중교통을 이용할 경우와 자가용을 이용한 경우로 구분하여 안내하였다.

**4. 다음에 설명하는 그래프의 종류는 무엇인가?** ◉ 2009. 2회 2급

> 가. 시간의 흐름에 따라 변화량을 파악할 수 있다.
> 나. 작성이 간단하고 한눈에 알기 쉬운 장점이 있다.
> 다. 가로, 세로축을 긋고 눈금을 매긴다.
> 라. 2종류 이상의 데이터를 기입할 때는 선이나 점의 종류를 달리하여 구분한다.

① 꺾은선그래프

② 레이더차트

③ 막대그래프
④ 띠그래프

**5. 다음 중 그래프 작성방법이 가장 바람직하지 않은 비서는?** ◉ 2008. 2회 2급

① 양 비서는 우리 회사 제품과 경쟁사 제품들의 시장점유율을 비교하기 위해서 파이차트를 사용했다.
② 명 비서는 지난 10년간의 은행별 예대마진 추이를 보기 위해서 꺾은선그래프를 사용했다.
③ 장 비서는 분기별 휴대폰 SMS 사용량 증가추이를 보기 위해서 세로막대그래프를 사용했다.
④ 김 비서는 전체 매출액과 인건비의 상관관계를 비교해 보기 위해서 방사형그래프를 사용했다.

**6. 우편물 발송을 위한 레이블 작성 시 수신인 부분 중 ㉠, ㉡에 들어갈 말로 가장 적절하게 짝지어진 것은?** ◉ 2010. 1회 1급

| 미래연구소 홍길동 소장(㉠) | 한국과학기술회 (㉡) |
|---|---|

① ㉠ : 귀중(貴中) ㉡ : 귀하(貴下)
② ㉠ : 각위(各位) ㉡ : 제위(諸位)
③ ㉠ : 제위(諸位) ㉡ : 좌하(座下)
④ ㉠ : 귀하(貴下) ㉡ : 귀중(貴中)

**7. 다음 중 문서 작성 시 수신자에 대한 경칭으로 가장 바람직한 것을 순서대로 나열하면?** ◉ 2013. 2회 2급

| | |
|---|---|
| (가) 홍길동 | (다) 대한주식회사 사장 |
| (나) 대한상공회의소 | (라) 한국비서협회 회원 |

| | (가) | (나) | (다) | (라) |
|---|---|---|---|---|
| ① | 님 | 귀중 | 귀하 | 각위 |
| ② | 귀하 | 각위 | 귀중 | 제위 |
| ③ | 귀하 | 귀중 | 귀중 | 각위 |
| ④ | 님 | 각위 | 귀하 | 제위 |

**8. 대한상사 박 사장은 우리 회사의 경영컨설팅 결과에 관련한 보고서를 임원들에게 회람시키도록 강 비서에게 지시하였다. 이 경우 가장 적절하지 않은 것은?** ◉ 2012. 1회 1급

① 원본 공문서를 회람에 사용하였다.
② 회람 확인을 위하여 회람표를 부착하였다.
③ 단기간에 회람을 위하여 여러 부의 사본을 배포하였다.
④ 빠른 회람을 위하여 회람표에 날짜를 기재하게 하였다.

**9. 다음 중 직원들의 성격 특성을 6가지로 분류하여 각 특성별로 비교하고자 할 때 사용하기 가장 적합한 그래프의 종류는?** ◉ 2014. 1회 3급

① 꺾은선그래프 ② 분산형그래프
③ 방사형그래프 ④ 거품형그래프

Business to
Business
Documents
Coaching

# 5 Chapter 기획문서 · 회의문서 만들기

1. 기획서의 소개
2. 행사 기획서 작성
3. 회의문서 작성

5
Chapter

# 기획문서 · 회의문서 만들기

## 1 기획서의 소개

기획서는 기획의 목적과 내용을 명확히 제시하고 기획자의 생각과 의견을 반영하는 문서이다.

### 1) 기획서의 구성

기획서는 목적에 따라 제안서, 의견서, 계획서 등으로 세분화할 수 있다. 기획서를 작성할 때는 전체적인 방향과 방법, 전략 등을 정리하여 거시적 차원에서 접근하여 전체적인 맥락을 구성한 후 세부내용을 담도록 한다. 기획서에 들어가야 하는 기본적인 구성요소를 확인한 후 상황에 맞게 적합한 항목을 추가하여 문서의 구성을 정하는 것이 중요하다.

① **취지** : 과제가 어떤 배경에서 어떤 목적으로 만들어졌는가에 대한 소개

② **개요** : 전체적인 기획내용을 요약 정리하여 소개하는 것

③ **요약문(Executive Summary)**

경영진을 위해서 기획서나 보고서 등을 압축하여 1장 분량으로 만든 문서로서 보고해야 하는 문서의 페이지가 10쪽 이상이 될 경우는 한 장으로 줄여서 초록을 작성한다.

기획서의 핵심내용만을 요약하고 정리해서 경영진의 흥미를 끌기 위한 문서로서 이를 통해 해당 사업의 핵심내용을 파악하여 분량이 많은 기획서를 검토할 것인지 결정하는 단서가 된다.

④ **One page 기획서**

요약문(Executive Summary)의 형식을 말하며 전체 기획서의 내용을 10~30% 정도로 축약해 정리한 기획서

- 사업개념(한마디), 시장규모 및 타깃, 차별적 우위성, 비전(목표), 전략수익예측(구체적 수치)

### 2) 기획서의 작성요령

① 기획서는 구체적이어야 하고 측정 가능해야 하며 결과 지향적이어야 하고 적정한 기한 내에 성취할 수 있는 것이어야 한다.

② 명확한 목표 아래 결론을 논리적으로 구성해야 하며 사실에 근거하여 명확하게 구성되어야 한다. 비합리적인 추측을 배제해야 한다.

③ 기획의 배경과 궁극적 목적, 제시하는 방향이 명확해야 하며 세부적인 실행계획이 뒷받침되어야 설득력 있는 기획서가 될 수 있다. 또한 기획안을 통해 얻을 수 있는 이득과 재무적 기대효과를 담아야 한다.

④ 경쟁업체의 상황, 태도의 변화 등의 속도를 기획과정의 데이터에 반영하여 과거가 아닌 현재, 미래 중심의 내용을 포함하도록 한다.

⑤ 핵심적 내용을 압축하여 명확히 하고 뒷받침하는 내용을 구분하여 핵심을 강조하도록 한다.

⑥ 전문용어를 최소화하여 사용하고 상대방이 쉽게 이해할 수 있도록 작성해야 한다.

**＊ 작업계획표 작성법**

작업관리자는 작업계획표를 기초로 진척상황을 확인함으로써 과제의 목적을 분명히 알 수 있다.

- 세로축에는 목표달성을 위해 필요한 작업을 열거한다.
- 작업내용을 신속하고 정확히 파악할 수 있도록 작업번호를 기재한다.
- 각 작업에 따른 시작일과 종료일을 기입하여 기간을 설정한다.
- 각 작업별 담당자를 선정한다.
- 진행상황과 완료일 기입란을 만든다. 진행관리란에 미착수, 검토 중, 완료, 삭제 등과 같은 활동의 진행상황에 맞추어 기재한다. 미착수 □, 검토 중 ○, 완료 ●, 삭제 × 등과 같은 기호를 표시하여 나타내기도 한다.

**〈작업계획표 예시〉**

| 번호 | 작업내용 | 5월 | | | 6월 | | | | | | | 담당자 | 진행 |
|---|---|---|---|---|---|---|---|---|---|---|---|---|---|
| | | 29 | 30 | 31 | 1 | 2 | 3 | 4 | 5 | 6 | 7 | | |
| 01 | | | | | | | | | | | | | □ |
| 02 | | | | | | | | | | | | | □ |
| 03 | | | | | | | | | | | | | □ |
| … | | | | | | | | | | | | | |

미착수 □, 검토 중 ○, 완료 ●, 삭제 ×

사내외 홍보차원에서 기업웹진 제작을 기획한다고 가정해 봅시다.

누가 웹진의 독자가 될 것인지, 사내와 사외 고객의 특성은 어떻게 구분되는지, 웹진을 얼마나 자주 발행해야 효과적인지, 웹진의 발간 후 기대효과는 어느 정도로 예상되는지를 파악해야 한다.

## 2 행사 기획서 작성

행사 기획서는 행사에 관한 모든 구상을 명확하게 하고 이를 효율적으로 실행할 수 있도록 작성한 문서를 말한다. 행사 기획을 위해 필요한 여러 내·외부 관계자의 협력을 파악하고 기획서를 작성하여 이들이 각각 어떤 일을 해야 하는지를 명시한다.

| 기획단계 | 예산/참석자/시간/장소/프로그램 |
|---|---|
| 준비단계 | 사전작업/행사준비 |
| 실행단계 | 당일작업/조달처/비품/사후작업 |

### 1) 행사절차에 따라 기획하기

① 행사의 명칭 정하기

② 행사의 목적 파악하기

행사의 시행목적을 분명히 함으로써 참석대상자, 일시, 장소, 행사의 주제 등이 명확해질 수 있다.

③ 행사 참석자 정하기

참석자의 특성(연령대, 성별, 고객의 직업분포 등)과 참석인원을 파악한다.

④ 행사 일시 및 장소 정하기

행사 일시가 정해지면 이에 따른 기획, 운영 등 행사준비의 모든 업무의 스케줄관리를 한다.

⑤ 행사의 주제 및 테마 정하기

행사에 맞는 주제 및 테마를 정한다.

⑥ 행사의 프로그램 정하기

행사가 진행되는 순서로 행사의 시작부터 끝 순서에 대한 내용을 정한다.

⑦ 식음료 메뉴 정하기

행사의 콘셉트, 테마, 진행시간, 규모에 따라 메뉴를 결정한다.

⑧ 행사의 예산관리하기

행사의 예산은 행사의 주제, 테마, 참석인원에 따라 결정한다.

⑨ 행사관련 종사자 및 협력업체 이름과 연락처 정리하기

협력을 요청하거나 문제발생 시 빠른 연락이 가능하도록 연락망을 준비한다.

### 2) 행사준비 체크리스트

체크리스트는 점검해야 하는 대상을 평가할 때 여러 가지 기준에 대한 질문을 열거한 것으로 각 항목별로 무엇을 원하는지, 문제점이 무엇인지 살펴볼 수 있다.

* 사내 임직원 워크숍 계획을 세운다고 가정할 때 행사준비에 필요한 항목을 정리하면 다음과 같다.

1. 행사의 주제에 따라 강연자와 발표자를 섭외한다.
2. 모든 강연자의 이력과 사진을 얻는다.
3. 프로그램을 초안한다.
4. 강연자의 발표자료 요약본을 요청한다.
5. 행사지원 스탠드를 마련하고 전시비를 결정한다.
7. 소책자와 우편물을 준비하여 참석대상자에게 발송한다.
8. 웹사이트에 공지하고 정기적으로 업데이트한다.
9. 잠정적인 스폰서에게 연락한다.
10. 회의장을 예약한다.
11. 필요한 장비를 목록으로 만든다.
12. 식사공급을 준비한다.
13. 연설자를 위한 숙박을 준비한다.
14. 분임토의를 위한 회의실을 준비한다.
15. 분임토의를 위한 조장이나 조정자를 선정한다.
16. 세부적인 프로그램을 최종적으로 확인한다.
17. 프로그램을 인쇄한다.
18. 참가자를 위한 기념품을 준비한다.
19. 등록 접수대를 마련한다.

### 〈작업계획표로 작성한 행사준비 체크리스트〉

| | 30 | 29 | 28 | 27 | 26 | 25 | 24 | 23 | 22 | 21 | 20 | 19 | 18 | 17 | 16 | 15 | 14 | 13 | 12 | 11 | 10 | 9 | 8 | 7 | 6 | 5 | 4 | 3 | 2 | 1 | 0 | 담당자 |
|---|---|---|---|---|---|---|---|---|---|---|---|---|---|---|---|---|---|---|---|---|---|---|---|---|---|---|---|---|---|---|---|---|
| 전화공문 | | | | | | | | | | | | | | | | | | | | | | | | | | | | | | | | |
| 전시업체 협조 공문 | | | | | | | | | | | | | | | | | | | | | | | | | | | | | 확인 | | | |
| 후원업체 협조 공문 | | | | | | | | | | | | | | | | | | | | | | | | | | | | | | | | |
| 공지 이메일 발송 | | | | | | | | | | | | | | | | | | | | | | | | | | | | | | | | |
| 참석여부 확인 | | | | | | | | | | | | | | | | | | | | | | | | | | | | | | | | |
| 참석대상자 문자발송 | | | | | | | | | | | | | | | | | | | | | | | | | | | | | | | | |
| 인쇄물 | | | | | | | | | | | | | | | | | | | | | | | | | | | | | | | | |
| 안내문 초안 | | | | | | | | | | | | | | | | | | | | | | | | | | | | | | | | |
| 안내문 인쇄의뢰 | | | | | | | | | | | | | | | | 도착 | | | | | | | | | | | | | | | | |
| 안내문 발송 | | | | | | | | | | | | | | | | | | | | | | | | | | | | | | | | |
| 뉴스레터 소식모음 | | | | | | | | | | | | | | | | | | | | | | | | | | | | | | | | |
| 소식지 인쇄 | | | | | | | | | | | | | | | | | | | | | | | 도착 | | | | | | | | | |
| 발표자료 요청 | | | | | | | | | | 요청 | | | | | | | 마감 | | | | | | | | | | | | | | | |
| 발표자료 인쇄 | | | | | | | | | | | | | | | | | | | | | | | 도착 | | | | | | | | | |
| 워크숍 장소 | | | | | | | | | | | | | | | | | | | | | | | | | | | | | | | | |
| 장소예약 | | | | | | | | | | | | | | | | | | | | | | | | | | | | | | | | |
| 현수막 주문 | | | | | | | | | | | | | | | | | | | | | | | 도착 | | | | | | | 부착 | | |
| 안내포스터 부착 | | | | | | | | | | | | | | | | | | | | | | | | | | | | | | | | |
| 기자재 준비 | | | | | | | | | | | | | | | | | | | | | | | | | | | | | | | | |
| 가구 준비 | | | | | | | | | | | | | | | | | | | | | | | | | | | | | | | | |
| 사진촬영 섭외 | | | | | | | | | | | | | | | | | | | | | | | | | | | | | | | | |
| 다과 준비 | | | | | | | | | | | | | | | | | | | | | | | | | | | | | | | | |
| 특강 강연 | | | | | | | | | | | | | | | | | | | | | | | | | | | | | | | | |
| 강연자 섭외 | | | | | | | | | | | | | | | | | | | | | | | | | | | | | | | | |
| 강의자료 준비 | | | | | | | | | | 요청 | | | | | | | 마감 | | | | | | | | | | | | | | | |
| 강연료 / 영수증 준비 | | | | | | | | | | | | | | | | | | | | | | | | | | | 영수증 | | | 강연료 | | |
| 등록데스크 | | | | | | | | | | | | | | | | | | | | | | | | | | | | | | | | |
| 기념품 주문 | | | | | | | | | | | | | | | | | | | | | | | 도착 | | | | | | | | | |
| 대봉투 주문 | | | | | | | | | | | | | | | | | | | | | | | 도착 | | | | | | | | | |
| 명찰 준비 | | | | | | | | | | | | | | | | | | | | | | | | | | | | | | | | |

### 3) 행사 예산서 작성

행사 예산은 행사 기획과 진행에 필요한 구체적 비용을 항목별로 세분화하여 기술한다. 행사비용 선정에 있어 논리적 타당성은 설득력 있는 기획서의 전제조건이므로 세부 운영계획을 토대로 합리적인 예산항목과 단가를 설정하도록 한다.

**〈행사 회계보고 예제〉**

**행사 예산(결산)보고**

■ 진행비용

| 항목 | 금액 | 합계 |
|---|---|---|
| 회의기획, 설계진행자 | ______ | |
| 진행요원 인건비 | ______ | |
| 현장 견학 가이드 | ______ | |
| 기타 비용 | ______ | |
| | 전체 기획/설계비용 | ______ |

■ 마케팅

| 항목 | 금액 | 합계 |
|---|---|---|
| 브로슈어, 디자인, 프린팅 | ______ | |
| 광고/홍보 | ______ | |
| 메일링리스트 | ______ | |
| 우편요금 | ______ | |
| | 총 마케팅비용 | ______ |

■ 사무용 비품과 비용

| 항목 | 금액 | 합계 |
|---|---|---|
| 문구(노트, 폴더, 명찰) | ______ | |
| 전화비, 팩스 | ______ | |
| 우표, 배송비 | ______ | |
| | 총 사무비품 | ______ |

■ 선불비용

| 항목 | 금액 | 합계 |
|---|---|---|
| 예치금 | ______ | |
| 보험금 | ______ | |
| | 총 선불비용 | ______ |

■ 발표자/신청참가자

| 항목 | 금액 | 합계 |
|---|---|---|
| 숙박 | ______ | |
| 관광 | ______ | |
| 사례금 및 참가비 | ______ | |
| | 총 발표자 비용 | ______ |

■ 장소

| 항목 | 금액 | 합계 |
|---|---|---|
| 대회의실 | ______ | |
| 분과회의실 | ______ | |
| 다과 | ______ | |
| | 총 장소비용 | |

■ 기타비용

| | | |
|---|---|---|
| 안건폴더/회의용 폴더 | ____________ | |
| 영상(음향)시설 | ____________ | |
| 수상 및 기념품 | ____________ | |
| 컴퓨터서비스 | ____________ | |
| 전시공간 | ____________ | |
| 현장 견학 | ____________ | |
| 후속 조치 | ____________ | |
| 사례금 | ____________ | |
| 교통비용 | ____________ | |
| 접대용 특별실 | ____________ | |
| 통역 및 번역 | ____________ | |
| 참가자 자료집 | ____________ | |
| 인쇄 및 복사 | ____________ | |
| 당일 홍보 | ____________ | |
| 배송 | ____________ | |
| | 총 기타비용 | ____________ |

**총비용** ____________

■ 수입

| | | |
|---|---|---|
| 등록비용 | ____________ | |
| 프로젝트 예산 | ____________ | |
| 전시자 | ____________ | |
| 후원비용 | ____________ | |
| 기타 | ____________ | |

**총수입** ____________

| | |
|---|---|
| **비용차감 후 수입** | ____________ |
| **순수익** | |

## 4) 최종기획서 구성

① **서론** : 표지, 목차

문서의 첫인상에 해당하는 제목에서 문서의 기획방향과 목표를 보여준다.

목차는 문서의 콘셉트에 맞추어 통일하고 항목화시켜 세분화하여 작성한다.

목차의 각 항목마다 오른쪽 끝에 페이지 번호를 기입한다.

② **본론** : 현황분석, 시행방향, 콘셉트, 목표, 실행계획

③ **결론** : 추진일정, 기대효과 및 예산, 첨부자료

* 1박 2일 서울 ○○호텔에서 개최할 예정인 제3회 국제 IT 협력네트워크 회의를 개최하기 위한 기획을 한다고 가정해 보자.

〈기획서 표지 예제〉

**제3회 국제 IT 협력 네트워크회의**
**추진 기획서**

기관 로고
삽입

2015. 7. 30.

정보산업진흥공단

〈기획서 내용 예제〉

**제3회 국제 IT 협력네트워크 회의 추진 기획**

□ 목적

다국 간 국제 IT 협력네트워크를 구축하여 글로벌 IT 체계 획득 및 연구개발 분야의 선진화와 협력을 도모하고자 함.

□ 추진 중점 과제

○ 국제 협력강화로 해외 IT 협력 우호세력 확보 및 IT 정보산업 수출 확대
○ 기술협력 및 기술교류 등을 통한 국제공동 연구개발/협력 확대

**동북아 중심의 다국적 국제 IT 협력네트워크 구축**

□ 추진경과

○ 제1회 국제 IT 협력네트워크 회의개최

- 일시 및 장소 : 2011. 9. 20.(화)~21.(수) 서울○○호텔
- 주 제 : 국제 IT 협력의 새로운 패러다임
- 참석국 및 초청연사 : 7개국 13명(국외 9명, 국내 4명)

○ 제2회 국제 IT 협력네트워크 회의개최

- 일시 및 장소 : 2013. 9. 3.(화)~4.(수) 한국정보기술센터
- 주 제 : 국제 IT 연구개발 협력
- 참석국 및 초청연사 : 11개국 26명(국외 15명, 국내 11명)

□ 일반계획

○ 일 시　2015. 10. 22.(목)~10. 23.(금)
○ 장 소　서울 ○○호텔
○ 주최/주관　정보산업진흥공단
○ 후원(예정)　지식경제부, 교육과학기술부, ○○신문사, ○○방송사
○ 초청대상　각국 IT산업 정책결정권자(국장 이상), 국내외 IT업체 CEO, IT 관련 연구소/학계 책임자급 등 300여 명
○ 해외초청연사　10개국 30여 명(미국, 영국, 프랑스, 싱가포르, 인도, 터키, 말레이시아, 인도네시아, 스웨덴, 호주)

□ 행사 기본일정(안)

| 행사일 | 10. 22(목) | | | 10. 23(금) |
|---|---|---|---|---|
| 내용 | 개회식 | 분과 Ⅰ | 패널토론 | IT 업체 견학<br>(3개의 IT업체) |
| | | 분과 Ⅱ | | |
| | | 분과 Ⅲ | | |

○ 제1일차 : 2015. 10. 22.(목)

| 시간 | 내용 | 제1분과<br>(IT개혁 정책) | 제2분과<br>(IT개혁 핵심기술) | 제3분과<br>(IT 기술혁신) |
|---|---|---|---|---|
| 13:00~13:30 | 등록 | 그랜드 볼룸 | | |
| | 환담/다과 | VIP Lounge(호텔 7층) | | |
| 13:30~14:30 | 개회식 | 환영사(총장), 축사(VIP 등), 기조연설(국외 차관급) | | |
| 14:30~16:20 | 주제발표 | 각국의 농산업 IT 기술개혁 및 정책 (3명) | 각국의 농산업 IT 연구개발의 현재 (3명) | 농산업 IT 기술 혁신의 방향 (3명) |
| 16:30~17:50 | 종합토론 | 농산업 IT 정책개혁 및 연구개발방안 | | |
| 18:20~20:20 | 만찬 | 그랜드볼룸 | | |

※ 주제발표 : 연사별 35분(발표 25분, 질의/응답 10분, 동시통역)

○ 제2일차 : 2015. 10. 23.(금)

▪ 견학목적

IT를 활용한 농어촌개발 및 농촌정보화사업의 선진모델 기업의 견학을 통해 국내 농어촌 IT 기술산업발전의 실제에 대한 이해를 도모하고자 함.

▪ 견학예정업체 및 견학일정

10:30 한울커뮤니케이션(대표 황석용)
14:00 아이텍(주)(대표 김병수)
15:30 에릭네트워크(대표 허재진)
17:00 종합논의

• 머리글 : 제1회 국제 IT 협력네트워크 회의개최 기획서
• 바닥글 : 페이지 번호
단, 표지에는 머리글, 바닥글을 삽입하지 않음.

# 3 회의문서 작성

회의관리문서는 회의기획부터 회의진행, 회의결과에 이르기까지 전반적인 회의업무 지원을 위해 작성하는 문서를 말한다. 체계적인 회의문서의 작성을 통해 원활한 회의진행을 돕고 회의목적 및 기대효과를 달성할 수 있도록 한다.

**※ 회의개최 준비과정**

| | |
|---|---|
| 회의내용의 결정 | • 회의배경, 회의목적, 회의목표<br>• 정보수집<br>• 의제결정 |
| 회의에 필요한 자원 | • 참가자 선정<br>• 개최일시 결정<br>• 회의장소 결정 |
| 개최통지서의 작성 발신 | • 개최통지서 작성 및 발신<br>• 회의 체크리스트 항목 점검<br>• 회의 직전 재확인 |
| 회의 사후관리 | • 회의록 작성 및 발송<br>• 회의회계보고 |

## 1) 회의개최통지서 작성

회의 전에 참석자가 토의 주제에 대한 정보를 수집하고 자신의 의견을 정리하는 데 충분한 준비시간을 가질 수 있도록 일반적으로 회의에 앞서 적어도 일주일 전에 회의 통지를 하도록 한다. 외부인사가 회의에 참석할 경우에는 시간 여유를 더 많이 두는 것이 바람직하다. 참석대상자에게 회의개최통지서를 발송하고 2~3일 후쯤에 참가자가 통지서를 제대로 받았는지 확인한다.

### (1) 개최통지서를 작성하기 전 확인해야 할 사항

① 회의목적과 성격

회의목적은 글의 서두에 밝힘으로써 모든 참가자가 달성의 필요를 정확히 파악할 수 있도록 한다. 회의목적을 파악하는 것, 즉 회의결과 달성하기 원하는 결과를 파악하는 것은 회의에서 다루어야 하는 의제항목을 결정하는 핵심사항이 된다. 예를 들어 이사회의 경우 회사의 사업활동에 대한 논의를 위해 회의를 하는 것을 그 목적으로 한다.

② 회의의제와 개요

회의의제는 토의될 필요가 있는 자료의 목록으로 회의에서 토론하려는 내용의 개요를 나타낸다. 잘 준비된 안건은 참석자들이 회의의 목적을 이해하는 데 도움을 주며, 논의되어야 할 아이디어의 발전을 가져오며, 필요한 준비를 할 수 있는 기회를 준다.

회의안건은 회의목적을 달성하기 위해 명확하게, 논리적이고 순차적인 순서에 따라 제시되어야 한다. 또한 참석대상자의 흥미를 끌 수 있도록 간단하고 흥미롭게 요점을 명확히 작성하는 것도 중요하다.

③ 개최일시, 소요시간, 장소

안건의 서두부분에 표시하며 장소와 함께 연도, 날짜, 시간, 요일, 회의 소요시간을 기입한다. 사람들이 잘 알지 못하는 회의장소의 경우는 특정한 표시를 포함한 지도를 동봉하도록 한다.

④ 참석자

회의목적을 달성하기 위해 적합한 참석자를 선정하여 초청하는 것은 회의 성공의 중요한 사항이다. 각 참석자 중에서 사회자, 발표자, 기록자, 시간체크자와 같은 역할을 분담하지만 회의 의장은 회의결과에 너무 감정적으로 연관될 수 있기 때문에 사회자나 시간체크자의 역할을 하지 않도록 한다.

⑤ 참가자가 지참해야 할 자료와 통계

참석자들이 회의에 가져올 것이라고 여러분이 기대하는 바를 상대방도 알고 있을 것이라고 추측하지 말아야 한다. 참석자들에게 준비사항에 대해 공지함으로써 꼭 필요한 준비자료를 가져올 수 있는 기회가 더 커질 수 있게 함으로써 참석자들이 아무 준비도 안 된 채 회의실에 도착하는 일이 없도록 해야 한다. 각 안건항목에는 토픽을 발표할 사람의 리스트를 준비하고 더 나아가 각 항목별 할당된 시간을 표시하는 것도 바람직하다. 참석자들이 회의 전에 주어진 안건항목에 대한 자료를 검토하길 원한다면, 참석자들에게 이를 알리도록 한다.

〈회의개최 안내문 예제〉

## 한국데이터시스템(주) 고객관리회의

(Customer Service Department Meeting)

1. 일　　시 : 2015년 10월 7일(5)　09:00~11:00

2. 장　　소 : 소회의실(2층)

3. 회의목적 : 애프터서비스를 개선하기 위한 방안 마련

4. 참석대상자

| | | |
|---|---|---|
| 김철수 부사장(주관자) | 이상수 상무 | 홍민규 영업이사 |
| 박영만 기획이사 | 김안영 영업1부장 | 한현동 영업2부장 |
| 이영선 영업1과장 | 선우민 영업2과장 | |

5. 안건 및 일정

가. 개회 및 이전 회의록 진행사항 보고
나. 애프터서비스 문제의 보고
다. 2015년 상반기 판매 및 애프터서비스 실적 보고
라. 애프터서비스 개선을 위한 브레인스토밍
마. 아이디어의 수합 및 실행계획
바. 폐회

6. 회의지참물

가. 2015년 상반기 판매보고서
나. 애프터서비스 개선을 위한 아이디어 사례조사

이상

〈회의개최통지서 예제〉

분류번호　　　　　　　　　　　　　　　　　　　　2015. 5. 29.

스마트폰 X 런칭 준비기획팀 귀중

마케팅실
실장 홍길동

## 회의개최통지서

제목 : 스마트폰 X 런칭 준비기획팀 소집

스마트폰 X의 2015년 10월 런칭을 앞둔 시점에서 성공적인 판매전략 수립을 위해 아래와 같이 준비기획팀을 구성하고 회의를 진행하고자 하오니 참석하여 주시기 바랍니다.

아 래

1. 회의일시 : 2015년 6월 10일(수) 10:00~12:00
2. 회의장소 : 마케팅 소회의실
3. 회의안건
   가. 스마트폰 X 런칭 준비기획팀 업무계획 및 추진방향
   나. 스마트폰 X 런칭 기념 마케팅전략
4. 참석대상 : 스마트폰 X 런칭 준비기획팀(광고팀, 판촉팀, 디자인팀, 총괄기획팀 해당자)
5. 준비사항 : 붙임 내용 참고 후 각 팀별 추진계획 초안
6. 문의사항 : 마케팅실 대리 김혜란(구내번호 120/hope@hanmail.net)

붙임 스마트폰 X 판매전략안 1부.

이상

〈회의 안내문 및 참가신청서 예제〉

# 한국출판사회의

(2015년 6월 19일)

## 참가등록신청서

| 성명 | | 회사명(직위) | |
|---|---|---|---|
| 주소 | | | |
| 연락처(휴대폰) | | 연락처(직장) | |
| 팩스번호 | | 전자우편 | |

### 1. 참가비 안내

가. 참가비 및 내역

1) 일반참가비 15만 원/조기신청 할인 참가비 12만 원
(포함내역 : 오전/오후 다과, 전체세션 참가비, 점심제공비, 회의자료)

2) 기타 옵션비용(회의 만찬비 3만 원/관광비 10만 원)

나. 참가비 입금

입금계좌 : 신한은행 000-123456-001(예금주 : 한국출판사협회)

다. 취소사항

취소는 6월 5일(금) 이전에 이메일로 가능하며 그 이후는 취소수수료가 부과됨.

### 2. 관광 정보

회의참석자에 한해 대한항공 이용 시 회의 협약에 따라 할인을 적용받을 수 있음(예약전화번호 : (02)000-6743).

### 3. 숙박 정보

가. 회의 참가자에 한해 호텔 숙박 할인혜택을 적용받을 수 있음(예약여행사 : 한국여행사((02)111-2222).

나. 협약 호텔명

홀리데이 인(Holiday Inn 서울시 서대문구 필운동) 1박당 5만 원 할인
로즈플라워호텔(Rose Flower Hotel 서울시 중구 저동) 1박당 5만 원 할인

### 4. 기타

가. 조기신청 할인을 위해 2015년 5월 1일(금)까지 참가신청서를 작성해서 신청서의 복사본을 전자우편(general@book.or.kr)이나 팩스((02)355-5555)로 보내주시기 바랍니다.

나. 참가신청문의 : 한국출판사협회 운영기획과 김진만 과장((02)000-4567)

## 2) 회의록 작성

회의록은 언제 어떤 문제가 어떻게 토의되어 어떻게 결정되었는지에 대해 기록을 적어 두는 문서로서 회의의 진전사항을 요약하여 기록한 회의 사후보고문서이다. 회의록은 회의결과를 재확인하기 위해 회의 종료 후 회의 참석자뿐만 아니라 관련 부서에도 발송한다. 회의결과의 공유 및 집행을 위해 회의록이 참가자들에게 신속하게 전달될 수 있도록 회의를 마친 당일 또는 다음 날까지는 작성해서 배포하도록 한다. 이를 위해 회의담당자는 미리 준비해 둔 회의록 양식을 사용함으로써 회의록 작성시간을 줄일 수 있다.

### (1) 회의록의 목적

회의록의 주요 목적 중 하나는 회의 중 논의된 안건에 대해 앞으로 실행할 사항을 명시하는 것이다. 이를 위해 회의 종료 전 재확인을 통해 논의한 사항을 빠짐없이 기재하 했다가 회의록에 기록하는 것이 필요하다. 또한 회의록은 회의의 상황이나 결과를 관계자에게 공개하여 정보를 공유함으로써 업무처리에 혼란이 없도록 하는 역할을 한다. 이때 회의록은 회의 참석자는 물론이고 참석대상자이지만 회의에 참가하지 못한 관계자, 관련 부서에도 발송해야 한다. 회의록은 회의에서 중요한 의사결정이 이루어진 경우에 이에 대한 증거를 남기기 위해 작성한다. 특히 정기회의의 경우는 회의록을 보관했다가 다음 회의 때 전(前) 회의의 경과 및 결과를 피드백할 수 있는 자료로 회의록을 활용한다. 또한 회의 중 논의가 분분해서 결과에 도달하지 못했을 때 누가 어떤 의견을 냈는지를 기록해 두면 나중에 다시 논의해야 할 과제를 쉽게 알아볼 수 있는 근거자료가 된다.

### (2) 회의록의 형식

회의에서 받아 적은 노트와 별도로, 회의록 작성의 업무를 하기 위해 필요한 것은 이전 회의의 회의록 사본이다. 이는 조직의 절차와 회의규칙에 따라 사용되는 용어, 배치, 형태를 알 수 있는 중요한 참고자료가 되기 때문이다.

예를 들면, 글자의 유형, 크기, 밑줄의 사용이나 굵은 글씨, 숫자목록의 형식, 이름 및 직위 표기방법과 약어의 규칙 등을 포함한 이전 회의록의 사본은 회의담당자가 회의록 초안준비를 시작하기 전에 살펴보아야 할 필수 자료이다.

일반적으로 회사마다 조직의 요구와 보고 스타일을 맞추기 위한 여러 가지의 회의록 양식이 있다. 만약 이전의 회의록 양식이 없다면 회의담당자는 문서의 레이아웃을 디자인하여 별도의 회의록 양식을 만들어서 관리하는 것이 바람직하다. 회의록 양식을 만들 때는 회의록의 구성요소별 기재란을 빠짐없이 작성해야 한다. 또한 페이지의 여백을 적절히 하고 각 항목마다 충분한 공간을 두어 가독성을 높이도록 하며 각 표제는 굵은 글씨체를 사용하고 중요한 활동에는 밑줄을 긋도록 한다.

실행과 관련된 회의록은 쉽게 읽고 이해할 수 있도록 서술형식보다는 리스트로 기록하는 것이 바람직하다. 회의록에 회의에서 도출된 제안사항과 함께 이에 대한 각각의 실행점검을 기재할 필요가 있다면 각 페이지의 오른편에 '실행'이란 표제를 넣고 각 항목에 대한 필요한 사후활동이나 담당자/임원의 활동에 필요한 주석을 추가하도록 한다. 시행의 수행일자도 함께 표시하도록 한다.

| 제안 : 대폭적인 할인 상품을 제공하는 서신을 ABC기업의 구매팀장에게 보내도록 한다 (마케팅관리부 손오영 과장). | 실행 : 김형철 팀장에게 서신발송 2015/06/03 |
|---|---|

### (3) 회의록의 구성

회의록의 핵심은 결정사항과 업무의 할당을 정리하는 것이다. 회의담당자는 회의가 일관된 문서 작성이 가능하도록 될 수 있는 대로 빨리 양식에 맞춰 기록을 해야 한다. 비즈니스에서 가장 많이 사용되는 회의록의 기본포맷은 요약의 형식이며 회의록에 들어가야 할 내용을 정리하면 다음과 같은 항목을 들 수 있다.

- 회의 날짜, 시간, 장소
- 참가자 명단/참석대상자 중 불참자(불참사유)
- 안건
- 각각의 안건항목에 대한 주요 논의 안건과 결과
- 결정된 수행지침을 책임지게 된 참가자의 이름과 완료해야 하는 날짜
- 다음 회의에서 고려되어야 할 항목
- (첨부)보고서

#### ① 기본사항

회의일시, 장소, 참가자 명단 등 기본사항에 대해 기록할 때는 부서 내 회의의 경우 약식으로 기록할 수 있지만 사외 인사가 참가한 회의나 여러 부서나 팀이 모인 회의는 부서명과 직책을 기재해야 한다. 이는 각 안건내용에 대해 어떤 입장의 사람이 논의했는지를 이해하는 데 도움이 될 수 있다.

② 안건(agenda) 일람

안건 작성의 중요한 포인트는 해당 안건에 대해 토의한 사항을 한눈에 알 수 있도록 하는 것이다. 단순히 안건항목뿐 아니라 그 밖에 논의된 내용도 빠짐없이 적도록 한다.

③ 주요 논의

합의사항과 남은 과제를 구분해서 의제별로 결정 혹은 미결의 이유와 논의의 경위를 적는다. 이견이 거의 없었던 결정사항에 대해서는 이유를 간략히 적지만 반대 의견이나 대안이 나온 경우는 회의록을 읽는 모든 사람이 이해할 수 있도록 그 이유와 경위를 자세히 적어야 한다. 이와 같이 결정사항에 대한 찬성 의견뿐만 아니라 반대 의견이나 대안을 모두 정리하는 것은 다각도의 검토과정을 통한 결정사항에 대한 이해도를 높일 수 있을 뿐만 아니라 나중에 같은 논의가 반복되는 것을 막는 효과가 있다. 각 의결별로 각 의견과 함께 발언자의 이름을 적어서 사실적 기록의 자료로 남긴다.

④ 합의사항과 남은 과제

회의에서 무엇이 정해졌고, 무엇이 정해지지 않았는지를 한눈에 파악할 수 있도록 결정된 안건(합의사항)과 결정되지 못한 안건(미결과제)은 칸을 달리해서 기재한다. 그 다음, 의제별로 어떻게 결정되었고 왜 결정되지 못했는지, 그 결과나 이유에 대해 간략하게 보충하여 기재한다.

⑤ 실행계획

합의사항과 관련해 필요한 실행을 누가 언제까지 실행할지를 항목별로 적는다. 또한 마지막 부분에 다음 회의의 시기나 논의할 내용을 기재해 두면 작업 진행에 도움이 된다.

회의 도중 참석자의 의견이 종합적으로 정리되어 화이트보드에 기록되었다면 디지털카메라나 휴대전화 카메라로 찍어 두는 것이 좋다. 회의록 발송 시 이를 첨부하여 이메일을 보낼 수 있다.

〈회의록 예제〉

<table>
<tr><td colspan="3" rowspan="2">회 의 록</td><td>담당</td><td>부장</td><td>이사</td></tr>
<tr><td></td><td></td><td></td></tr>
<tr><td>일 시</td><td>2014. 12. 8.(월) 10:00~12:00</td><td>장소</td><td colspan="3">5층 중회의실</td></tr>
<tr><td rowspan="2">참 석 자<br>명 단</td><td colspan="2" rowspan="2">영업이사 ○○○ 영업1부장 ○○○<br>영업2부장 ○○○ 생산1부장 ○○○<br>영업1과장 ○○○ (총 5명)</td><td colspan="3">취급 분류</td></tr>
<tr><td colspan="3">기밀 보통</td></tr>
<tr><td>목 적</td><td colspan="5">효율적 고객관리시스템을 위한 영업관리 대책 논의</td></tr>
<tr><td>의 안</td><td colspan="5">● 현재의 고객만족도 하락에 따른 문제해결책 논의<br>1) 3/4분기 이후 고객의 급증에 따른 체계적 고객관리 필요성 검토<br>2) 애프터서비스의 고객만족도 향상방안 모색</td></tr>
<tr><td>토의내용</td><td colspan="5">● 개선방안<br>1) 고객관리를 위한 CS관리시스템의 도입이 필요함(영업1부장).<br>2) 고객관리업무를 전담할 여직원 증원이 필요함(영업2부장).<br>3) 영업부와 생산부의 협의하에 AS고객관리의 개선안을 마련함 (생산1부장).</td></tr>
<tr><td>합의사항</td><td colspan="5">1) 고객 리스트 관리프로그램을 통일하는 CS관리시스템의 검토안을 영업2부에서 작성하여 추진하도록 함.<br>2) 영업1과장과 인사과의 협의하에 여직원 채용하도록 함.<br>3) 채용된 여직원에게 고객 리스트 정리 등 사무처리 전담시킴.</td></tr>
<tr><td>미결사항</td><td colspan="5"></td></tr>
<tr><td>참석대상자수</td><td>6명</td><td>참석자수</td><td colspan="3">5명</td></tr>
<tr><td>불참자수</td><td>1명</td><td>불참내역</td><td colspan="3">영업2과장 ○○○ (해외출장)</td></tr>
<tr><td colspan="6">2014년 12월 9일<br>영업1과 과장 김이진</td></tr>
</table>

# Chapter 5 기획문서・회의문서 작성 실습하기

## [문제 1] 행사준비 기획서 작성하기

사단법인 한국비서협회는 기존 회원의 활동을 활성화하고 신입회원 유치를 위한 프로모션을 계획하고 있습니다. 이에 대한 기획안을 만들어 봅시다.

사단법인 한국비서협회 프로모션 기획서

| | |
|---|---|
| 목적 | |
| 상황분석 | 온라인의 여성 활동 증가 |
| | 오프라인의 동종업계 전문인의 소모임 활성화 |
| 전략수립 | 온라인 재교육프로그램 개설 |
| 오프라인 | 친목 이벤트(비서의 날) 진행 |
| 투자비용 | 2천만 원 |
| 운영계획 | 온라인 재교육프로그램 일정 |
| | 오프라인 친목 이벤트(비서의 날) 일정 |

## [문제 2] 행사준비 기획서 작성하기

○○대학교 ☆☆학과는 2015년 가을 동창회 및 바자회를 실시할 계획입니다. 이에 대한 기획안을 만들어 봅시다.

## [문제 3] 다음의 내용을 기초로 회의록을 작성하시오.

작 성 자 : 영업2과 대리 [본인이름]
회의제목 : [각자 설정]

2015년 11월 5일(목) 9시부터 10시 30분까지 5층 소회의실에서 현재의 영업관리의 문제점에 따른 개선방안에 대해 논의하기 위해 회의를 하였다. 참석자는 ○○○ 상무이사, △△△ 영업이사, ◇◇◇ 영업관리부장, 영업1 · 2과 전원(총16명)이 참석하였고 ☆☆☆ 영업기획부장은 해외출장으로 참석하지 못하였다.

현재의 제도로는 중복되는 고객이 많고 효율적인 영업이 어려운 실정이다. 또한 지난달 인사이동 후에 전임자와 후임자 간의 업무계승이 제대로 이루어지지 않아 체계적인 고객관리가 진행되지 못하고 있다. 최근 영업실적의 부진은 타 경쟁사의 영업활동에 비해 자사 직원의 비적극적인 영업활동의 결과로 나타난다.

이와 같은 문제점을 해결을 위해 토의된 내용으로는 조직체제를 기업별 담당제로 전환해야 한다는 의견이 나왔다(영업이사). 고객에 대한 정보는 개인적으로 관리하기보다는 과 차원에서 통합관리하는 것이 바람직하다는 의견도 있었다(영업관리부장). 중복되는 고객 문제해결을 위해 각자의 고객방문스케줄을 공유함으로써 방문처의 중복을 방지할 수 있다는 의견도 제시되었다(영업1과장). 영업사원의 영업(프레젠테이션)능력을 향상시킬 필요가 있으며(영업2과장) 교육세미나를 실시하여 자사제품 홍보교육과 프레젠테이션 기술 교육을 받을 수 있는 기회를 제공하자는 의견도 있었다(영업관리부장).

이상과 같은 의견에 따라 기업별 영업관리직원을 재배치하고 이를 과단위로 통합하기로 결정하며 이에 대한 구체적인 방법은 영업이사와 영업관리본부장이 조사하기로 했다. 또한 고객방문스케줄을 온라인으로 입력하고 이를 실시간 관리할 수 있도록 고객관리 온라인프로그램을 개발하도록 영업관리부장이 정보시스템부에 협조요청하기로 했다. 프로그램 개발 후 부서원을 대상으로 이에 대한 사용교육이나 관리를 시행하며 이에 관한 사항은 영업1과장과 영업2과장이 담당하기로 했다. 영업사원의 프레젠테이션 능력 강화를 위한 교육세미나를 개최하기로 결정하였으며 영업기획부장에게 이에 대한 기획을 맡기기로 했다.

이상의 개선안을 중심으로 다음 회의에서는 고객관리 온라인프로그램 개발과 영업사원 교육세미나를 실시하기 위한 세부적인 절차와 방법을 논의하기로 한다. 다음 회의는 12월 3일(목) 오전 9시부터 소회의실에서 있을 예정이다.

## [문제 3 따라하기] 회의록 따라하기

# 회 의 록

| 담당 | 부장 | 이사 |
|---|---|---|
| | | |

| 일 시 | 2015. 11. 5.(목) 09:00~10:30 | 장소 | 5층 소회의실 |
|---|---|---|---|
| 참 석 자<br>명 단 | 상무이사 ○○○ 영업이사 ○○○<br>영업관리부장 ○○○<br>영업 1과 · 2과 전원 (총 16명) | 취급 분류 | 기밀 보통 |
| 목 적 | 영업관리 개선방안 모색 | | |
| 의 안 | ● 현재의 고객만족도 하락에 따른 문제해결책 논의<br>1) 인사이동 후 업무계승의 문제 극복을 위한 체계적 고객관리방안<br>2) 영업사원의 적극적 영업활동 지원방안 | | |
| 토의내용 | ● 개선방안<br>1) 고객관리를 기업담당제로 전환하고(영업이사) 과 차원에서 통합관리가 필요함(영업관리부장).<br>2) 고객방문처 중복방지를 위해 고객방문스케줄 공유가 필요함(영업1과장).<br>3) 영업사원의 프레젠테이션 능력 향상이 필요함(영업2과장).<br>- 자사제품 홍보교육과 프레젠테이션 기술교육의 기회가 필요함. | | |
| 합의사항 | 1) 기업별 영업관리 직원을 재배치하고 이를 과 단위로 통합하기로 함.<br>- 영업이사/영업관리부장<br>2) 고객방문스케줄을 온라인으로 입력하고 이를 실시간 관리하기로 함.<br>- 영업관리부장(정보시스템부 협조요청)<br>- 영업1과장/영업2과장(온라인프로그램 사용 교육 및 관리)<br>3) 영업사원 프레젠테이션 능력 강화를 위한 교육세미나를 추진하기로 함.<br>- 영업기획부장(교육프로그램 기획)<br>4) 다음 회의는 2015년 12월 3일(목) 09:00 소회의실에서 개최하기로 함. | | |
| 미결사항 | 고객관리 온라인프로그램 개발 및 영업사원 교육세미나 추진계획 보고 | | |
| 참석대상자수 | 6명 | 참석자수 | 5명 |
| 불참자수 | 1명 | 불참내역 | 영업기획부장 ○○○ (해외출장) |
| | | | 2014년 12월 9일<br>영업2과 대리 김이진 |

## [문제 4] 다음의 내용을 기초로 회의록을 작성하시오.

회의제목 : 각자 구성

회의록 작성자 : 인사과장 [본인이름]

내 용

2015년 상반기 사원복지사업의 개선을 위한 회의를 2014년 6월 21일 오전 9시 30분에 시작하여 2시간 동안 본관 5층 회의실에서 가졌다. 참석자는 김재동 상무, 박철수 이사, 홍진만 인사부장, 이선희 총무부장, [본인이름 인사과장], 최영우 총무과장이고 김종철 기획부장은 지방출장으로 참석하지 못하였다.

인사부장은 2015년 1월 상여금은 현재의 경기침체를 감안하여 예년의 200%보다 적은 150%로 지급하는 것이 좋겠다는 의견을 제시하였고 이에 대해 2015년 1월 상여금 결정은 150%로 품의를 올려 추후 임원회의에서 결정하여 관리하도록 협의하였다. 영업 1, 2부의 업무추진비의 지급에 관한 의견으로 총무부장은 유류 및 환율 상승을 고려하여 150% 인상해야 하며 영업사원의 성과급의 책정 지표의 개선도 필요한 상황이라는 의견을 제시하였다. 토의결과 영업 1, 2부 업무추진비는 지금 현 상태를 그대로 유지하기로 하였다. 그러나 영업 1, 2부 성과급은 현재 10%의 팀장 권한 비율을 20%로 책정하는 것이 바람직하므로(김재동 상무) 이를 내달 임원회의에 안건으로 요청하도록 협의하였다.

기타 복지사업에 관한 의견으로 직원휴게실 설치의 필요성과 인턴사원의 휴가 문제가 거론되었다. 직원휴게실은 내년 봄에 사무실 확장 공사와 함께 설치하기로 하였으며 인턴사원의 휴가는 사규에 규정된 대로 인턴사원 중 수습 3개월을 마친 사원들이 1일의 휴가를 사용할 수 있도록 인사부에서 다시 각 부서에 공지하도록 하였다.

다음 회의는 12월 10일 오전 10시에 본관 5층 회의실에서 갖도록 한다.

Business to Business Documents Coaching

6 Chapter

# 네트워크의 달인되기

1. 의례문서의 소개
2. 의례문서의 종류

6
Chapter

# 네트워크의 달인되기

## 1 의례문서의 소개

### 1) 의례문서의 정의

의례문서(儀禮文書)는 평소 친분이나 거래관계를 유지하고 있는 사람 또는 조직끼리 관계 유지에 대한 표시로서 주고받는 문서로 상호 간의 인간관계를 원활하게 형성시키는 도구이다. 의례문서는 개인의 원활한 인간관계는 물론 거래관계에 있는 기업 간의 커뮤니케이션을 위해서도 중요한 역할을 한다. 의례문서 작성 시 격식을 갖춘 문장을 사용하고 겸허한 자세를 표현하기 위해 올바른 경어체를 사용한다. 용지는 형식에 맞춰 기업편지용지나 백서를 사용하도록 한다.

### 2) 의례문서의 구성

#### (1) 의례문서의 내용

① 제목

제목은 알리고자 하는 본문내용을 전체적으로 포함할 수 있도록 함축적인 문구로 작성한다.

② 본문

- 전문 : 의례문서는 인사말로 시작하여 정성과 예의를 담아서 작성한다. 일반적으로 계절인사, 감사표현의 인사말을 사용한다.

신록이 푸르름을 더해 가는 계절을 맞이하여 귀사의 날로 번창하심을 기원합니다.

- **글의 목적** : '다름이 아니오라, 이번에, 따라서'와 같은 표현으로 시작하여 글의 목적이나 배경 등을 적는다. 이때 행사의 목적, 혜택, 배경, 참가대상 등을 포함하도록 한다.
- **결문** : 문장 마무리로서 행을 바꾸어 감사 및 당부의 표시로 끝맺음을 한다.

그동안 베풀어주신 후의에 진심으로 감사드립니다.

### (2) 의례문서의 기본형식

문서번호 발신연월일

주소

회사명 부서명 [수신자 정보]

직위 성명 귀하

주소

[발신자 정보] 회사명 부서명

직위 성명 ㉑

**제 목**

첫인사

글의 목적 및 내용

당부 및 끝인사

다 음

1. ...................
   가. .......................
   나. .......................
2. .......................

이 상

## 2 의례문서의 종류

### 1) 초대장

초대장은 평소에 신세를 지고 있는 거래처 및 일반 소비자 등을 대상으로 어떤 모임이나 행상에 초대함으로써 감사의 뜻을 표하기 위해서 보내는 서신의 종류이다. 초대장은 제3자에게 사실적이고 객관적인 정보를 제공하는 수단으로 어떤 모임에 사람을 초대하기 위한 문서라는 점에서 안내문과 비슷하지만 안내문보다는 정중한 격식과 예의를 갖출 필요가 있다.

#### (1) 초대장 작성방법

① 행사제목과 목적을 간단명료하게 기재한다.

② 일시(시작과 종료시간, 오전/오후)를 명시하고 장소를 정확하게 기입한다. 장소 안내를 위해 약도, 교통편, 전화번호 등도 기재하며 주차장 유무 등에 대해서도 상세하게 언급한다.

③ 옥외 행사일 경우 우천과 같은 기상조건에 따라 변경될 수 있는 행사의 개최 여부와 행사방법에 대해서 기재하도록 한다.

④ 초대장은 상대방이 여유 있게 일정을 조정할 수 있도록 충분한 시간을 두고 작성하여 발송한다. 또한 주최측이 상대방의 참석 여부를 회신받을 수 있는 시간을 확보하기 위해서라도 행사 2주 전에는 수신자가 초청장을 받아볼 수 있도록 발송한다. 특히 골프대회나 여행 초대장을 보낼 경우 1개월 전에 발송하며 늦어도 2주 전에 상대방이 받아볼 수 있도록 한다.

⑤ 참석을 유도하기 위해 어떤 부류의 사람들이 참가하는지 권위 있는 인사로 누가 참석하는지를 미리 알리는 경우도 있다.

⑥ 특정인을 초대하여 반드시 참석 여부를 확인하고자 할 경우 회신용 카드(엽서)를 초청장과 함께 동봉한다.

⑦ 1문서 1건주의 원칙을 지킨다.

### (2) 초대장의 작성방법

① 디자인의 고려

기업에 있어서 중요한 행사의 초대장을 작성할 경우 이에 맞는 격식을 차릴 필요가 있으며 이때에는 카드를 사용하는 것이 효과적이다. 일반적으로 각 기업마다 일정한 틀에 맞춘 서식을 사용하는 경우가 있어 행사의 성격에 맞는 서식을 선택하여 작성한다. 초대장은 행사에 관한 정보 전달 이외에도 주최 기업에 대한 선전이나 판촉 등의 부차적 효과도 있으므로 초대장의 모양이나 디자인에도 신경을 쓰는 것이 좋다.

② 복장에 대한 기재

격식이 있는 행사의 초대장에는 특별히 복장에 대한 기재를 한다. 정장 차림이 좋을지 평상복 차림이 좋을지 기재한다.

③ 회신용 카드(엽서)

회신용 카드(엽서)에는 주소, 성명, 참석, 불참 등의 내용을 표시할 수 있도록 구성한다. 엽서로 제공할 경우는 참석, 불참의 해당란에 체크하고 우편으로 발송하면 주최 측에서 행사준비를 하는 데 많은 도움이 된다.

(참석회신 R.S.V.P=Respondes sil vous plait=Reply if you please)

④ 구체적 시간 기입

행사의 시작과 종료시간을 오전 00시~오후 00시(또는 24시각제 표시)라고 구체적으로 기입함으로써 행사진행시간을 미리 알린다.

〈초대장 예제〉

# 초 대 장

만물이 소생하는 활기찬 새봄과 더불어 여러분의 하시는 일이 더욱 번창하시기를 기원합니다.

저희 청람기업 부설 '인터넷 창업센터'가 1년에 걸친 준비작업을 마치고 다음과 같이 개원식을 갖게 되었습니다. 본 센터는 지식경제부 창업 특성화 사업의 부문으로 선정되어 대내외적으로 깊은 관심을 받고 있습니다.

그동안 애정과 후원을 아끼지 않으신 고마우신 분들을 한 자리에 모시고 뜻깊은 시간을 갖고자 하오니 부디 참석하시어 축하와 격려를 해주시기 바랍니다.

다 음

1. 일시 : 2015년 3월 20일(금) 오후 6시 30분~8시
2. 장소 : 청람빌딩 5층 대회의실(약속 참조)
3. 참석여부 및 문의 : 기획총무팀 김미경 대리
   ((02)555-8723/mk@techno.co.kr)

2015년 3월 3일

청람기업(주) 대표 김 인 성

인터넷창업센터 소장 이 하 나

〈초대장 예제〉

• 행사제목

• 행사관련 이미지

• 행사일시(연도/월/일/요일/시간)

• 행사장소

• 인사말

• 글의 목적

• 행사내용

• 감사 및 당부의 글

• 행사장 약도

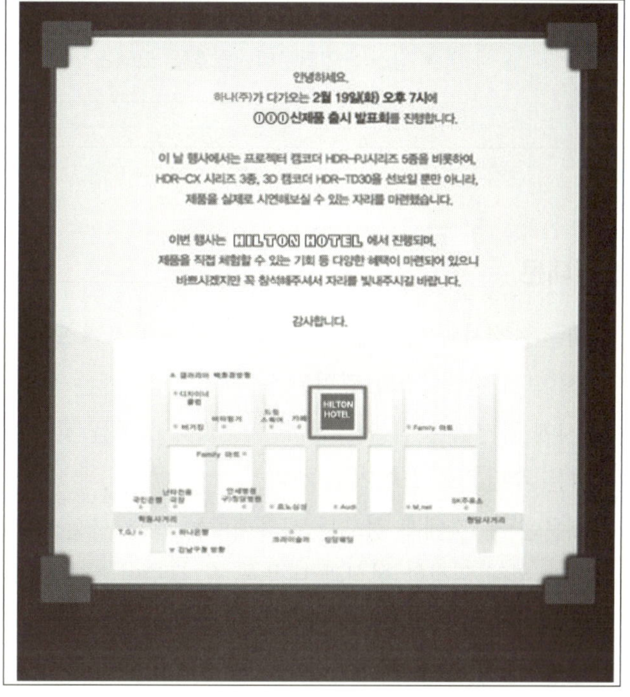

〈초청장 예제〉

**'2015 신제품 출시 행사'에 여러분을 모십니다.**

어느덧 겨울입니다.
2014년을 마무리하며 다가올 2015년을 준비하는 12월,
새로운 출발의 신호탄이 될 '2015년 신제품 출시 행사'에
여러분을 초대합니다.
이번 신제품 출시 행사는 하나주식회사의 커다란 도약을 위한
중요한 전환점이 될 것이라는 점에서 의미가 깊습니다.
이번 출시 행사에서 그 '스마트한 놀라움(Smart Surprise)'을
함께하시길 바랍니다.

여러분의 성원과 지지에 항상 감사드리며
부디 이번 행사에 참석하시어 자리를 빛내주시기 바랍니다.

하나주식회사 대표이사 홍 길 동

- 일시 : 2014년 12월 17일(수) 13:00~16:00
- 장소 : 인터콘티넨탈호텔 코엑스

## 2) 안내문

안내문은 회사나 단체에서 개최하는 행사에 고객 또는 회원들에게 참가할 것을 권유하는 문서이다. 비즈니스와 관련된 안내장의 경우에는 상대방에게 지식이나 정보를 제공하는 동시에 독자의 관심을 유발하는 광고적 성격을 갖고 기업홍보를 통해 사업의 이익과 연계하는 수단으로 쓰이기도 한다.

안내문은 제3자에게 정보를 제공해주는 글로 사실적이고 객관적인 정보를 효율적으로 전달하기 위해 일정한 형식과 내용을 잘 갖추어 작성하여야 한다. 상대에게 호감을 주는 문구를 사용하며 기본적으로 안내문에는 육하원칙에 따른 내용과 시각과 장소, 행사목적, 참가인원, 일정 등을 기재한다.

### (1) 안내문 작성방법

① 행사의 목적과 내용을 상대방이 정확히 알 수 있도록 간단명료하게 기재한다. 또한 행사일정, 장소, 행사기간 등을 정확히 나타내며 필요한 경우 행사 시작 전 접수시간도 함께 알리도록 한다.

② 행사일정에 맞추어 적절한 시기에 상대에게 도달할 수 있도록 충분한 시간적 여유를 두고 작성한다. 대개 수신인이 1주일 전에는 받아볼 수 있도록 여유 있게 작성한다.

③ 회비 등의 청구사항은 명확하게 작성해야 한다. 회비가 필요한 경우에는 그 점을 명확하게 기재하고 접수방법을 미리 알린다.

④ 수신자의 연령과 성향을 감안하여 정중하고 예절에 맞는 용어를 사용하여 작성한다.

⑤ 세부내용을 적을 때는 항목을 분류하여 요점만 간단히 기재하여 한눈에 이해하기 쉽도록 작성한다.

참고 **수신인명 뒤에 붙이는 경칭**

- 직위가 있는 개인 : 귀하(貴下)(일반적으로 널리 쓰임)
- 직위가 없는 개인 : 님
- 단체, 회사, 조합 : 귀중(貴中)
- 다수의 사람 : 각위, 제위, 여러분

〈안내문 예제 표지〉

**찾아오시는 길**

* 자가용 이용시: 이화-신세계관 지하주차장 이용
* 지하철 이용시: 2호선 이대역 하차
* 버스 이용시
  이대후문 하차 : 161, 270, 272, 370, 470, 601, 606, 700, 750, 6714, 7020, 7720, 9713
  이 대 역 하차 : 163, 170, 171, 172, 271, 371, 472, 602, 603, 705, 751, 5711, 5712, 7011, 7012, 7014, 7015, 7017, 7611, 7712, 9600, 9601, 9602, 9706

**참가비**

- 학술발표회 참가비 : 20,000원
- 학회비 금액
  일반회원 : 20,000원 　학생회원 : 10,000원 　평생회원 : 250,000원
  신입회원 입회비 : 10,000원 　단체회원 : 200,000원 　단체회원 입회비 : 500,000원
  도서관회원 : 50,000원 　도서관회원 입회비 : 100,000원
- 임원회비 금액
  회장 : 200,000원 　부회장 : 100,000원 　상임이사 : 50,000원 　이사 : 50,000원

| 학회비 보내실 곳 |

- 은행 : 우리은행
- 계좌번호 : 1002-039-368972
- 예금주 : 김두현(한국비서학회)

KASS 한국비서학회
www.kass.or.kr

주소 | 서울시 송파구 오륜동 한국체육대학교 김두현 교수연구실 Tel : (02)410-6821
총무 | Tel : (02)3708-9285 　Fax : (02)3708-9141 　E-mail : kass_general@hanmail.net

INVITATION

2015년 한국비서학회

**국제학술대회 및 임시총회**

동북아지역 비서학의 새지평

- 일 　시 : 2015년 7월 1일(목)~2일(금)
- 장 　소 : 이화여자대학교 이화-신세계관 101호
- 주 　최 : 한국비서학회
- 후 　원 : 한국비서협회

KASS 한국비서학회
www.kass.or.kr

〈안내문 예제 내지〉

INVITATION

## 초청의 말씀

회원여러분 안녕하십니까?

항상 본 학회에 깊은 관심과 사랑을 가지고 적극적으로 성원해 주신 회원 여러분께 진심으로 감사드립니다.

한국비서학회에서는 **"동북아지역 비서학의 새지평"** 이라는 주제로 올해 11월에 서울에서 개최되는 G20정상회의를 통해 국가브랜드 가치제고라는 건국 이래 최대 규모의 국제회의에 즈음하여 국제 컨벤션행사에 대한 중요성을 인식하여 2015년도 국제학술대회 및 임시총회를 개최합니다.

이번 국제학술대회의 발표와 토론을 통하여 일본, 중국 등 동북아지역의 비서학에 대한 학문적 이해와 국내 비서학의 발전을 위한 새로운 대안을 발견할 수 있는 유익한 자리가 될 것으로 생각합니다. 회원 여러분의 적극적인 참여가 있으시길 바랍니다.

2015년 6월

한국비서학회 회장 김 두 현

### Program Day 1 (July 1)

한국비서학회 국제학술대회 및 임시총회

| Session 1 | 사 회 ǀ 김영실(안산1대학 교수) |
|---|---|
| 10:00 ~ 10:20 | 등 록 |
| 10:20 ~ 10:50 | 개 회 사 : 민선향(배화여자대학 교수)<br>환 영 사 : 김두현(한국체육대학교 교수 / 한국비서학회 회장)<br>기조연설 : 최애경(이화여자대학교 교수) |

| Session 2 | 사 회 ǀ 유지선(수원여자대학 교수) |
|---|---|
| 학 술 주 제 | 동북아지역 비서학의 새지평 |
| 10:50~ 11:50 | 제 1주제 : **일본의 비서교육 및 비서학 현황**<br>발표자: Hideko Kitagaki(일본 Nihonbashigakkan University 교수) |
| 12:00 ~ 13:20 | 점심 |
| 13:30 ~ 14:10 | 제 2주제 : **비서교육과정 중요도 분석 - 전문대학을 중심으로**<br>발표자: 조영아(한양여자대학 교수) |
| 14:10 ~ 15:10 | 제 3주제 : **중국의 비서교육 및 비서학 현황**<br>발표자: Yan Hua(중국 Ji-Nan University 교수) |
| 15:10 ~ 15:40 | 휴식 |
| 15:40 ~ 16:20 | 제 4주제 : **한국 전문대학 비서사무관련 학과 및 전공의 동향과 전망**<br>발표자: 유근선(인덕대학 교수) |
| 16:20 ~ 17:00 | 종합토론 주제 : **동북아지역 비서학의 미래**<br>토론자: 장은주(경인여자대학 교수) 김재식(서원대학교 교수) |

| Session 3 | 사 회 ǀ 박영만(여주대학 교수) |
|---|---|
| 17:00 ~ 17:30 | 임시총회 |
| 17:30 ~ 19:00 | 폐회 및 만찬 |

### Program Day 2 (July 2)

| | |
|---|---|
| 10:30~ 11:30 | Site Visit 1 : 한양여대 투어 (본관 6층 이미지메이킹실)<br>- 교육시설 투어, 다도 시연 참관 |
| 12:00 ~ 14:00 | 점심 |
| 14:30 ~ 16:00 | Site Visit 2 : 청와대 투어 (집결장소: 경복궁 동편 주차장) |

### 3) 인사장

인사장은 회사나 개인의 상황을 관계처에 알림으로써 상호 간의 이해를 돕고 앞으로의 관계를 더욱 공고히 하자는 목적으로 보내는 문서이다.

인사장은 임직원의 전임, 후임자의 부임, 전직, 퇴직, 개인점포 개점 등과 같은 다양한 상황에서 작성하며 회사의 이미지에 맞게 격식과 품위를 갖춰 작성한다.

#### (1) 취임/이임 인사장

① 취임 인사장의 구성

- 계절인사 또는 감사인사로 시작하고 언제, 어떤 직위에 취임했는지를 기재하는 취임보고를 한다.
- 지금까지의 관심과 배려에 감사하는 마음을 표현한다.
- 담당업무의 수행을 위한 앞으로의 각오와 결의, 미래에 대한 포부를 적는다.
- 앞으로의 지원에 대한 부탁을 한다.

**〈취임 인사장 예제〉**

## 인 사 장

신록의 계절을 맞이하여 귀하의 건강과 발전을 기원합니다.

이번에 본인은 당사 주주총회의 결의에 따라 상무이사로 취임하게 되었습니다. 제가 영남지역 본부장으로 근무할 때 귀하께서 베풀어 주신 각별한 후의와 배려에 대해 진심으로 감사드립니다. 앞으로도 많은 지도와 관심을 부탁드립니다.

본인의 능력은 미력하지만, 제게 맡겨진 역할과 임무에 최선을 다해 노력할 각오입니다. 아무쪼록 아낌없는 지원과 협력을 바라는 바입니다.

우선, 서면으로 인사를 드리고 후일 시간을 내어 찾아뵙도록 하겠습니다.

2014년 3월 15일
청람건설(주)
상무이사 백 성 식

② 이임 인사장의 구성

이임 인사장의 작성에서 감사의 뜻을 충분히 나타내며 앞으로의 관계를 맺어야 할 각계각층의 사람들에게 많은 후원을 부탁한다. 그리고 담당자가 교체되면 전임자와 이임자가 동시에 생기므로 2통을 1장에 연결하는 형식으로 보내기도 한다.

### (2) 전임/전직 인사장

전임인사장은 신임지에 도착하면 즉시 보내며 변경사항을 알리는 경우가 많으므로 근무처 주소, 근무처 전화번호, 자택주소, 자택전화번호 등도 함께 적는다. 그리고 부임한 곳의 약도를 그려 넣는 것도 좋다. 새로 맡게 될 업무에 대한 포부와 결의를 나타내며 앞으로의 계속적인 지도와 편달을 부탁한다.

퇴직인사장은 퇴직 후 곧바로 보낼 필요는 없지만 20일 이내에 작성한다. 내용은 성원에 대한 감사, 정년 퇴직일, 근속연수 등을 기재하고 퇴직 후의 연락처도 반드시 적는다.

### (3) 신사옥 이전/지점개설 인사장

이전내용을 일목요연하게 작성하여 상대방이 이해하기 쉽도록 작성한다. 이전일시 또는 개점일시, 이전지 주소, 전화번호, 각 층의 부서별 배치 등을 알기 쉽게 전달하며 약도는 상세히 설명한다. 고객과의 관계 유지를 위해 의용적인 내용으로 작성하며 마지막으로 후원과 지원을 청하는 글을 추가한다.

### (4) 개업 또는 개점 인사장

개업 또는 개점 인사장은 새로운 업무의 시작을 알리면서 앞으로의 사업적 관계를 부탁하는 인사의 글로서 중요한 거래처에는 빠짐없이 발송하도록 한다. 사회적 신용도를 높이기 위해 유력 인사의 인사문을 포함하여 작성하는 경우도 있다.

개점과 개업의 목적, 대표자명, 일시, 장소, 업종, 회사명, 전화번호, 주소, 약도 등을 기재한다. 특히 축하연이 있는 경우에는 축하연 일정과 장소도 상세히 기록한다.

## 4) 축하장

축하장은 상대방의 경사에 대해 축하의 뜻을 전하는 의례적인 문서로서 상대방의 개업, 지점개설, 창립기념, 신축 등에 대한 축하의 글을 전한다. 그 외에 취임, 영전, 승진, 회갑, 수상 등에 대한 개인에 대한 축하장을 작성할 수 있다.

**참고** **축하장 작성 시의 유의사항**

① 축하해 줄 일이 있다면 최대한 빨리 보내도록 한다.
② 정말 축하할 일인지를 확인한 후 보낸다.
③ 피해야 할 말이 아닌지 생각해 보고 사용한다(예를 들어 축하할 일에 '넘어지다,' '끊어지다,' '무너지다,' '좌절하다,' '쓰러지다,' '부서지다' 등과 같은 부정적인 말들은 피하도록 한다).
④ 짙은 색의 필기구를 사용한다.
⑤ 인쇄된 축하장을 발송할 경우는 이름을 자필로 써서 개인적 성의를 표시한다.
⑥ 상대방이 윗사람인 경우 상대방에 대한 평가나 예측에 관한 말은 결례가 될 수 있다.

### (1) 취임, 영전, 승진의 축하장

승진은 직장 내에서 직위가 오르는 것을 말하며 영전은 현재보다 좋은 자리로 옮기거나 발령이 나는 것을 말한다. 따라서 주변의 가까운 사람이나 거래처 사람의 승진이나 영전이 있게 되면 축하인사를 전하게 된다.

축하할 일이 있을 경우 취임일자나 발령일자에 맞추어 즉시 보내도록 한다. 축하장은 상대방을 칭찬하여 앞으로의 발전을 기대한다는 내용으로 작성하며 건강을 염려하는 말을 포함하기도 한다. "승진을 진심으로 축하하며 더욱 발전하시기를 기원합니다," "영전을 축하하며 앞날의 발전과 행운을 기원합니다"와 같은 내용의 축하의 인사를 한다.

### (2) 표창, 상장, 훈장 등의 수상 축하장

수상 축하장은 상대방의 개인적인 수상, 거래기업의 수상, 거래기업 제품의 수상에 대해 축하하는 경우 보내는 문서이다.

축하장의 구성은 수상 통지를 듣고 진심으로 축하한다는 내용을 시작으로 상대방의 그동안의 노력과 공적, 제품의 우수성, 관계자의 노고에 경의를 표하도록 한다. 마지막으로 상대방의 향후 활동에 대한 기대를 나타내는 문구를 적는다.

### (3) 창립기념 및 사옥준공 축하장

창립기념 축하장은 상대방의 업적과 실적을 칭송하고 앞으로의 발전을 기원한다는 것을 표현하도록 한다. 사옥완공 축하장은 건축을 시작하여 완공까지의 상대방의 노고를 칭찬하며 신축을 계기로 상대방의 발전을 기원한다는 마음을 전달하도록 한다. 신축 축하장은 화분, 그림, 시계 등과 같은 축하품을 함께 보내어 축하의 뜻을 전하기도 한다.

### 5) 감사장

감사장은 거래처 또는 상대방의 축하에 대해서 감사의 마음을 담아 전할 경우에 작성한다. 일반적으로 축하나 문안 등의 편지를 받았을 때, 신년이나 연말 등에 선물을 받았을 때, 출장에서 상대방에게 신세를 졌을 때, 기념회·축하회·장례식 등에 참석해 주었을 때 상대방의 호의에 대해 감사하는 마음을 전하기 위해 사용된다.

#### (1) 취임 및 수상 축하장에 대한 감사장

취임 축하장에 대한 감사장은 먼저 상대방의 축하장에 대한 감사인사를 한 후 향후 자신의 포부와 결의를 밝히도록 한다. 마지막은 상대방의 지원을 부탁하는 글로 끝맺는다.

수상 축하장에 대한 감사장은 '제가 상을 받을 수 있었던 것은 여러분의 덕분입니다'라는 식으로 먼저 상대방에게 감사의 마음을 전한다. 그리고 앞으로의 각오와 결의를 적고 상대방에 대한 지원을 부탁으로 끝맺도록 한다. 축하 인사와 함께 선물을 받은 경우는 물품에 대한 감사인사를 감사장에 반드시 나타낸다.

**〈취임 축하장 예제〉**

**축하의 글**

신록의 푸르름이 더해 가는 이때 귀사의 무궁한 발전을 기원합니다.

이번에 ○○○ 사장님께서 귀사의 대표이사로 취임하심을 매우 뜻깊게 생각하며 진심으로 축하드립니다. 이는 모두 ○○○ 사장님의 뛰어난 경영능력은 물론 탁월한 리더십에 따른 결과라고 생각합니다. 앞으로 평소의 포부를 실현하시어 더욱 큰 활약을 통해 회사를 지금보다 더 발전시킬 것으로 기대하고 있습니다.

우선 서면으로 축하 말씀 드리고 후일 찾아뵙도록 하겠습니다.

2014년 3월 15일

청람건설(주)
상무이사 백 성 식

### (2) 축하연 참석에 대한 감사장

축하연 참석에 대한 감사장은 먼저 상대방의 참석에 대한 감사의 말을 전하고 앞으로의 각오, 협력을 부탁하는 글로 작성한다. 만약 축하연에서 진행상의 미진함이 있었다면 상대방에게 뜻밖의 불편을 준 것에 대해 사과의 말을 적는다. 창립기념 축하연 참석에 대한 감사장의 경우는 회사의 선전을 하지 않는 것이 좋다.

### (3) 출장 중 상대방의 호의에 대한 감사장

출장 중 상대방의 호의에 대한 감사장은 출장지에서 돌아온 후에 즉시 작성하도록 한다. 출장지에서 신세를 많이 진 담당자뿐만 아니라 그 상사에게도 보낸다. 내용 구성은 계절인사 후에 자신에게 베푼 시간과 도움에 대해 감사한 마음을 전한다. 그리고 상대방의 호의와 배려 덕분에 무사히 업무를 수행했음을 감사하고 향후 지속적 협조를 부탁한다는 내용으로 작성한다. 또한 업무상 필요한 자료를 받은 경우는 이에 대한 협조에 감사하고 보내준 자료의 활용에 대한 내용도 적는다. 또한 출장지에서 상대방에게 특정 사항에 대해 약속을 한 경우에는 이에 대한 이행 여부를 알려준다.

### (4) 문상 또는 장례식 참석에 대한 감사장

문상답례장은 계절인사 등의 첫머리를 생략하고 곧바로 답례의 말을 쓰도록 한다. 미사여구를 나열하지 말고 솔직한 마음으로 감사의 마음을 전한다. 예를 들어 'OOO가 사망하셨을 때 정중한 문상장과 조의품을 보내주신 데 대해 깊은 감사를 드립니다'로 시작하는 감사의 글부터 쓴다.

**〈조문에 대한 감사장 예제〉**

## 삼가 인사를 올립니다

지난 3월 20일 저희 부친 상사 시에 바쁘신 중에도 먼 길 와 주시고 정중한 조의와 격려를 주신 데 대하여 진심으로 깊은 감사를 드립니다.

한 분 한 분 찾아뵙고 감사의 인사를 드려야 하나 아직 경황이 없이 우선 글로써 인사드리오니 넓으신 아량으로 이해하여 주시기 바랍니다.

다시 한 번 고개 숙여 깊이 감사 인사 올립니다.

2015년 3월 28일

홍 길 동 배상

## 6) 위문장, 문상장, 부고장

### (1) 위문장

위문장은 상대방이 당한 재난이나 불행을 위문하고 격려하기 위한 것이 목적이므로 작성할 때 세심한 주의를 요하는 서신이다. 대부분이 돌발적으로 발생하는 사고이므로 시기를 놓치지 말고 보내는 것이 무엇보다 중요하다.

### (2) 문상장

문상은 상가 혹은 장례식장에 가서 죽은 이에게 예를 올리고 유족을 위로하는 것을 말하며 조문, 조상이라고도 한다. 이 용어들을 구분해 보면 상주에게 인사를 하고 위로하는 것을 조문, 죽은 이에게 예를 올리는 것을 조상이라고 하며 문상은 조상과 조문을 합해서 함께 일컫는 말이다. 문상장을 작성할 때는 유족에 대한 위로와 격려의 말이 기본이며 고인에게 얼마나 많은 신세를 졌는가를 표현하는 것이 바람직하다.

① 문상장 작성방법

- 문상장 작성에서 조문을 보내기 전에 사망 진위를 반드시 확인한 후에 보내도록 한다.
- 정중한 자세로 상대방을 진심으로 걱정하고 있다는 마음이 전달되도록 작성한다.
- 두문이나 인사말은 생략한다.
- 적절한 용어를 선택하여 간결하게 쓰도록 하며 특히 서거, 사망 등의 직접적인 표현은 피하도록 한다.
- 부의금을 동봉할 경우는 현금을 부의금 봉투에 넣어 문상장과 함께 등기우편으로 발송한다.
- 문상장 외에 조의전보를 띄우는 방법도 있는데 편지보다는 조의전보가 쓰기 쉽고 장례식장에서 읽혀지는 경우도 많기 때문에 활용되는 경우가 늘고 있다.

② 조의전보(조전)를 보내는 요령

- 우체국을 직접 방문하거나 인터넷 우체국을 이용하여 경조카드를 보낸다.
- 국번 없이 115번을 이용하여 상담원에게 조전 발송을 신청한다.
- 조전 문구 예시 : 삼가 조의를 표하오며 고인의 명복을 빕니다.
  고인의 명복을 비오며 장례에 참석하지 못하여 죄송합니다.
  평소 고인의 은덕을 되새기며 삼가 고인의 명복을 빕니다.

### (3) 부고장

부고는 사람의 죽음을 알리는 통지문으로 부고의 전달방법은 전인(傳人)부고, 우편부고, 신문부고 등이 있다.

① **부고장 작성방법**

호상이 상주와 의논하여 친척 및 친지를 비롯하여 연락을 해야 하는 중요한 사람들에게 빠짐없이 발송해야 하며 급한 경우에는 전화나 전보로 미리 연락하고 그 후에 상세한 경위를 써서 발송한다.

부고장은 일반적으로 우선 사망자의 성명을 쓰고 사망일시를 사인과 함께 간략히 기입한 뒤 장례식장, 발인일시, 발인장소, 장지 등을 기입한다.

부고는 호상이 보내는 것으로 부고장은 호상의 입장에서 작성하여 호상명의로 발송한다.

② **부고장 내용**

- 사망・사고의 일시
- 사망・사고의 원인
- 문상 가야 하는 곳(빈소, 장례식장) : 주소 및 전화번호
- 발인일시 및 장소
- 장례형식, 장례식 일시 및 장소
- 장지
- 상주(상제), 호상

**참고**

문상객의 출입을 적는 책은 부상(父喪)이면 조객록(弔客錄), 모상이면 조위록(弔慰錄), 처자상(妻子喪)이면 위문록(慰問錄)이라고 한다.

③ 한문부고장의 풀이

## 訃 告

○○ 大人 金海 金公 ○○ 以宿患
상주성명 아버지 본관 고인성 고인명 사인

○○○○年 ○○月 ○○日 午前 ○○時 ○○分(陰 ○○月 ○○日)
別世 玆以訃告
별세일시(음력) 별세하셨기에 부고를 드립니다.

1. 發靷日時 : ○○○○年 ○○月 ○○日 午前 ○○時
2. 殯所場所 : ○○葬禮式場 ○號
3. 永訣式 : ○○○○年 ○○月 ○○日 午前 ○○時
4. 葬　地 : ○○시 ○○구 ○○동 ○○번지 ○○공원
5. 連絡處 : (02)○○○-○○○○

| | |
|---|---|
| 嗣子 | ○○ |
| 次子 | ○○ |
| 女 | ○○ |
| 子婦 | ○○○ |
| 壻 | ○○○ |

• 상주의 성명(喪主姓名)

아버지(할아버지) 상일 경우에는 상주의 성을 쓰지 않고 이름만 쓰며 망인(亡人)의 성 뒤에 공(公)을 쓰고 이름을 이어서 쓴다(예를 들어 '성철 대인 김해 김공 일호'의 경우 상주명이 김성철이며 망인의 성명은 김일호로 상주의 아버지(대인)임을 알 수 있다).

어머니(할머니) 상일 경우에는 상주의 성과 이름을 쓰고 망인(亡人)의 성 뒤에 공(公) 대신 씨(氏)를 쓴다(예를 들어 '김성철 대부인 전주 이씨 순희'의 경우 상주명이 김성철이며 망인의 성명은 이순희로 상주의 어머니(대부인)임을 알 수 있다).

- 상주와 망인의 관계(상주기준)

  대인(大人) : 상주의 아버지

  대부인(大夫人) : 상주의 어머니

  왕대인(王大人) : 상주의 할아버지

  왕대부인(王大夫人) : 상주의 할머니

  합부인(閤夫人), 내실(內室) : 상주의 처
- 망인의 성명(亡人姓名)

  망인의 성 앞에는 본관을 적고 성 뒤에는 이름을 적는다.

  호가 있을 경우 본관 앞에 표시한다.
- 사인(死因)

  돌아가신 연유를 간단히 노환, 사고, 숙환 등으로 적으며 병으로 돌아가셨을 때는 특정한 병명의 기록은 하지 않는다.

  노환(노환) : 노인이 나이가 들어 늙고 쇠약해지면서 생기는 병환

  숙환(宿患) : 오래된 병환

  사고급사(事故急死) : 사고 등의 뜻밖의 이유로 갑자기 사망
- 별세일시(別世日時)

  돌아가신 날짜와 시각을 적고 이를 음력으로도 표시한다.
- 별세 자이부고(別世 玆以訃告)

  별세하셨기에 부고를 드립니다.
- 빈소(殯所)
- 발인(發靷)일시

  발인 : 장례를 지내러 가기 위해 상여가 집에서 떠나는 절차

  발인제 : 여구가 장례식장을 떠나기 직전에 장례식장에서 행하는 의식
- 영결식(永訣式)(=장례식)
- 장지(葬地)

  장사를 지내어 죽은 이를 묻는 땅을 말한다.
- 연락처

  빈소 또는 장례식장의 전화번호를 기입한다. 회사장(단체장)인 경우는 회사 전화번호도 함께 기재한다.

  회사장(단체장)은 회사나 단체 등에 지대한 공헌을 한 분이 돌아가신 경우 그 회

사(단체)가 주최가 되어 치르는 장례를 말한다.

- 상제의 호칭

미망인(未亡人) : 아내　　사자(嗣子) : 장남(상주)
차자(次子) : 차남　　자부(子婦) : 며느리
녀(女) : 딸　　서(壻) : 사위
호상(護喪)

> • 상제(喪制) : 부모나 조부모가 세상을 떠나서 상(喪) 중에 있는 사람으로 사망자의 배우자, 직계비속을 말함
> • 호상(護喪) : 장례에 관한 온갖 일을 책임지고 맡아 다스리는 사람. 친척이나 친지 중에서 상례에 밝은 사람을 뽑아 상주를 대표하여 장례 절차를 맡아보는 사람을 말함
> • 호상소(護喪所) : 초상 치르는 데에 관한 온갖 일을 맡아보는 곳

④ 부고관련 용어

- 부친상(父親喪) : 상제의 아버지
- 모친상(母親喪) : 상제의 어머니
- 조부상(祖父喪) : 상제의 할아버지
- 조모상(祖母喪) : 상제의 할머니
- 시부상(시부喪) : 상제의 시아버지
- 시모상(시모喪) : 상제의 시어머니
- 빙부상(聘父喪) : 상제의 장인
- 빙모상(聘母喪) : 상제의 장모
- 백씨상(백씨喪) : 상제의 맏형
- 중씨상(仲氏喪) : 상제의 작은형
- 계씨상(季氏喪) : 상제의 동생
- 승중상(承重喪) : 상제의 조부모
- 처상(妻喪) : 상제의 아내
- 부상(夫喪) : 상제의 남편
- 자상(子喪) : 상제의 아들(딸)

〈한글부고 예제〉

# 부 고

현대주식회사의 최민국 사장님의 부친이신 최○○께서 오랜 지병으로 요양 중이시던 중 2015년 9월 5일 오전 9시 10분에 별세하였기에 이를 알려드립니다. 생전의 후의에 깊이 감사드리며 다음과 같이 영결식을 거행하게 되었음을 알려 드립니다.

다 음

1. 일 시 : 2015년 9월 7일(일) 오전 9시
2. 장 소 : ○○○병원(필운동 소재) 영안실 7호
3. 장 지 : 경기도 용인시 ○○
4. 연락처 : 빈소 (02)760-5114
   회사 (02)360-0011

| | |
|---|---|
| 미망인 | 홍 경 옥 |
| 장 남 | 최 민 국 |
| 차 남 | 최 민 철 |
| 딸 | 최 영 주 |
| 며느리 | 송 현 아 |
| 사 위 | 하 정 수 |
| 장례위원장 | 홍 승 렬 |

〈한문부고 예제〉

訃 告

趙萬洙 大夫人 密陽 朴氏 正順 以老患 二〇一五年 五月 五日 午後 七時 五十分 別世 玆以訃告

發靷日時 : 二〇一五年 五月 九日 午前九時
發靷場所 : 서울大病院靈安室
葬 地 : 京畿驪州郡先靈
連 絡 處 : 殯所) 02-3277-9140
會社) 02-450-1001

嗣子 趙萬洙
子 奎英
女 希玉
子婦 丁允姬
婿 楊珉天
護喪 金相夏

賻儀는 鄭重히 謝絶하오니 양해 바랍니다.

## 7) 조문예절 알아보기

### (1) 조의금(부의금) 준비

부의는 상을 당한 유가족에게 애도의 뜻을 표하고 위로하기 위해 돈이나 물품을 보내는 것을 말한다. 부의를 할 경우에는 단자를 써서 돈(물품)을 싸고 이를 봉투 안에 넣는 것이 예의다.

### (2) 조문복장 및 절차

① 조문복장

여성의 경우 검정 상의와 검정색 스커트를 입는다. 옅은 화장을 하고 지나친 장신구는 하지 않는다.

남성의 경우는 검정색 양복, 검정 넥타이를 착용한다.

② 조문절차

상가에 도착하면 문밖에서 외투나 모자 등을 미리 벗어둔다.

호상소의 조객록에 서명을 한 후 조의금을 전달한다.

상주에게 가볍게 목례를 하고 영정 앞에서 분향이나 헌화를 한다.

③ 공수법

상가에 조문하거나 영결식에 참석할 경우 올바른 공수법은 남자의 경우 오른손이 위로 가도록 두 손을 포개 잡는 것이고 여자의 경우 왼손이 위로 가도록 두 손을 포개 잡는다.

④ 분향방법

왼손으로 오른 손목을 받치고 오른 손으로 영정 앞의 향을 하나 집어 들고 촛불로 불을 붙인 다음 향로에 정중히 꽂는다. 이때 향에 불이 붙은 경우는 손가락으로 가만히 잡아서 끄거나 왼손으로 가볍게 흔들어 끄도록 하며 절대 입으로 불면 안 된다.

⑤ 헌화방법

오른손으로 꽃줄기 하단을 잡고 왼손 바닥으로 오른손을 받쳐 들어 두 손으로 공손히 꽃줄기 끝이 영정 쪽으로 향하게 하여 재단 위에 헌화한다.

- 영좌에서 영정을 향해 두 번 절을 올리고 일어서서 반절을 한다. 절을 하지 않을 경우는 선 채로 묵념을 한다.
- 영좌에서 물러나 상주와 맞절을 한다. 절을 하지 않는 경우는 정중히 고개를 숙여 예를 표하도록 한다.
- 문상이 끝나고 물러날 때는 두세 걸음 뒤로 물러난 뒤 몸을 돌려 나오는 것이 예의이다.

## 8) 경조사 단자 및 봉투

### (1) 경조사 문구

| | |
|---|---|
| • 결 혼 식 | 축결혼(祝結婚) 축화혼(祝華婚) 축성전(祝盛典) 축성혼(祝聖婚) 하의(賀儀) |
| • 장 례 식 | 부의(賻儀) 근조(謹弔) 조의(弔儀) 추모(追慕) 추도(追悼) 애도(哀悼) 위령(慰靈) |
| • 생 일 | 축생일(祝生日) 축생신(祝生辰) 축화갑(祝華甲) |

축수연(祝壽宴) 축희연(祝禧宴)

- 건축/공사 축기공(祝起工) 축준공(祝竣工) 축완공(祝完工)
- 승 진 축영전(祝榮轉) 축발전(祝發展)
- 환자 위문 기쾌유(祈快癒) 기완쾌(祈完快)
- 창립/개업/이전 축창립(祝創立) 축개업(祝開業) 축번영(祝繁榮) 축이전(祝移轉)

### (2) 결혼 축의금

단자의 용지는 흰색이 좋고 색지 사용 시 고상하고 밝은색을 사용한다. 단지를 접을 때는 축하 문구와 상대편 성명이 쓰여진 곳에 줄이 생기지 않도록 접어야 한다. 단자의 내용은 일반적으로 한자 기입을 하며 특히 금액을 한자로 기입할 때는 금액을 나타내는 한자인 일(壹), 이(貳), 삼(參), 십(拾) 등으로 기입하도록 한다.

〈축의금 단자 및 봉투 서식〉

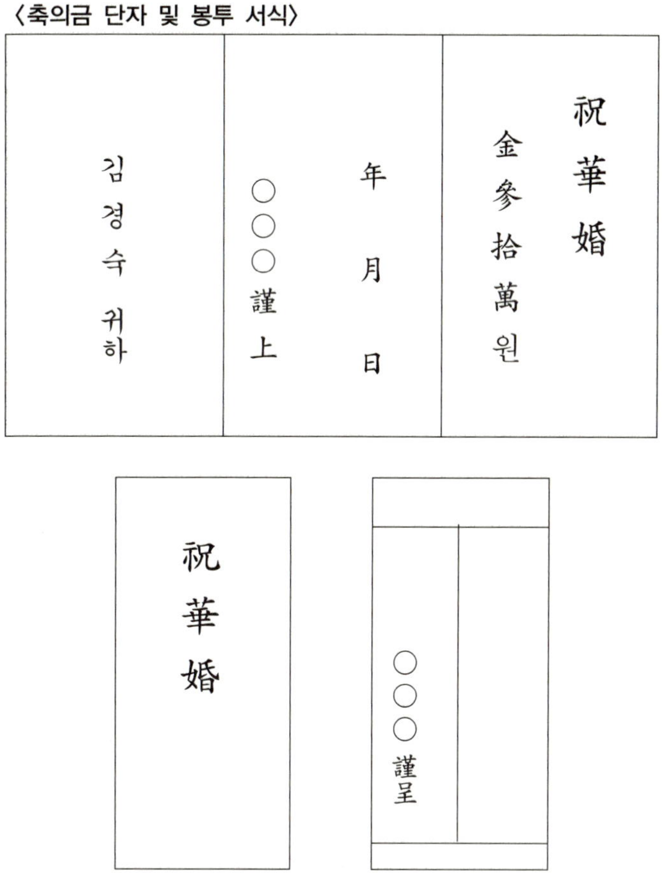

### (3) 부의금 서식

부의금은 흰 봉투를 넣는 것이 원칙이며 겉봉에는 초상의 경우 부의가 가장 일반적이며 근조, 또는 조의라고 쓰기도 한다. 소상이나 대상의 경우에도 부조를 하는 경우가 있는데 이때 봉투에 전의 또는 향촉대라고 쓴다. 생화나 조화 등으로 헌화하며 조문은 흰색과 노란색의 국화 화환이나 꽃바구니를 사용한다.

**참고 부의 단자 작성**

부조하는 품목이 돈일 경우에는 단자에 '금 ○○원'이라고 쓴다. 축의나 부의 시 금품을 보낼 때는 거래의 뜻이 아니므로 '일금(一金)'으로 쓰지 않고 다만 '금(金)'으로만 쓰고 금액 뒤에 정(整)도 쓰지 않는다. 정(整)은 돈의 액수 뒤에서 '그 금액에 한정됨'을 의미하기 때문이다. 부조하는 사람의 이름 뒤에는 아무것도 쓰지 않아도 되지만 쓴다면 근정(謹呈)이라고 쓴다.

단자의 마지막 부분에 '○○상가 호상소 입납'이라 적기도 한다. 호상소가 없는 경우는 이를 적지 않아도 무방하다.

〈부의금 한문 단자 및 한글 단자 예제〉

| | | |
|---|---|---|
| 護喪所 入納 | 年 月 日<br>○○○謹上 | 賻儀<br>金壹拾萬원 |

| | | |
|---|---|---|
| | 年 月 日<br>○○○드림 | 삼가 고인의<br>명복을 빕니다<br>金壹拾萬원 |

## (4) 수연 축의금 서식

수연은 부모의 장수를 기뻐하고 기원하는 마음에서 자손이 베풀어 드리는 생일잔치를 말한다. 수연에는 자손들이 상을 차리고 술잔을 올리면서 축하를 하는 헌수의식을 갖지만 상차림이나 의식의 절차는 지방이나 집안에 따라 다를 수 있다. 수연잔치로는 대개 회갑과 칠순잔치를 많이 하지만 희수나 팔순잔치를 하기도 한다.

| | | |
|---|---|---|
| 金京淑尊下 | 年 月 日<br>○○○謹呈 | 祝壽宴<br>金貳拾萬원 |

**참고 수연 축하연 종류**

육순 60세 생신
환갑 61세 생신
진갑 62세 생신
미수 66세 생신
칠순 70세 생신
희수 77세 생신
팔순 80세 생신
미수 88세 생신
구순 90세 생신
백수 99세 생신

# Chapter 6 의례문서 작성 실습하기

## [문제 1] 초청장 작성하기-협력사 친선 골프대회 초대장

하나자동차(주)(대표이사 홍수만)는 자동차 부품 협력사 관계자를 초청하여 협력사 친선 골프대회를 갖고자 한다. 자동차 관련업계의 친선 및 공동이슈 확립을 목적으로 본 행사를 개최할 계획이며 이 모임은 관련업계 종사자들의 화합과 친선의 장이 될 것으로 기대된다.

내용 : 본 행사는 2015년 10월 26일 10시에 용인 컨트리클럽에서 개최한다. 참석자를 총 15팀(60명)으로 편성하여 행사를 진행할 계획이며 팀 구성을 위해 참석대상자들에게 참석 여부의 답신을 10월 12일까지 보내줄 것을 요청한다. 우천 시 행사진행 여부는 당일 오전 7시까지 참석자의 휴대폰으로 개별통보하기로 한다. 본 행사의 실무담당자는 대외협력팀 김진성 과장((02)333-9999)으로 행사진행에 관한 문의를 받고 있다.

용인컨트리클럽 경기도 용인시 처인구 백암면 석천리 747
Tel : 032-332-3300/Fax : 032-332-5700

| 초청의 글 | 행사일정 |
| --- | --- |
| | |

## [문제 2] 초청장 작성하기

〈초대장 모양〉

〈페이지 1〉

〈페이지 4〉

〈페이지 2〉

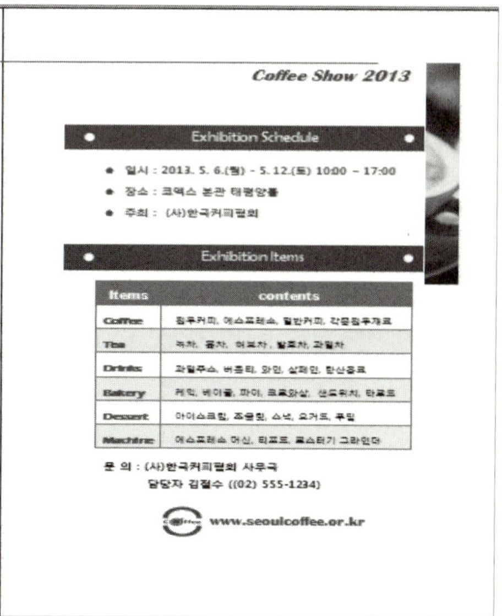


〈페이지 3〉

| 페이지 1 내용 | 페이지 4 내용 |
|---|---|
| **Seoul Coffee Show 2013**<br>2013. 5. 6.(월)~12(일)<br>10 AM~5 PM<br>코엑스 본관 태평양홀<br>주최 : (사)한국커피협회 | 오시는 길 약도<br>지하철 이용 : 삼성역 5/6번 출구<br>버스 이용 : 143, 146, 301, 341, 360, 351, 362, 140, 730, 8380, 8431, 2413, 2415 |

| 페이지 2 내용 | 페이지 3 내용 |
|---|---|
| **Introduction to Seoul Coffee Show**<br>전 세계적인 글로벌화 추세에 따라 한국인의 입맛과 기호가 더욱 다양하고 민감해지고 있습니다.<br>Seoul Coffee Show는 커피 및 차 제품의 전문 전시와 함께 다양하고 품격 높은 식음료산업의 문화 콘텐츠화를 지향하고자 합니다. 또한 본 행사를 통해 고부가가치산업으로의 식음료산업을 육성하고 건전한 소비문화와 수준 높은 라이프스타일을 제안합니다.<br>2013년 Seoul Coffee Show에도 18개국 300여 개의 전문업체가 참가하여 각종 경연대회 및 전문가 세미나를 진행하면서 내실 있는 전시내용을 마련하였습니다.<br>(사) 한국커피협회 회장 ○○○ | **Exhibition Schedule**<br>일시 : 2013. 5. 6.(월)~5. 12.(토) 10:00~17:00<br>장소 : 코엑스 본관 태평양홀<br>주최 : (사)한국커피협회<br><br>**Exhibition Items**<br>(아래 표)<br>문 의 : (사)한국커피협회 사무국<br>담당자 : 김철수((02)555-1234) |

| Items | Contents |
|---|---|
| Coffee | 원두커피, 에스프레소, 일반커피, 각종 원두재료 |
| Tea | 녹차, 홍차, 허브차, 발효차, 과일차 |
| Drinks | 과일주스, 버블티, 와인, 샴페인, 탄산음료 |
| Bakery | 케이크, 베이글, 파이, 크로와상, 샌드위치, 타르트 |
| Dessert | 아이스크림, 초콜릿, 스낵, 요거트, 푸딩 |
| Machine | 에스프레소 머신, 티포트, 로스터기 그라인더 |

## [문제 3] 초청장 작성하기

### 페이지 1 내용

NO.1
○○대학 홍보자료

Beyond the Dream

꿈이 현실이 되는 곳.. ○○대학

전문비서와
사무행정 전문가 양성의 산실
스마트한 미래의 나를 만드는
취업명문학과

"로고 삽입" ○○대학 ○○과

### 페이지 4 내용

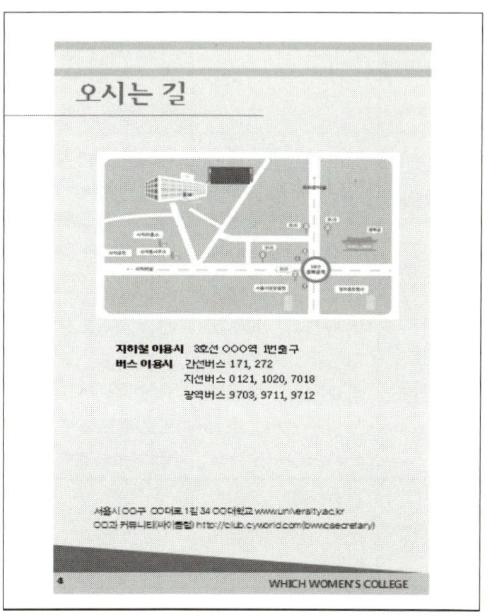


오시는 길

(약도 삽입)

지하철 이용 시
　3호선 ○○○역 1번출구
버스 이용 시
간선버스 171, 272
지선버스 0121, 1020, 7018
광역버스 9703, 9711, 9712

서울시 ○○구 ○○대로 1길 34
○○대학교 www.University.ac.kr

○○과 커뮤니티(싸이클럽)
http://club.cyworld.com

| 페이지 2 내용 | 페이지 3 내용 |
|---|---|
| 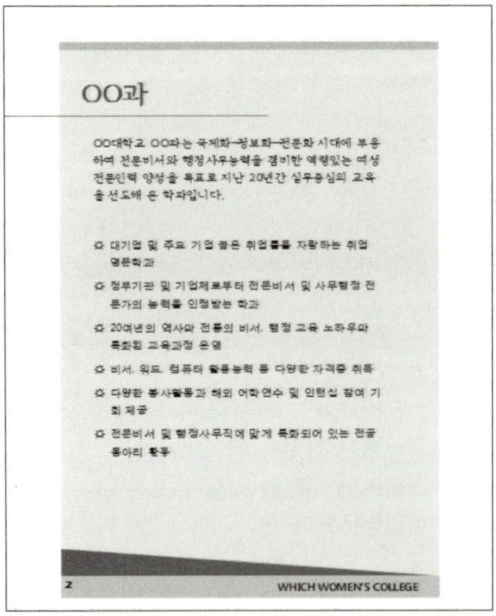 | 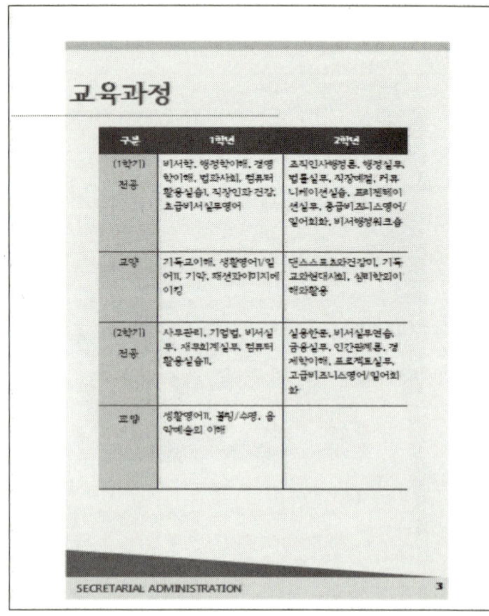 |





○○ 대학교 ○○ 과는 국제화 정보화 · 전문화 시대에 부응하여 전문비서와 행정사무능력을 겸비한 역량 있는 여성전문인력 양성을 목표로 지난 20년간 실무중심의 교육을 선도해 온 학과입니다.

☼ 대기업 및 주요기업 높은 취업률을 자랑하는 취업명문학과
☼ 정부기관 및 기업체로부터 전문비서 및 사무행정전문가의 능력을 인정받는 학과
☼ 20여 년의 역사와 전통의 비서, 행정 교육 노하우와 특화된 교육과정 운영
☼ 비서, 워드, 컴퓨터활용능력 등 다양한 자격증 취득
☼ 다양한 봉사활동과 해외어학연수 및 인턴십 참여기회 제공
☼ 전문비서 및 행정사무직에 맞게 특화되어 있는 전공동아리 활동

| 구분 | 1학년 | 2학년 |
|---|---|---|
| 1학기 전공 | 비서학, 행정학이해, 경영학이해, 법과사회, 비즈니스 컴퓨팅I, 초급비서실무영어 | 조직인사론, 행정실무, 법률실무, 직장예절, 비즈니스커뮤니케이션, 프리젠테이션실무, 중급비즈니스영어, 비서행정워크숍 |
| 교양 | 기독교이해, 생활영어/일어, 기악, 패션과 이미지메이킹 | 댄스스포츠와 건강미, 기독교와 현대사회, 심리학의 이해와 활용 |
| 2학기 전공 | 사무관리, 기업법, 비서실무, 재무회계실무, 비즈니스 컴퓨팅II, 중급비서실무영어, 초급비즈니스 영어 | 실용한문, 비서실무연습, 금융실무, 인간관계론, 국제시사경제, 직장인과 건강, 프로젝트실무, 고급비즈니스영어 |
| 교양 | 생활영어, 볼링, 수영, 음악예술의 이해 | |

### [문제 4] 초청장 작성하기

- 아래의 내용으로 초대장을 만들어 봅니다.
- 페이지 4의 약도는 인터넷을 이용하여 검색하여 삽입합니다.

**1페이지 : 학술대회 일정 및 장소**

## 2015년도 한국비서학회 하계학술대회

- 비서학의 진화 : 전문비서 분야별 연구 현황 -

일시 : 2015년 7월 2일(목) 10:00~15:00
장소 : 서울교육문화회관 가야금홀
주최 : 한국비서학회
후원 : 한국비서협회

**2페이지 : 초청의 글**

## 초청의 말씀

2015년도 한국비서학회 학술대회에 여러분을 초대합니다!

이번 학술대회는 '비서학의 진화'라는 주제로 분야별 전문비서의 현황을 살펴봄으로써 비서 전문화 및 방향성에 대해 여러분과 함께 배우고 나누는 소통의 시간으로 마련하였습니다. 특히 교회 조직에서 점차 확산되어 가고 있는 사모교육을 비서학 분야로 접목시켜 영역을 확대하는 차원과, 법률개방화에 따른 법률비서의 사회적 요구를 자격도입을 통해서, 그리고 의료 및 경호 분야의 비서 현황을 통해 비서의 전문성을 확보하고자 하는 논의들은 향후 비서학이 제 영역에서 어떻게 융합하여 진화되어야 할 것인가라는 고민의 또 다른 시도이기도 합니다. 또한 연구윤리가 그 어느 때보다도 강화되고 있는 시점에서 학자로서의 올바른 글쓰기에 대한 특강시간은 학회원들의 연구에 실제적인 도움을 제공할 것으로 확신합니다.

한 학기를 마치는 시점에서 모두들 분주하시겠지만 부디 여러분들께서 참석하시어 많은 것들을 서로 배우고 가는 시간으로 빛내 주시면 감사하겠습니다.

2015년 6월

한국비서학회 회장 ○○○

## 3페이지 : 학술대회 프로그램

**Program**

**<Session 1>** 사회 : 이영희(○○여자대학 교수)

10:00~10:20 등록
10:20~10:50 개회사 : 홍길동(○○대학교 교수)
환영사 : 박미영(○○여자대학 교수 / 한국비서학회 회장)
10:50~12:20 특 강
'올바른 학술적 글쓰기를 위한 연구윤리의 이해'
장보고(○○대학교 교수, GRP 좋은연구 운영위원)

**< Session 2>** 사회 : 심일섭(○○○대학교 교수)

**학술주제 : 비서학의 진화-전문비서분야별 연구 현황-**

13:30~14:30 제1주제 직무분석을 통한 사모비서와 교회비서의 비교연구
발표자 : 장명희(○○대학교 교수)
토론자 : 정하나(○○공업전문대학 교수)

14:30~15:00 제2주제 비서학 연구영역-대통령비서실 기능을 중심으로
발표자 : 배승만(○○대학교 교수)
토론자 : 조민주(○○여자대학 교수)

## 4페이지 : 행사장 약도 및 문의처

**찾아오시는 길**

"약도 삽입"
서울교육문화회관 약도

〈교통편〉
자가용 이용 시 :
지하철 이용 시 :
버 스 이용 시 :

**한국비서학회**
www.kass.or.kr
서울시 ○○구 ○○○대로 34
Tel:(02) 399-0700 Fax : (02) 6944-8486
E-mail : kass@hanmail.net

[문제 5] 홍보물 작성하기

# 전문비서

## "요즘 상사에게 대접받고 일해요"

관공서나 기업체에서 고위 경영층을 보좌하는 비서직이 외국인 투자증가와 더불어 각광받고 있다. 한국에서 비즈니스 활동을 하는 외국인이 늘면서 전문직 비서의 수요가 늘고 있는 것. 따라서 비서직의 역할이나 기능 등에서 비서문화도 달라지고 있다. 자신의 능력을 마음껏 발휘할 수 있는 전문직업으로 인식이 바뀌면서 이를 지망하는 사람들도 늘고 있다.

### 전문비서 개념

단순 노무직 아닌
다방면 전문가

우리나라 사람들에게 '비서의 모습을 그려보기' 하면 으레 등장하는 인물은 용모 단정한 젊은 여성이다. 이들 비서는 사장을 비롯한 중역진의 집무실 옆 책상에 앉아 걸려오는 전화를 받거나 커피, 복사, 타이핑, 팩스 등과 같은 잔심부름을 하는 게 고작. 비서 혼자 사무실에 남게 되면 한가로이 소설책을 읽는 경우도 많았던 게 사실이다.

그러나 이와 같은 모습을 비서의 전부로 알면 큰 착오다. 선진국에서 의미하는 비서란 단순 노무자가 아닌 다방면 전문가, 즉 '멀티-스페셜리스트(Multi-specialist)'다. 조직에서 중역에 보좌관으로 창의적인 사무처리 능력과 지식을 갖춘 조언자 역할을 할 수 있어야 하는 것.

### 비서의 업무

직장의 코디네이터

비서는 원래 국가의 기밀문서를 관장하는 직책에서 비롯됐다. 특히 영어권에서는 비서를 '세크리터리(Secretary : 비밀을 관장하는 사람)'라고 부르는데 이에 어울리게 비서는 기업 내의 중요한 기밀업무를 담당한다.

구체적으로 비서는 상사의 잡무를 덜어줌으로써 업무의 절차와 흐름을 조정한다. 또한 상사와 동료, 부하직원 및 고객 간의 관계를 완만하게 조정하는 역할도 하여 상사의 일정표도 관리한다. 아울러 우편물이나 서류 정리, 상사 부재 시 권한대행, 서한이나 보고업무를 담당한다.

'상사에 가려 인정을 못 받는다'는 인식이 널리 퍼져 있어 비서가 되기를 꺼린다. 그러나 오히려 비서로 일하는 동안 특정 분야에 대한 자신의 탁월한 능력을 상사에게 보여줌으로써 결국 그 분야로 인사발령되는 경우가 빈번한 것.

예를 들어 상사의 업무를 돕던 중 뛰어난 기획능력이 드러나 나중에 기획부서로 배치된다든가, 실제로 인사문제를 많이 처리하는 비서의 경우 추후 인사부에서 일하는 경우가 많다. 또한 비서 재직 중 각 기업의 홍보실과 긴밀한 유대관계를 많이 쌓아 놓은 경우 추후 홍보실에 배치되어 일하기도 한다.

### 비서의 취업

자신을 알리는 이력서부터 시작, 자신을 PR할 수 있는 모든 자료를 정리해 보여준다. 비서 구인정보는 신문에 게재된 공고를 통해 알 수 있다.

개별적인 비서 구인정보를 접하기 위한 가장 좋은 방법은 각 대학의 게시판에 게재된 비서 모집 포스터나 학과 사무실에 비치된 유인물을 참고하는 것이다. 발빠르고 부지런한 자가 남보다 앞서 비서 구인정보를 얻을 수 있다.

– Campuslife에서 발췌

### [문제 6] 출장 중 호의에 대한 감사장 작성하기

발　신 : 서울기획(주) 기획팀 대리 김선미
발신일 : [각자 지정]
수　신 : 부산기획(주) 홍보부장 황창규
내　용 : 서울기획(주) 김선미 대리는 2014년 9월 8~11일, 3박 4일의 부산출장에서 돌아와서 출장 중 많은 도움을 받은 방문회사의 부장님께 감사의 편지를 메일로 발송하려고 한다. 특히 출장 중 황창규 부장에게서 받은 ○○○제품 기획안이 현재 준비 중인 프로젝트에 큰 도움이 될 것이라는 점을 함께 전한다.

### [문제 7] 축의금 단자와 봉투 준비하기

부산기획(주) 황창규(黃昌奎) 부장은 거래처의 김선미(金善美) 대리의 2014년 9월 31일 결혼식에 참석하기 위해 축의금(300,000원)을 준비하려고 한다. 축의금 단자와 봉투를 격식에 맞게 만들어 보자.
(단자의 양식은 B5용지(가로 방향)로 설정한다.)

## [문제 8] 아래의 내용으로 한문부고장 작성하기

작성요령 : B5용지를 사용하고 용지방향은 가로로 설정함.

1) 이철수(李哲洙) 사장의 어머니 김영순(金英順)(金海 金) 님께서 노환(老患)으로 별세하였다.
별세일시는 2007년 6월 21일 오전 3시이며 빈소는 삼성병원(三星病院) 영안실 3호이다. 발인일시는 2007년 6월 23일 오전 7시이며 장지는 경기도(京畿道) 성남시(城南市) 공원(公園)이다. 삼성병원 전화번호는 (02)333-9999이다. 유족으로는 장남 이철수(李哲洙), 차남 이만수(李萬洙), 딸 이희수(李喜洙), 사위 김만석(金萬晳)이며 호상은 이상수(李相洙)가 담당한다.

2) 김수만(金洙萬) 사장의 장인인 박일성(朴一成)(密陽 朴) 님께서 숙환(宿患)으로 별세하였다.
별세일시는 2007년 7월 21일 오후 4시이며 빈소는 중앙병원(中央病院) 영안실 3호이다. 발인일시는 2007년 7월 23일 오전 7시이며 장지는 경기도(京畿道) 일산시(一山市) 공원(公園)이다. 중앙병원 전화번호는 (02)555-5555이다. 유족으로는 장남 박장남(朴長男), 차남 박차남(朴次男), 딸 박장녀(朴長女)이며 호상은 박상일(朴相一)가 담당한다.

## [문제 9] 안내문 작성(편지병합과 라벨기능 이용)하기

- ■ 발　신 : 사단법인 대한기계공업협회
- ■ 발신일 : 2015년 3월 5일
- ■ 수　신 : 임원
- ■ 제　목 : 2015년 대한기계공업협회 임원회비

[성명] [직위]님의 발전을 기원하며 평소 베풀어주신 성원에 깊이 감사드립니다.

다름이 아니오라 당 협회의 2015년도 임원회비의 납입을 부탁드리고자 합니다.

임원님들께서 보내주시는 회비의 충당기간은 2015년 3월 1일부터 2016년 2월 28일까지이며 임원회비는 이 기간 동안 당 협회의 발전을 위해 사용되오니 적극적인 협조를 부탁드립니다.

- 금　　액 : [직위]/[회비]원
- 입금기한 : 2015년 3월 31일
- 입금계좌 : 신한은행 202-345678-01 대한기계공업협회
- 기타
  입금 시 입금자란에 [성명]님의 임원번호 [임원번호]를 성명과 함께 기입하여 주시기 바랍니다.

문의사항 : 회원관리과 김총명 과장(02-525-1114/wise@techno.com)

### ※ 편지병합문서

- 원본문서 만들기-워드프로세서 '편지병합(메일머지)'기능 이용
- 데이터문서 만들기-한글문서, MS-Excel, MS-Outlook 등의 프로그램을 이용하여 데이터 파일 작성
- 우편 라벨 만들기-워드프로세서 '라벨'기능 이용

### [문제 10 데이터 파일] 안내문 작성하기

| 임원번호 | 1990－155 | 1997－021 | 2001－035 | 2005－253 | 2007－025 |
|---|---|---|---|---|---|
| 성명 | 김경석 | 조남진 | 이철수 | 고인석 | 김성진 |
| 협회직위 | 부회장 | 상임이사 | 상임이사 | 이사 | 이사 |
| 회사명 | 한국기술연구원 | 서울신문사 | 한국대학교 | 서울전자(주) | 청람기술(주) |
| 부서명 | 연구지원부 | 생활과학부 | 기계공학과 | 제품기술부 | 연구개발부 |
| 회사직위 | 실장 | 차장 | 교수 | 과장 | 주임 |
| 주소 | 대전시 유성구 장동 130 | 서울시 중구 태평로1가 25 | 서울시 종로구 필운동 | 서울시 마포구 공덕동 11 | 서울시 서초구 서초동 34 |
| 우편번호 | [각자 검색] | | | | |
| 회비 | 200,000 | 150,000 | 150,000 | 100,000 | 100,000 |

# Chapter 6 자격증 기출문제

**1. 사단법인 한국비서협회 2011년 정기총회를 앞두고 안내 및 초청장 문안을 작성하고 있다. 다음 항목 중 가장 적절하지 않은 곳은?** ◉ 2011. 1회 1급

> (가) 회원 여러분,
> 2011년 한국비서협회 정기총회를 다음과 같이 개최하오니 많은 관심과 참석 부탁드립니다.
>
> (나) - 다 음 -
> 1. 일시 : 2011년 4월 20일(수) 19:00
> 2. 장소 : 한국호텔 오키드룸
> 3. 문의 : 김호영(02-702-4048)
>
> (다) 참가가 어려우신 회원님께서는 첨부한 위임장을 기재하셔서 팩스(Fax 02-702-4049)로 보내주시기 바랍니다.
> 바쁘시더라도 꼭 참석하셔서 회원 여러분의 귀중한 권리를 행사하여 주시기 바랍니다. 끝.
>
> (라) 붙임 위임장

① (가) ② (나) ③ (다) ④ (라)

**2. 한국그룹 김 비서는 연말이 되어 상사의 지인들에게 150개 정도의 연하장을 발송하려고 한다. 이 경우 여러 사람의 이름, 주소 등의 데이터 파일과 본문 파일을 결합시켜 이름이나 주소부분만을 다르게 하여 한꺼번에 보낼 때 사용되는 편지병합(메일머지)기능을 사용하려고 한다. 다음 중 사용법이 가장 적절하지 않은 것은?** ◉ 2009. 2회 2급

① 데이터 파일을 먼저 만들어야 한다.
② 데이터 파일 작성 시 첫줄에는 파일의 개수를 입력한다.
③ 메일머지 표시를 달 때 데이터 파일의 항목번호를 지정하여 작성을 마치면 파일을 저장한다.
④ 메일머지를 만들 시에 〈도구〉-〈메일머지〉-〈만들기〉를 선택한다.

**3. 한국영화사의 박 비서는 새로운 영화 개봉을 앞두고 VIP 시사회를 준비하고 있다. 다음 중 박 비서의 VIP 시사회의 준비 업무로 가장 적절하지 않은 것은?** ◉ 2009. 1회 2급

① 초청대상 VIP 주소록을 엑셀로 만들어 두었다.
② 메일머지를 이용해서 봉투에 주소를 직접 출력하였다.
③ VIP에게 드릴 이름표를 메일머지를 이용해서 제작하였다.
④ 참석 여부 확인은 메일머지를 이용하여 체크하였다.

**4. 대한기업 김 비서는 상사의 지시로 대한기업 부설 인터넷창업센터 개원식 초청을 위한 초대장을 작성하고자 한다. 효과적인 초대장 작성방법 중 가장 적절하지 않은 것은?** ◉ 2008. 2회 2급

① 적어도 2주 전에 수신자가 받을 수 있도록 발송한다.
② 일시 기입 시 시작과 종료시간을 오전/오후를 구분하여 기입한다.
③ 행사장소가 일반적으로 많이 알려진 시

내 호텔이므로 약도는 생략한다.

④ 참석 여부를 확인하기 위해 반송용 엽서를 동봉한다.

**5. 다음과 같은 정기총회의 초대장을 준비할 때, 회원의 참석인원을 예측하기 위한 방법으로 가장 적절하지 않은 것은?** ◉ 2008. 2회 2급

> 김수민은 대한화학 사장 비서로 재직하고 있다. 상사가 한국화학협회 회장으로 있어 2008년 협회 정기총회 행사를 주관하고 있다. 정기총회에는 300여 명의 만찬이 예정되어 있다. 정기총회 중에는 협회 미래에 대한 외부연사 강연이 포함되어 있다.

① 초대장을 우편으로 보내고 이를 PDF 파일로 만들어 이메일로 보낸다.

② 초대장에 R.S.V.P.를 넣는다.

③ 초대장에 참석 여부를 확인하는 반송엽서를 동봉한다.

④ 초대장을 발송한 후, 전화로 참석 여부를 확인한다.

**6. 김 비서는 초대장의 발송을 위해 한글2007의 메일머지기능을 이용하고자 한다. 다음 중 메일머지 순서로 가장 적절한 것은?** ◉ 2011. 1회 1급

> (가) 데이터 파일을 만든다.
> (나) [도구 – 메일머지 – 메일머지 만들기]를 실행한다.
> (다) 데이터 파일을 삽입할 곳에 [도구 – 메일머지 – 메일머지 표시달기]를 실행한다.
> (라) [메일머지 표시달기] 대화상자가 나타나면 [필드만들기] 탭을 선택한다. 필드번호 입력상자에 대입할 항목번호(필드번호)를 입력한다. DBF 파일인 경우에는 필드번호 대신 필드이름을 입력해도 된다.

① (가) – (나) – (다) – (라)

② (가) – (나) – (라) – (다)

③ (가) – (다) – (라) – (나)

④ (가) – (라) – (다) – (나)

**7. 한국산업진흥협회에서는 10명의 연사를 모시고 2박 3일 동안 연례 워크숍을 계획하고 있다. 이를 준비하는 박 비서는 연사를 위한 안내장을 다음과 같이 작성하여 우편으로 발송할 예정이다. 이 중 메일머지 데이터로 처리할 필요가 없는 항목끼리 짝지어진 것은?** ◉ 2010. 2회 1급

> ⓐ <u>김철수</u> 선생님께
>
> 안녕하십니까?
> ⓑ <u>2010년 10월 29일부터 22일</u>까지 개최되는 HQS 협회의 연례워크숍의 ⓒ <u>연사</u>로 모실 수 있는 영광을 주셔서 감사합니다. 저희 협회는 .....(중략)....
> 선생님의 강연일정은 다음과 같습니다.
>
> – 다　음 –
>
> ⓓ 시간 : ⓔ <u>2010년 10월 21일(목)</u>
> ⓕ <u>오후 3:30~5:00</u>
> ⓖ 장소 : ⓗ <u>한국호텔 3층 소회의실A</u>
>
> 당일 준비를 위하여 사용하실 객실은 ⓘ <u>1201호</u>이며 기타 필요한 사항이 있으시면 담당자인 ⓙ <u>박비서(TEL 888-8888)</u>에게 연락하여 주시기 바랍니다.
>
> 2010년 9월 20일
> 한국산업진흥협회장

① a, b, c, d

② b, c, d, f

③ b, d, g, j

④ e, h, I, j

**8. 메일머지 기능을 이용하여 우편물 레이블을 출력하려고 한다. 다음 중 가장 바람직하지 않은 것은?** ◉ 2007. 2회 2급

① 병합하기 전에 출력하지 않아도 되는 데이터를 제외해 두었다.

② 데이터 파일로 Outlook 주소록을 사용하였다.

③ 레이블 모델명에 꼭 맞는 것이 없어 가장 유사한 형태를 선택한 후 레이블 안에 적절히 배치하도록 조정하였다.

④ 병합 후 오타가 발견되어 병합문서를 열어 오타를 수정하였다.

**※ 다음 내용을 읽고 물음에 답하시오.**

◉ 2010. 1회 1급

> (가)
> 吉秀 大人 密陽朴公 珉炫 二○○九年 四月
> 二十五日 午後 三時 以宿患 別世 玆以告訃
>
> (나): 서울病院 葬禮式場 三號
> (다)日時: 二○○九年 四月 二十八日
> (다)場所: 서울病院 葬禮式場
> 葬地: ○○道 ○○市 ○○里 ○○墓地
>
> (라) 朴吉秀
> 晶秀
> 子婦 金智賢

**9. 거래처의 부고 광고가 위와 같이 신문에 실렸다. 위의 빈칸에 들어갈 한자가 틀린 것은?**

① (가) 訃告 ② (나) 殯所

③ (다) 發靷 ④ (라) 獅子

**10. 위의 부고에 대하여 비서가 상사에게 보고한 내용이다. 다음 중 옳지 않은 설명은?**

① 고인은 아들 두 명과 딸 한 명이 있습니다.

② 상주의 성명은 박길수입니다.

③ 고인은 숙환으로 돌아가셨습니다.

④ 상주의 아버님이 돌아가셨다는 부고입니다.

**※ 다음을 읽고 물음에 답하시오.**

◉ 2008. 2회 1급

> 희망물산의 회장비서로 근무하는 강진주는 부친상을 당한 상사로부터 부고를 작성하라는 지시를 받았다.
> 강 비서는 필요한 사항을 상사에게 여쭈어보고, 부고의 초안을 작성하기 시작했다.

**11. 위의 경우 부고 작성과 관련된 설명으로 가장 적절하지 않은 것은?**

① 상사의 아버지이므로 부소장에 '대인(大人)'이라고 칭한다.

② 부고는 상주가 아닌 호상의 이름으로 보내는 것이 원칙이다.

③ 부고는 사람들이 내용을 잘 알 수 있도록 국한문을 혼용하여도 좋다.

④ 부친상일 경우 상주를 기재할 때 성과 이름을 함께 적는다.

**12. 강 비서가 부고 초안을 작성하기 위해 상사에게 문의해야 할 사항들로 묶은 것 중 가장 적절하지 않은 것은?**

① 상주이름, 상주와 망자의 관계, 망자의 자녀이름

② 장지, 영결장소, 연락처

③ 영결일시, 영결장소, 발인일시

④ 연락처, 병명, 사망일

13. 다음 중 경조문이 잘못 짝지어진 것은?

◉ 2012. 2회 2급

① 승진축하 – 축발전(祝發展)
② 죽음애도 – 근조(謹弔)
③ 결혼축하 – 축결혼(祝結婚)
④ 취임축하 – 축취임(祝就任)

14. 다음 중 경조사 관련 업무처리 방식으로 가장 적절하지 못한 것은? ◉ 2007. 2회 2급

① 신문의 동정란, 부고란 등을 살펴 거래처나 상사의 지인 경조사 정보를 파악한다.
② 축의금이나 부의금은 회사의 규정이나 상사의 지시에 따라서 준비하도록 한다.
③ 부의금 준비시 단자에 돈을 싸서 흰 봉투에 넣고 겉면에 '賻儀'라고 쓰고 봉한다.
④ 단자에 돈을 쌀 때는 되도록 글자가 접히지 않도록 한다.

15. 다음 중 경조사 업무를 처리하는 요령 중 가장 부적절한 것은? ◉ 2014. 1회 2급

① 회사의 모든 경조사의 경우 회사 경조규정과 선례에 따라 비서가 자율적으로 처리한다.
② 평상시 경조사관련 관계부처의 직원 및 주위 사람들을 통해 정보수집에 주의를 기울인다.
③ 경조사 발생 시 신속한 화환 전달을 위하여 평소 회원 거래처 목록을 정리해 둔다.
④ 경조사 관리를 위하여 상사가 활동 중인 단체 소식지의 회원 동정란을 매일 살핀다.

16. 신입사원인 박 비서는 상사인 손 상무의 지시에 따라 창립기념일 기념행사 초대장을 작성하고 있다. 다음 중 가장 적절하지 않은 것은? ◉ 2013. 1회 2급

① 시간과 장소는 별도로 '다음'란을 마련해서 적고 장소의 위치, 교통, 약도, 주차장 유무 등에 대해서도 기록한다.
② 날짜를 표시할 때에는 가급적이면 요일도 함께 표기하고 시간은 오전 오후를 구별하여 기입하는 것이 좋다.
③ 참석 여부에 대한 회답을 명확하게 하기 위해 전화보다는 반드시 반송엽서를 이용하여야 한다.
④ 행사가 끝난 후에 모든 참가자를 대상으로 리셉션이 있을 예정이라서 이 점에 대해서도 명확하게 기재한다.

17. 우리기업에 근무하는 오 비서는 다음 달로 예정된 신사옥준공식에 참석할 사람 500명에게 발송할 초청장과 봉투를 준비하려고 한다. 다음 중 오 비서의 작업에 대한 설명 중 가장 비효율적인 것은?

◉ 2013. 1회 2급

① 오 비서는 평소 자주 사용하는 워드프로세서 프로그램을 이용하여 초청장 초안을 작성하였다.
② 오 비서는 각각의 초청장에 초청대상자의 소속회사, 직위, 이름을 기입하기 위해 메일머지기능을 사용하였다.
③ 초청장에 사용된 데이터는 상사의 주변 지인들을 정리하여 기록해 둔 데이터베이스 파일을 불러와 사용하였다.
④ 오 비서는 봉투 작성을 위해 라벨문서를 만들고 초청자의 주소를 타이핑하여 기입하였다.

**18. 다음은 워크숍 개최에 관한 안내문의 일부분이다. 가장 적절하지 않은 내용 표시부분은?**

◉ 2013. 1회 2급

가. 일시 : (가) 2013. 6. 11.(화)
(나) 10:00~18:30
나. 장소 : 서울교육문화회관 본관 거문고홀
다. 참석인원 : (다) 백오십 명
라. 등록비 : (라) 100,000원(일십만원)

① (가) ② (나) ③ (다) ④ (라)

**19. 아래 편지를 150명의 주요 고객에게 전달하기에 가장 유용한 기능은?**

◉ 2013. 2회 2급

모시는 글

《성명》 《직위》 귀하

귀사의 일익번창하심을 기원합니다.
다름이 아니오라 저희 ㈜고려정보통신(대표이사 김도균)이 1980년 2월 6일 창사 이래 올해로 창립 34주년을 맞이하였습니다.
이에 여러 협력업체와 귀빈들을 모시고 아래와 같이 창립기념일 행사를 갖고자 하오니 바쁘시겠지만 부디 참석하시어 자리를 빛내주시길 부탁드립니다.

① 스타일링 ② 라벨링
③ 메일머지 ④ 데이터베이스

**20. 안 비서는 상사와 관련된 사람들에 대한 정보를 파일로 만들어 두고 메일이나 연하장 등을 발송할 때 이 자료를 사용한다. 다음 중 메일머지 시 사용가능한 데이터 파일끼리 바르게 묶어진 것은 무엇인가?**

◉ 2014. 1회 1급

① Outlook 주소록, *.pdf
② Outlook 주소록, *.dbf
③ Outlook 주소록, *.pcx
④ Outlook 주소록, *.dmb

**21. 아래의 부고장관련 용어로 밑줄 친 부분이 바르게 표기된 한자로 짝지어진 것은?**

2014. 1회 1급

<u>부고</u>

상공주식회사의 최시환 사장님의 부친이신 최○○께서 그동안 병환으로 요양 중이시건 중 2014년 5월 5일 오전 7시 30분에 별세하였기에 이를 고합니다. 생전의 후의에 깊이 감사드리며 다음과 같이 <u>영결식</u>을 거행하게 되었음을 알려드립니다. 대단히 송구하오나 <u>조화</u>와 <u>부의</u>는 간곡히 사양하오니 협조 있으시기 바랍니다.

다음
1. <u>발인</u>일시 : 2014년 5월 7일(수) 오전 8시
2. 장　소 : 고려대학교 병원 영안실 8호
3. <u>장　지</u> : 경기도 이천시 OO군 OO면
4. 연 락 처 : 빈소 (02)2677-5455
회사 (02)6541-2300
첨부 영결식 장소(고대구로병원) 약도 1부.

<u>미망인</u> 조경희
장남 최희준
차남 최시환
장례위원장 홍승민

조화 및 부의 사절

① 發靷-訃告
② 永訣式-壯紙
③ 造花－未亡人
④ 附議-訃告

Business to Business Documents Coaching

Chapter 7

# 거래의 시작부터 마무리

1. 거래문서의 소개
2. 거래문서의 종류
3. e-mail을 이용한 커뮤니케이션

Business to Business Documents Coaching

# 7 Chapter 거래의 시작부터 마무리

## 1 거래문서의 소개

거래문서는 기업 간에 서로 업무관계로 주고받는 문서를 말한다. 이는 거래계약 체결에 따른 계약서를 작성하고 거래관계를 유지하는 데 필요한 물품의 주문, 대금지급 등에 필요한 여러 문서를 포함한다. 생산이나 작업에 관한 거래문서는 자사의 작업능력이나 진행정도 등 제반사항을 고려하여 신중하게 작성하도록 한다.

신규거래나 매매거래 등은 아무리 간단한 내용일 경우라도 업무상의 실수나 문제발생을 방지한다는 의미에서 문서로 작성해야 한다. 이와 같은 사항을 지키지 못한 경우 서로 간 신뢰에 문제가 발생하고 경우에 따라서 손해배상을 하는 상황이 발생할 수도 있다.

따라서 거래문서는 후일 분쟁이 발생할 경우 사실관계를 증명하는 주요한 자료로 활용되므로 상대방에게 명확히 사실관계를 확인한다. 만약 이견이 발생할 경우 상대방과 조율하여 즉시 수정하고 수정내용의 사실관계를 반드시 서면으로 표시하여 증거를 남기도록 한다.

**＊ 거래(구매)절차**

| 구매업체 | 구매업체 | 구매업체 | 구매업체 | 구매업체 | |
|---|---|---|---|---|---|
| 해당부서 구매요청 ⇨ | 견적의뢰 / 견적서 제공 ⇨ | 견적검토 ⇨ | 구매계약 ⇨ | 주문요청 ⇨ | 물품공급 |
| | 공급업체 | | 공급업체 | | 공급업체 |
| | 견적의뢰서<br>견본청구서<br>견적서 | | 거래계약서 | 주문서 | 송금통지서 |

### 1) 거래문서의 유형

① 통상적 문서

통지문, 조회문, 회답문, 의뢰문, 발주문, 견적서, 청구서 등 평소 거래 시 빈번하게 주고받는 문서

② 특수 문서

독촉문, 항의문, 사과문 등 어떤 원인에 의해 발생하는 문제의 처리를 목적으로 작성되는 문서

### 2) 거래문서의 작성요령

① 내용의 취지를 명확하게 언급함으로써 전달하고자 하는 뜻을 정확하게 표현한다.

② 인사말은 간결하면서도 상대방에게 호감을 줄 수 있는 단어를 선택한다.

③ 날짜, 금액, 수량, 소재지, 전화번호, 품목번호 등 숫자는 확인을 거친 후 정확히 쓴다. 특히 금전관계는 신중하고 명확하게 작성한다.

④ 주문서의 경우 조건, 즉 품명, 품질, 규격, 수량, 가격, 납기, 납입방법, 납품장소, 지급조건, 기타 요구사항을 분명하게 쓴다.

⑤ 핵심사항은 선이나 기호, 부호를 활용하여 정리한다.

⑥ 초안 작성 후 중요사항의 누락이나 오탈자가 없는지 확인 점검한 후 발송한다.

⑦ 거래문서는 거래사실을 입증하는 중요한 자료로서 후일 분쟁발생 시 증빙자료로 활용될 수 있으므로 사실에 근거하여 명확하게 작성하고 기명날인하는 경우가 일반적이다. 그리고 반드시 복사본을 보관하도록 한다.

**＊ 거래문서의 서식관리**

회사에서 자주 사용하는 견적서, 주문서 등의 서식을 서식파일로 저장하여 사용함으로써 정확하고 신속하게 거래업무를 처리할 수 있다.

〈서식파일 만들기〉

- 한글프로그램의 경우 서식문서를 작성한 후 서식파일의 확장자인 '.hwt'로 문서를 저장한 후 문서마당 꾸러미에 등록하여 사용할 수 있다.
- MS Word 프로그램의 경우는 서식 문서를 서식파일의 확장자인 '.dot'로 저장한 후 서식으로 등록하여 사용 가능하다.

## 2 거래문서의 종류

### 1) 거래계약서

거래계약서는 계약의 필수 조건은 아니지만 거래처와 물품의 판매가 지속적으로 이루어지는 경우 후일 법적인 분쟁을 예방하거나 예기치 못한 손해를 방지하기 위한 자료로서 거래처와 계약서를 작성하는 것이 바람직하다.

### 2) 견본의뢰서

의뢰서는 상대방에게 필요한 사항을 부탁하거나 의뢰하는 문서이다. 상대방에게 부탁하는 성격을 가진 만큼 정성과 예절을 갖추어야 하며 상대방이 배려나 호의를 베풀어주기를 바라는 내용으로 설득력 있게 작성되어야 한다. 또한 이 문서는 상대방의 형편이나 사정을 감안하지 않고 일방적으로 자신의 요구를 제시하고 부탁하는 것이므로 거절당할 경우도 염두에 두어야 한다.

**〈카탈로그 의뢰서 예제〉**

구매 2015-021 2015년 3월 5일
한국제록스(주)
　영업부장 귀하

부산시 수영구 남천동 11-1
청람환경개발(주) 기술혁신팀
과장 김 남 철 (인)

**복사기 카탈로그 의뢰서**

귀사의 무궁한 발전을 기원합니다.
다름이 아니오라 ○○ 잡지 2월호에서 귀사의 복사기에 대한 광고를 보고 귀사 복사기의 최신 카탈로그를 저희에게 보내주실 것을 요청 드리고자 합니다. 저희는 2개월 이내에 복사기를 최소한 두 대 구입할 예정이오니 가능하시면 빠른 시일 내에 답신을 주시기를 부탁드립니다. 또한 현금 결제에 따른 할인도 제공하는지 여부를 알고자 합니다.

이상

〈견본 청구서 예제〉

구매 2014-255 2014년 9월 5일
서울시 영등포구 여의도동 60
대한테크노(주)
영업부 귀중

부산시 수영구 남천동 11-1
청람환경개발(주) 기술혁신팀
과장 김 남 철 (인)

## 견본청구서

귀사의 무궁한 발전을 기원합니다.
당사는 환경계측장치 전문생산업체입니다. 지난 8월 국제환경장치산업전에 전시한 귀사의 제품을 접하고 이렇게 서면으로 연락을 드리게 되었습니다. 그동안 석면측정기기 분야에서 우수한 품질의 석면필터가 국내에서 개발되기를 기다려 오던 중에 귀사의 석면필터제품 출시 소식은 당사로서는 상당히 반가운 일이었습니다.
귀사의 제품이 당사의 관련 제품 시방서에 부합하는지 확인 후 귀사의 제품을 이용하고자 합니다. 번거로우시더라도 현물 견본(일회용 석면필터)과 제품 카탈로그, 가격표 등을 송부하여 주시기를 부탁드립니다. 또한 견본 대금이 필요하시다면 금액을 알려주시면 당사에서 지불하도록 하겠습니다.

이상

### 3) 견적의뢰서

의뢰서를 작성할 때는 육하원칙에 따라 명확하게 전달한다. 견적의뢰서의 내용은 상대방이 쉽게 답변할 수 있도록 상세히 구체적으로 요청하고 상대방에게 정보제공에 대한 동기를 부여할 수 있는 이유를 제시한다. 견적의뢰서의 작성 시 견적서를 받고 싶다고 기재하고 향후 구입 전망에 대해서도 언급함으로써 유리한 조건을 이끌어내도록 한다.

견적에 필요한 사항(품명, 품질, 수량, 납기일, 인도장소, 운송방법, 운임 등의 경비부담과 지급방법 등)을 구체적으로 명시하여 작성한다. 견적을 요청할 때는 요청자의 요구사항에 대해 공급자가 혼동이 없도록 세부적으로 기재한다.

〈견적의뢰서 예제〉

구매 2014-260　　　　　　　　　　　　　　　　　　　2014년 9월 30일

서울시 영등포구 여의도동 60

대한테크노(주)

영업부 귀중

청람환경개발(주) 기술혁신팀

부장 김 남 철 (인)

## 견적의뢰서

귀사의 무궁한 발전을 기원합니다.

앞서 송부해 주신 카탈로그의 제품 중 석면샘플러와 석면필터를 매입하고자 합니다. 그에 관해서 아래 조건에 따른 가격을 10월 5일까지 확정 견적으로 제시해 주시면 대단히 감사하겠습니다.

또한 대량 구매에 따른 가격 할인이 가능한지 여부와 이의 기준이 되는 수량을 상세히 명시해 주시면 고맙겠습니다.

아　래

1. 견적상품의 품목 및 수량
   가. 석면샘플러(상품번호 AS-100) : 10대
   나. 일회용 석면샘플러(상품번호 AS-520) : 5대
   다. 일회용 석면필터 25mm(상품번호 FS-520) : 5상자(총 60개)

2. 거래조건
   가. 납 기 일 : 2014년 10월 30일
   나. 인도장소 : 당사 기술혁신팀
   다. 지불조건 : 물건 도착 후 현금 지불
   라. 운송방법 및 운임제비용 : 귀사 일임(귀사 부담)

이상

### 4) 견적서

견적서는 공급자가 발주자에게 공급 가능한 내용 및 제반내용을 적산형태로 기술하여 제출하는 문서를 말한다. 견적서는 발주자의 요구에 따라 공급자가 제공 가능한 최종가격을 제시하는 문서로서 상거래의 필수 문서라고 할 수 있다. 공급자는 견적요청을 받은 후 빠른 시일 내에 상대방이 제시한 모든 사항 및 조건과 유효기간이 포함되어 있는 견적을 제공한다.

참고 **견적서를 구성하는 주요 내용**

- **공급자 표제부분**
  공급자의 주소, 전화, 사업자 표기, 대표자 성명 등
  견적서의 근거 명시
  견적서의 발행일자 및 발행번호
  합계금액란 : 판매원가에 부가가치세를 더한 금액을 한글(또는 한자)과 숫자로 기입

- **문내용**
  각 품목 명시
  품명란 : 견적을 의뢰받은 물품명 기입
  공급가액란 : 부가가치세를 제외한 실질판매원가 기입
  (최소단위 및 규격, 산출수량, 적용기준, 품목 합계)
  세액란 : 부가가치세액을 기입
  합계란 : 견적액의 총합계액을 기입

〈견적서 예제〉

# 見 積 書

NO. 533

부산시 수영구 남천동 11-1
淸覽環境開發株式會社 貴下

2014年 10月 5日

아래와 같이 견적합니다.

大韓테크노株式會社
代表 韓 英 洙 ㊞

서울시 영등포구 여의도동 60

Tel : (02)576-0909
Fax : (02)576-0915
제1공장 : (02)313-6768

合計金 : 六百壹拾參萬貳千五百 원 (₩6,132,500)

| 品名 및 商品番號 | 規格 | 數量 | 單價 | 供給價格 | 備考 |
|---|---|---|---|---|---|
| 1. 석면샘플러 (상품번호 AS-100) | | 10 | 455,000 | 4,550,000 | |
| 2. 일회용 석면샘플러 (상품번호 AS-520) | | 5 | 100,000 | 500,000 | |
| 3. 일회용 석면필터 25mm (상품번호 FS-520) | box | 7 | 75,000 | 525,000 | |
| V.A.T.(10%) | | | | 557,500 | |
| | | | | | |
| | | | | | |
| | | | | | |
| 合 計 | | | | 6,132,500 | |

見積書 有效期間 : 6個月

支佛條件 : 1. 물건 도착 후 현금 지급
2. 운임제비용(300,000원) 당사부담

納期期日 : 2014. 10. 30.

## 5) 주문서

특정 상품 또는 용역의 구매와 관련하여 구매업체가 제공하는 문서로서 물품 등을 주문하는 데 관련한 여러 가지 내용을 포함한다. 주문서는 일반적으로 계약서와 동일한 효력을 갖는다. 주문서의 내용에는 주문서번호, 주문일자, 주문자 정보, 주문물품, 운송선택, 납품장소, 납품기일, 지불방식 및 조건, 검사방법 및 특이사항 등을 기재한다.

**〈주문서 예제〉**

구매 2014-255 2014년 9월 5일

서울시 영등포구 여의도동 60

대한테크노(주)

영업부 귀중

기술혁신팀 부장 김 남 철 (인)

**주 문 서**

귀사의 업무협조에 감사드리며 일익 번영하심을 축하드립니다.

귀사의 제품을 아래와 같이 주문하오니 처리하여 주시기 바랍니다.

아 래

1. 주문상품의 수량 및 단가

| 번호 | 상품명 | 상품번호 | 단가 | 수량 |
|---|---|---|---|---|
| 1 | 석면샘플러 | AS-100 | 455,000 | 10 |
| 2 | 일회용 석면샘플러 | AS-520 | 100,000 | 5 |
| 3 | 일회용 석면필터 25mm | FS-520 | 75,000 | 7* |

＊Box 단위(1 box=12개)

2. 납입기일 : 2014년 10월 30일(목)까지
3. 납품장소 : 당사 기술혁신팀
4. 지불조건 : 물건 도착 후 현금 지불
5. 운임에 관한 모든 부담 : 귀사 부담

이상

## 6) 신용장(Letter of Credit)

주로 해외기업과의 거래 시 주문단계 후 공급업체(수출자)가 신용장개설신청서를 보내고 주문자(수입자)는 이를 토대로 신용장을 개설한다. 신용장은 은행이 거래처의 요청으로 신용을 보증하기 위해 발행하는 증서로서 상업신용장은 수입업자의 거래은행이 수입업자의 의뢰에 따라 작성한다.

신용장을 이용한 거래를 통해 공급업체(수출자)는 대금지급을 보장하고 계약이행을 용이하게 하며 수출대금을 조기회수하고 금융혜택을 받을 수 있으며 주문자(수입업자)는 원하는 시기에 상품을 수입할 수 있다. 신용장 수수료는 신용장 금액, 기간, 개설은행, 수입자의 신용도, 담보 등에 따라 다를 수 있다.

### (1) 신용장 거래 시 검토사항

① **신용장 자체 내용** : 신용장 거래의 당사자, 개설일자, 개설장소, 유효기간, 유효장소, 신용장 금액 등

② **선적에 관한 내용** : 선적일자, 선적방법, 운송구간

### (2) 신용장 방식에 따른 거래흐름

개설된 신용장은 통지은행을 통해 수출자에게 전달되며 수출자는 자신의 거래은행을 통지은행으로 지정해서 수입자에게 통보함으로써 자신의 거래은행을 통해서 신용장을 통지받는 것이 일반적이다.

* 신용장 흐름도

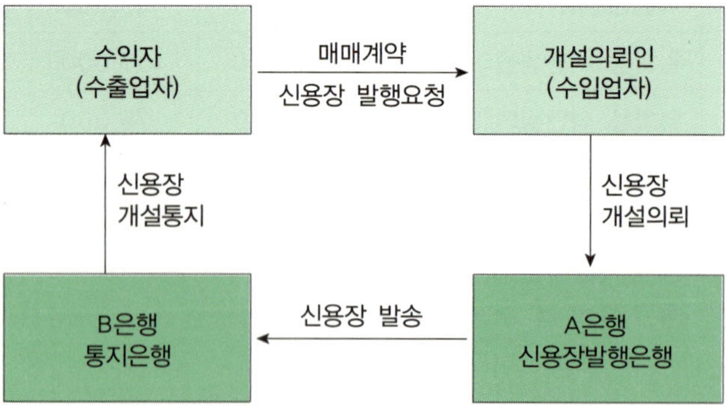

# 취소불능화환신용장발행신청서
(Application for Irrevocable Documentary Credit)

OO은행 부점장 앞

<table>
<tr><td colspan="2">고객번호</td><td colspan="3"></td></tr>
<tr><td colspan="2" rowspan="2">Applicant(수입자)</td><td colspan="3">Credit number(신용장번호)</td></tr>
<tr><td colspan="3">Date and place of expiry<br>(신용장 유효기간)</td></tr>
<tr><td rowspan="2">Advising Bank(신용장 통지은행)</td><td rowspan="2">Swift code</td><td colspan="3">Beneficiary(수출자)<br>(Tel :<br>Fax : )</td></tr>
<tr><td>Amount<br>(결제금액)</td><td>Transferable<br>(신용장 양도가능)</td><td>☐ Y<br>☐ N</td></tr>
<tr><td>Partial shipments(분할선적)<br>☐ allowed ☐ not allowed</td><td>Transhipment(환적허용)<br>☐allowed ☐ not allowed</td><td colspan="3" rowspan="2">Credit available by – 거래조건<br>☐ Negotiation(매입)<br>☐ Acceptance(인수)<br>☐ Sight payment(일람지급)<br>☐ Deferred payment(연지급) at drawn on (Usance L/C only : ☐ banker's ☐ shipper's ☐ domestic)</td></tr>
<tr><td colspan="2">Place of taking in charge(물품인수장소) :<br>Port of loading/airport of departure(선적장소) :<br>Port of discharge/airport of destination(하역장소) :<br>Place of final destination(최종목적지) :</td></tr>
</table>

Documents required(요구 서류목록)
- ☐ Signed commercial invoice in triplicate.(상업송장)
- ☐ Full set of clean on board ocean bills of lading(선하증권 전통)
- ☐ Full set of clean multimodal transport document(복합운송선하증권 전통)
- ☐ Airway bills(항공화물운송장)
- ☐ Insurance policy or certificate in duplicate, endorsed in blank for 110% of invoice value (송장 가격의 110%를 보상하는 보험증빙서류)
- ☐ Packing list in triplicate(포장명세서)
- ☐ Certificate of origin in triplicate(원산지증명서)
- ☐ Other documents(기타 서류)

Covering

| H.S Code | Description of Goods(제품 내용) | Quantity(수량) |
|---|---|---|
| | | |
| Country of origin(원산지): | | Price terms(가격조건): |

Special conditions:(추가 조건사항)

All banking commissions and charges outside Korea, plus reimbursing charges, are for account of ☐ Beneficiary ☐ Applicant (은행수수료와 소요비용 부담)

Confirmation charge is for account of ☐ Beneficiary ☐ Applicant(확인서 비용부담)

Documents to be presented within days after the date of shipment but within the validity of the credit.(요구서류제출기한)

Reimbursements under this Credit are subject to the Uniform Rules for Bank-to-Bank Reimbursements under Documentary Credits, ICC Publication No. 525.(국제상업회의소 525 은행간 화환신용장의 대금지급 규칙에 따름)

위와 같이 신용장발행을 신청함에 있어서 따로 제출한 외국환거래약정서의 해당조항에 따를 것을 확약하며 아울러 위 수입화물에 관한 모든 권리를 귀행에 양도하겠습니다.

년 월 일

<table>
<tr><td rowspan="2">지급보증</td><td>금 액</td><td></td></tr>
<tr><td>일 자</td><td></td></tr>
</table>

| 인감대조 |
|---|
| |

# 내국신용장발행신청서

<table>
<tr><td colspan="2">○ 일람불 ⊙ 기한부</td><td colspan="3">고객번호 :</td></tr>
<tr><td colspan="2">**취 소 불 능 내 국 신 용 장**</td><td colspan="3">신용장번호 :</td></tr>
<tr><td colspan="2">개설신청인(상호,주소,대표자,전화)</td><td colspan="3">결제통화 및 금액<br>○원 화 ₩<br>○외 화<br>○원 화 ₩<br>○외화금액</td></tr>
<tr><td colspan="2">수혜자(상호,주소,대표자,전화)</td><td colspan="2">물품인도기일</td><td>유효기일</td></tr>
<tr><td colspan="5">형식 : 수혜자가 신용장 금액을 한도로 하여 물품대금전액을 어음금액으로 하고 본인(당사)을 지급인, 귀행을 지급장소로 하는 일람출금환어음 발행함을 허용하는 신용장<br>제출서류 : ○ 물품 수령증명서 통 ○ 공급자발행 세금계산서 사본 통<br>○ 기 타</td></tr>
<tr><td colspan="5">공 급 물 품 명 세</td></tr>
<tr><td>H.S부호</td><td>품명 및 규격</td><td>단위 및 수량</td><td>단가</td><td>금액</td></tr>
<tr><td></td><td></td><td></td><td></td><td></td></tr>
<tr><td colspan="2">분할인도 : ○허용함 ⊙불허함</td><td colspan="3">서류제시기간 : 물품수령증명서 발급일로부터 영업일 이내</td></tr>
<tr><td colspan="2">기타</td><td colspan="3">용도</td></tr>
<tr><td colspan="5">원수출신용장 등의 내용</td></tr>
<tr><td>개설근거</td><td colspan="4">○ 수출 L/C ○ D/A ○ D/P ○ 외환표시물품 공급계약서<br>○ 기타 수출관련계약서 ○ 내국신용장 ○ 과거 수출실적</td></tr>
<tr><td colspan="2">신용장(계약서)번호</td><td colspan="3"></td></tr>
</table>

위와 같이 내국신용장발행을 신청함에 있어서 따로 제출한 외국환거래약정서의 해당조항에 따를 것을 확약하며 아울러 위 구매물품에 관한 모든 권리를 귀행에 양도하겠습니다.

| 인감대조 |
|---|
| |

년 월 일

**OO은행 부점장 앞**

<table>
<tr><td rowspan="2">지급보증</td><td>금 액</td><td></td></tr>
<tr><td>일 자</td><td></td></tr>
</table>

신청인: (인)
주 소:

### 7) 물품수령확인서 · 송장 · 청구서

송장은 매매계약의 조건을 정당하게 이행했다는 의미의 판매자가 구매자에게 보내는 내용명세서로서 물품의 송화인으로부터 수화인에게 송하의 특성, 내용, 명세, 계산관계를 상세하고 정확하게 통지하는 문서이다. 이를 납품명세서라고도 한다. 송장은 일련번호, 송장번호, 발송자, 인수자, 확인자, 품명, 수량, 단가, 금액 등으로 구성한다. 송장의 약식 문서로 물품수령확인서를 작성하여 회사 내외부로부터 물품을 수령했다는 사실을 증명하기 위해 이를 사용할 수 있다.

외상거래의 경우 대금지급에 맞추어 거래처에게 청구서를 보내며 대금 수취 시 판매자는 구매자로부터 대금의 수령과 함께 입금표를 발행한다.

*** 물품수령확인서 작성 시 유의사항**

1. 물품수령확인서는 관련세금계산서 건별로 대응하여 발급함.
3. 물품수령확인서는 공급자발행 세금계산서상의 발급일로부터 10일 이내에 발급함.
4. 물품수령확인서상의 물품수령인의 서명 또는 인감은 구매확인서의 발급신청 시 신고할 인감과 일치하여야 함.
5. 물품수령확인서의 물품명세는 발급될 구매확인서의 물품명세와 일치하여야 함.

**〈물품수령확인서 예제〉**

(업 체 명)

<table>
<tr><td colspan="5">구 매 확 인 서 물 품 수 령 확 인 서<br>(발급번호 : )</td></tr>
<tr><td>물 품 공 급 자</td><td colspan="4"></td></tr>
<tr><td>물 품 인 수 일 자</td><td colspan="2"></td><td>물 품 인 수 금 액</td><td></td></tr>
<tr><td rowspan="2">인 수 물 품 명 세</td><td>(품 명)</td><td>(수 량)</td><td>(단 가)</td><td>(금 액)</td></tr>
<tr><td></td><td></td><td></td><td></td></tr>
<tr><td colspan="5">위 물품을 틀림없이 수령하였음을 증명함<br><br>발급일자 : 20 년 월 일<br>물품수령인 (인)</td></tr>
</table>

### 8) 통지문

#### (1) 상품발송통지문(출하통지문)

상품발송통지문은 상대방에게 주문한 물품이 발송된 것을 통보하는 문서로서 발송물품에 관한 정보를 정확히 기재하고 상품을 주문한 상대방에게 진심어린 감사의 글을 전한다. 도착 후 물품에 대한 검수나 물품수령증 확인을 부탁함으로써 상대방에게 상품의 품질에 대해 끝까지 책임지는 태도를 표현하도록 한다.

물품수령증에는 상품 도착일자, 운송수단, 상품내용, 수량 등이 정확히 기재되어야 한다.

**〈상품발송통지문 예제〉**

**석면샘플러 출하 통지**

귀사의 날로 번창하심을 기원합니다.
다름이 아니오라 지난 10월 30일자 주문서 ○○○호로 주문하신 석면샘플러 및 필터를 금일 대한운수의 택배 편으로 발송하였음을 알려드리고자 합니다.
번거로우시겠지만 상품이 도착하면 검수를 하시고 동봉한 물품수령증에 서명하셔서 해당 택배 편에 반송해 주시면 감사하겠습니다.
다시 한 번 저희 제품을 이용해 주신 귀사의 관심과 배려에 진심으로 감사드립니다.

이상

#### (2) 송금통지문

입금·송금통지문은 확인의 역할을 하는 통보의 성격을 가지고 상대방에게 분명하게 전달되어야 한다.

상품대금을 상대방에게 송금하는 경우에는 송금액과 어떤 상품의 결제금액인지, 몇 월분 대금인지 등을 분명히 밝혀야 한다. 내용 구성은 먼저 첫인사말을 간단히 쓴 다음 상대방의 관심과 후원에 감사의 마음을 표현한다. 본문에는 송금내역을 상세히 전달하고 영수증에 대한 절차를 의뢰하도록 한다.

〈송금통지문 예제〉

| 송금통지문 |
|---|
| 결실의 계절을 맞이하여 귀사의 날로 번창하심을 기원합니다.<br>다름이 아니오라 지난 10월 30일자로 당사에 납품한 석면샘플러 및 필터에 대한 대금 송금에 관해 알려드리고자 합니다. 10월 30일자 발행의 대금청구서로 청구하신 금액을 금일 신한은행 여의도지점에 개설된 귀사의 계좌로 입금하였습니다.<br>아울러 입금 여부를 확인하신 후 빠른 시일 내에 영수증을 보내주실 것을 부탁드립니다.<br>이상 |

### (3) 상품반송통지문

어떤 목적으로 상품을 받았지만 제품의 하자, 유통기한 만료, 주문제품과는 다른 제품의 도착 등 이를 접수하기 곤란한 경우가 있다. 또 상대방이 일방적으로 상품을 보내오는 경우도 있는데 이러한 경우에는 정중하고 신속하게 반송해야 문제가 발생하지 않는다. 반송통지문 작성 시 상품의 명칭, 종류, 개수 등에 대해 기록하고 본문에는 반송의 취지를 간략하게 서술한다.

〈상품반송통지문 예제〉

| 석면샘플러 반송통지문 |
|---|
| 귀사의 무궁한 발전을 기원합니다.<br>다름이 아니오라 지난 10월 30일자(송장번호 2014-00)로 보내주신 석면샘플러 중 1개에서 하자가 발견되어 유감스럽게도 반송함을 알려드립니다.<br>이에 따라 10월 30일 보내주신 제품 중 석면샘플러 제품번호 ○○○의 일부 부품이 파손되어 있기에 부득이 반송하오니 이를 확인하여 주시기 바랍니다.<br>이상 |

### 9) (물품대금 청구의) 독촉문 · 사과문

청구금액 및 청구 내용에서는 물품의 매매사실과 날짜 및 물품의 종류, 가격 등을 명확하게 기재하고 청구금액을 확정하여 기재해야 한다. 또한 청구금액을 언제까지 변제해야 할 것인가를 정하고 이 특정일까지 변제하지 않을 경우 법적 조치를 취할 수 있음을 명시하여 추가로 금전적 손실이 있을 수 있음을 알린다.

**〈사과문 예제〉**

> 귀사의 5월 10일 주문이 일주일 지연되었음을 알려드리게 되어 죄송합니다.
> 화물연대 소속 트럭 운전사들의 파업에 따라 현재 배송이 지연되고 있습니다. 현재 새로운 운송업자를 찾았으니 귀사가 주문하신 물품이 5일 안에 도착할 것입니다.
> 이 일로 불편을 끼쳐 드리게 되어 사과드리며 지연으로 심각한 불편이 초래되지 않기를 진심으로 바랍니다.
> 귀사의 관대함과 이해심에 미리 감사드리며 앞으로도 계속 귀사와 거래할 수 있기를 바랍니다.

### 10) 거절문

거절문은 상대의 의뢰나 요청 등에 대해 거절의 의사를 표현하는 문서로서 문서의 성격상 상대방의 감정이 상하지 않도록 거절한 이유에 대해 정중하고 설득력 있게 작성하도록 한다.

#### (1) 거절문 작성 시 유의사항

① 비즈니스상에서 발생한 거절의 상황일 경우는 계절인사 등은 생략하고 대신 형식적인 어구로 시작한다. 그리고 앞으로의 지속적인 거래를 희망한다는 내용이 중요하므로 정중하고 간결하게 표현한다.

② 거절하는 의사를 분명하게 명시하며 거절하는 것이므로 빨리 회신한다.

③ 애매한 표현은 상대방이 막연한 기대를 하거나 승낙으로 받아들일 수 있으므로 거절의 의사를 분명히 한다. 거절의 이유를 상대방이 이해할 수 있도록 구체적으로 기술한다.

④ 상대방의 감정을 고려하여 정중하고 미안한 마음을 써야 한다. '거절합니다'라는

직접적인 표현보다 '사양합니다,' '기대에 부응하지 못해 죄송합니다' 등의 완곡한 표현을 사용하는 편이 바람직하다.

⑤ 맺음말은 긍정적이고 미래지향적인 내용으로 마친다. 상대방과 다시 거래를 맺지 않더라도 적어도 상대방의 밝은 미래를 빌어주는 것이 바람직하다.

### (2) 거절할 때 사용하는 문구

① 도움이 되었으면 좋을 것이라고 생각하지만

② 모처럼 제의를 해주셨는데

③ 정말로 유감스럽지만

④ 부끄러운 일이지만 힘이 모자라서

〈거절장 예제 1〉

**가격인상요청에 대한 거절**

결실의 계절을 맞이하여 귀사의 날로 번창하심을 기원합니다.
지난 번 석면측정기기제품 할인율 인상에 대한 귀사의 요청에 대하여 당사는 신중히 검토해 보았습니다. 최근 재료원가의 인상에 따라 제품단가도 상승된 상황에서 석면측정기기제품 할인율 인상에 대한 귀사의 요청에 따를 수 없음을 알려드립니다.
귀사께서도 알고 계시겠지만, 석면측정기기의 주요 재료인 ○○○는 일본 제품으로 전량 수입하여 생산하고 있습니다. 안타깝게도 작년 말부터 국제원가의 상승으로 당사의 ○○○ 수입단가에도 지대한 영향을 미치고 있습니다. 현시점에서 제품가격의 인상이 요구되지만 그동안 귀사와 유지해온 오랜 거래관계를 충분히 감안하여 현 제품단가를 유지하기로 하였습니다.
석면측정기기제품의 할인율 인상에 대한 귀사의 기대에 부응하지 못해 죄송스러운 마음이며 당사의 어려운 사정을 감안하시어 너그럽게 이해해 주시기 바랍니다.

〈거절장 예제 2〉

| 연구회 입회 권유에 대하여 |
|---|
| 귀 연구회의 발전을 기원합니다.<br>아시아경제연구회의 입회를 제안해 주셔서 진심으로 감사드립니다. 귀 연구회의 활발한 연구활동은 익히 알고 있으며 저에게는 각계의 일선에서 활약하고 계신 분들과의 유익한 교류의 시간을 가질 수 있는 귀한 자리가 되리라 생각합니다.<br>모처럼 제의해 주신 데 대하여 정말로 송구스럽게 생각하지만, 이번에는 입회를 하지 못하게 된 점을 이해해 주시기 바랍니다. 현재로서는 업무 사정상 해외출장이 빈번하여 모임에 참석하기 어려울 것으로 예상되기 때문입니다. 차후 근무상황이 바뀌어 귀 연구회의 활동에 동참할 수 있는 기회를 갖기를 바랍니다.<br>베풀어 주신 호의에 진심으로 감사드리며 앞으로도 좋은 일이 있으면 꼭 연락해 주실 것을 부탁드립니다. |

## 3 e-mail을 이용한 커뮤니케이션

이메일을 이용한 커뮤니케이션은 문자로 전달되고 보존해 둘 수 있기 때문에 정보를 정확히 전달할 수 있는 이점이 있다. 하지만 부정적 정보가 수신자에게 정확히 전달되면서 반복적으로 읽어 볼 수 있기 때문에 분쟁이 발생하기 쉽다. 따라서 메일은 가능한 한 일정 확인, 정보의 전달, 정리 및 확인, 긍정적 주제에 대한 토론 등 오해의 소지가 없는 커뮤니케이션에 한정해서 사용한다.

### 1) 이메일 작성요령

#### (1) 개인메일 주소 설정 및 주소록 관리

자신의 개인 메일 주소의 아이디를 설정할 경우는 업무상 적합한 내용으로 설정한다. 너무 가벼워 이미지가 손상되지 않고, 어렵거나 너무 길지 않게 설정하는 것이 바람직하다. 주소록에 수신인의 성명을 입력할 경우는 성명 뒤에 직함 및 경칭을 함께 입력하도록 한다.

### (2) 수신인 표현법

수신인이 여러 명일 경우 수신인 모두를 수신인명에 입력하지 않고 가능하면 개별적으로 요청하도록 한다. 이는 수신인의 메일 주소가 다른 사람들에게 노출되지 않도록 주의함은 물론 단체메일로 보낸 경우보다 개별메일로 보낸 경우 보다 신속한 수신인의 피드백을 기대할 수 있기 때문이다.

수신인과 참조인을 구분하여 표시하며 비밀 참조인을 포함할 경우 오해의 소지가 없도록 주의한다.

### (3) 제목 표기법

제목은 구체적으로 수신자가 내용을 대충이라도 짐작할 수 있도록 또렷하고 간결하게 작성한다. 답신 표기인 'Re'의 사용은 상대방에게 관련 메일을 확인할 수 있는 효과적인 제목일 수 있지만 3회 이상(Re:Re:Re) 상호답신이 있은 경우는 새로운 제목을 기입해서 보내도록 한다. 제목만 표시하고 본문내용은 아무 내용이 없는 메일은 보내지 않도록 한다.

### (4) 본문내용 작성법

이메일을 작성할 때는 상대방이 누구든지 어느 상황에서도 어조는 정중하게 표현한다. 보낸 사람에게 악의가 없었더라도 글에 따라서 오해를 초래할 수 있기 때문이다.

한 화면에 내용 전체가 나타나도록 짧게 쓴다. 가장 효율적이고 적절한 이메일의 양은 스크린을 벗어나지 않는 것이 적당하다. 상대방이 화면을 스크롤(scroll)하지 않고 파악할 수 있는 양을 말한다. 불필요한 내용을 생략하고 이메일 하나에 한 주제만 쓰는 것이 그 요령이다. 간결하면서 명확히 작성된 메일은 바쁜 업무 중인 상대방을 배려하는 것일 수 있다.

번호와 기호로 내용의 골격을 세우고 핵심 내용부터 써서 수신인에게 내용을 정확히 전달한다.

### (5) 파일 첨부

본문내용을 보충할 첨부자료로 붙임 파일을 함께 발송할 경우 파일을 보내기 전 파일 관리에 주의하도록 한다. 파일명으로 관련 자료임을 파악할 수 있도록 메일내용에 적절한 이름으로 저장한다. 또한 수신인이 파일 관리하기에 적합한 이름을 사용하는 것이 좋다. 붙임 파일의 목록이 많아서 다운로드 받기에 불편함이 예상되면 압축파일로 변환하여 이를 발송하도록 한다. 파일용량이 너무 클 경우는 이를 최소화하여 첨부한다.

### (6) 메일 발송시간

금요일 오후에 이메일을 보내는 것은 가능한 한 피하는 것이 좋다. 상대방이 월요일에 답변을 할 수도 있지만 퇴근 전에 부랴부랴 작성하는 경우가 생겨 답신이 만족스럽지 않을 수 있기 때문이다.

# Chapter 7 거래문서 작성 실습하기

## [문제 1] 거래의뢰서 작성하기

- 문서번호 : 구매 2014-123
- 발신연월일 : 2014년 11월 20일
- 발신 : 부산시 부산진구 초량동 3 도서출판 해운서림
- 수신 : 서울시 마포구 독막로 288 도서출판 청람 영업부 김철수 부장
- 제목 : 상거래 신청 의뢰
- 내용

**※ 다음의 본문내용을 기초로 3단락으로 정리하여 작성하시오.**

| 부산 중심지에 위치한 해운서림은 컴퓨터 전문서점으로 전국 각지의 출판사에서 출간되는 컴퓨터 서적만을 전문적으로 취급하여 판매하는 서점이다. 이번에 새로 도서출판 청람과 거래를 맺기를 희망하고 있다. 참고로 해운서림의 신용상태는 부산상공회의소나 신한은행 해운대지점에 의뢰하여 조회할 수 있음을 안내한다. 도서출판 청람에서 해운서림과 거래를 맺기를 원한다면 빠른 시일 내에 통보해 줄 것을 요청한다. |
|---|

**※ 다음의 내용을 별기부분으로 작성하시오.**

| 거래조건으로 대금은 물품 도착 후 60일 이내에 현금으로 지급하며 배송비는 해운서림에서 부담하기로 제안한다. 이 외의 자세한 거래조건은 도서출판 청람과 협의하여 결정하기로 한다. 붙임으로 해운서림의 사업자등록증 복사본 1부와 출간도서목록 2부를 보낸다. |
|---|

## [문제 2] 거래절차에 따른 거래문서 작성하기

아래 내용은 청람사무기기(주)와 경기상사의 거래과정을 나타내고 있다. 이 과정에서 필요한 거래문서의 종류를 이해하고 작성해 보자.

| | |
|---|---|
| 경기상사 | 주 소 : 경기도 용인시 처인구 포곡읍 가실리 13 |
| 청람사무기기(주) | 주 소 : 서울시 마포구 공덕동 100 |
| | 연락처 : TEL (02)715-3355 / FAX (02)715-3300 |

### ※ 견적의뢰서 작성하기

경기상사의 기획총무부 유명철 과장은 청람사무기기(주) 영업부에 아래 제품에 대한 견적을 의뢰한다.

견적요청 목록 : 문서세단기(5대)/열제본기(5대)/라벨프린터(2대)

### ※ 견적서 작성하기

청람사무기기(주) 영업부 김철수 부장은 경기상사의 견적의뢰서에 따라 견적서를 작성하여 발송한다. 부가가치세는 총액의 10% 적용이 되며 운임비용(200,000원)은 청람사무기기(주)에서 부담한다. 물품대금은 물건 도착 후 현금으로 지불할 것을 조건으로 한다.

견적제품 단가 : 문서세단기(단가 241,000원)/열제본기(단가 233,000원)
라벨프린터(단가 425,000원)

### ※ 주문서 작성하기

청람사무기기(주)의 견적서를 받은 후 경기상사의 기획총무부 유명철 과장은 해당 제품 구입을 위한 내부 기안문을 작성한 후 결재를 받는다. 결재완료 후 청람사무기기(주)에 주문서를 작성하여 발송한다.

## [문제 3] 편지병합기능을 활용한 조회문 작성하기

**※ 아래 내용으로 원본 편지글을 작성한다.**

영업 2014-318　　　　　　　　　　　　　　　　　　　　2014년 9월 20일
[회사주소]
[회사명] [부서명]
[직위] [고객명] 귀하

청람사무기기(주) 영업부
부장 김 철 수 (인)

# 미납대금 잔액 조회

[고객명] [직위]님의 번영을 기원하며 평소의 성원에 깊이 감사드립니다.
귀하에 대한 당사의 외상대금 잔액을 아래와 같이 알려드리오니 귀하의 자료와 대조하시어 내용을 확인하여 주시기 바랍니다.
아울러 바쁘신 가운데 번거로움을 끼쳐드려 죄송하지만 당사의 사정을 감안하여 빠른 시일 내에 대금을 납부하여 주시길 부탁드립니다.

아　　래

1. 고객정보 : [고객명]([회사명])
2. 송장번호 : [송장번호]
3. 납품일자 : [납품일자]
3. 상품정보

| 번호 | 상품명 | 단가 | 수량 | 금액 |
|---|---|---|---|---|
| [번호1] | [상품명1] | [단가1] | [수량1] | [금액1] |
| [번호2] | [상품명2] | [단가2] | [수량2] | [금액2] |
| [번호3] | [상품명3] | [단가3] | [수량3] | [금액3] |
| V.A.T. | | | | [VAT] |
| 합계 | | | | [총액] |

4. 미납금액 : [총액]원(2014년 9월 20일 현재)

이 상

## [문제 3 데이터 파일] 편지병합기능을 활용한 조회문 작성하기

| 구분 | 고객1 | 고객2 | 고객3 |
|---|---|---|---|
| 고객명 | 박선기 | 김성진 | 유명철 |
| 직위 | 과장 | 부장 | 과장 |
| 부서명 | 구매부 | 총무부 | 기획총무부 |
| 회사명 | 부산무역 | 서울무역 | 경기상사 |
| 회사주소 | 부산직할시 남구 대연동 72 | 서울시 서대문구 대현동 11 | 경기도 용인시 처인구 포곡읍 가실리 13 |
| 우편번호 | [각자검색] | [각자검색] | [각자검색] |
| 송장번호 | 2014-133 | 2014-95 | 2014-103 |
| 납품일자 | 2014. 5. 10 | 2014. 3. 5 | 2014. 3. 17 |
| 번호1 | 1 | 1 | 1 |
| 상품명1 | 출퇴근기록기 | 라미네이터 | 문서세단기 |
| 단가1 | 517,000 | 452,000 | 241,000 |
| 수량1 | 4 | 2 | 5 |
| 금액1 | [각자계산] | [각자계산] | [각자계산] |
| 번호2 | 2 | 2 | 2 |
| 상품명2 | 출퇴근기록용지 | 라미네이팅필름 | 열제본기 |
| 단가2 | 15,000 | 23900 | 233000 |
| 수량2 | 20 | 7 | 5 |
| 금액2 | [각자계산] | [각자계산] | [각자계산] |
| 번호3 | 3 | | 3 |
| 상품명3 | 출퇴근용지카드함 | | 라벨프린터 |
| 단가3 | 25,000 | | 425,000 |
| 수량3 | 6 | | 2 |
| 금액3 | [각자계산] | | [각자계산] |
| V.A.T.(10%) | [각자계산] | [각자계산] | [각자계산] |
| 총액 | [각자계산] | [각자계산] | [각자계산] |

## [문제 4] 계산식을 이용한 견적서 작성하기

■ 수　신 : 이화문화재단 총무부장

■ 발　신 : 대림건설(주) 대표 박철수

(서울시 마포구 성산동 36-43/전화 333-0000 팩스 222-0000)

■ 발신일 : 2014년 12월 10일

■ 견적내용

1) 견적번호는 F07－003이다.
2) 견적유효기간은 3개월이다.
3) 지급조건으로 계약 시 20%, 기초완료 후 30%, 완공 후 50% 현금을 지급한다.
4) 공사기간은 계약 후 3개월 이내로 한다.

| 품명 | 규격 | 단위 | 수량 | 단가 |
|---|---|---|---|---|
| 1. 미장공사 | 시멘트 | 평 | 100 | 2,330 |
| 2. 바닥공사 | 와이어매쉬 | 평 | 100 | 8,000 |
| 3. 설비공사 | 석고보드 | 평 | 100 | 4,000 |
| 4. 노무비((미장공사+바닥공사)×5%) | | | | |
| 5. V.A.T.(전체 공사금액(1~4)×7%) | | | | |

## [문제 5] 계산식 기능을 활용한 견적서 작성하기

- 수신 : 대한문화재단 총무부장
- 발신 : 서울 네트워크시스템 대표 김 철 수
- 주소 : 서울시 강남구 도곡동 11-1
  (TEL : 3642-3188 / FAX : 3652-3190)
- 발신일 : 2014년 10월 20일

- 견적내용
  - 견적번호 : 2014-2155
  - 납품기일 : 2014년 11월 30일
  - 지급조건 ; 물품 및 용역 제공 후 60일 약속어음 지급
  - 견적품목

| | 수량 | 단가 | 총금액 |
|---|---|---|---|
| 1. 직접재료비 | 1 | 58,634,700 | 58,634,700 |
| 2. 직접노무비 | 1 | 37,623,000 | 37,623,000 |
| 3. 간접노무비<br>(2항목×13.8%) | 1 | | [각자계산] |
| 4. 일반관리비<br>((2+3항목)×6%) | 1 | | [각자계산] |
| 5. 기업이윤<br>((2+3+4항목)×10%) | | | [각자계산] |
| 6. V.A.T.(10%)<br>((2+3+4+5항목)×10%) | | | [각자계산] |

## [문제 6] 계산식 기능을 활용한 주문서 작성하기

■ 공급자 : 대흥산업(주) 대표 홍 길 동 (참조 : 구매부장)

■ 발주자 : 한남기계(주) 대표 장만석
서울시 마포구 공덕동 150
TEL (02)751－0001/FAX (02)751－0011

■ 주문사항

- 주문번호는 '2015－015'이다.
- 주문일자는 2015년 2월 10일로 한다.
- 물품대금은 월말 마감 후 익월 10일 대흥산업 신한은행 계좌로 송금한다.
- 납품기일은 2015년 3월 10일로 한다.
- 납품장소는 한남기계 부평공장 자재창고이다.

| 품명 | 규격 | 수량 | 단가 | 금액 |
|---|---|---|---|---|
| CV1 | bottle | 50 | 33,000 | [각자계산] |
| CV2 | bottle | 30 | 55,000 | [각자계산] |
| DV1 | box | 4 | 273,000 | [각자계산] |
| 포장용기(CV)<br>(CV1+CV2)×4% | | | | [각자계산] |
| 포장용기(DV)<br>(DV1)×4% | | | | [각자계산] |
| V.A.T.(10%)<br>제품총액(포장용기 포함)의 10% | | | | [각자계산] |

## [문제 6] 거절장 작성하기

**※ 초대에 대한 거절장 작성하기**

> 발신 : 현대기술개발(주) 전무 조남진
>
> 수신 : 미래산업(주) 대표이사 김상만
>
> 내용 : 2014년 12월 10일 개최예정인 미래산업(주) 창립 50주년기념 축하 리셉션에 해외출장 일정으로 행사에 참석할 수 없음을 알리는 내용

# Chapter 7 자격증 기출문제

**1. 다음은 비서들의 이메일 사용방법이다. 이메일 사용방법이 가장 적절하지 못한 비서는?** ◉ 2013. 2회 2급

① 김 비서 : 수신자인 전무님 외에 담당부서 임원, 총무팀, 담당자에게도 메일을 방송하기 위해 cc를 사용하였다.

② 박 비서 : 수신자 모르게 eeele@hotmail.com으로 메일을 보내기 위해 bcc를 사용하였다.

③ 송 비서 : outlook express의 주소록을 '내보내기' 하여 확장자를 wab 파일로 저장하였다.

④ 이 비서 : 메일 수신하는 이메일이 너무 많아서 sorting 기능을 사용하여 메일을 분류하였다.

**2. 박 비서는 대금기일을 넘긴 고객사 대표에게 대금납입 청구서를 보낸 후 그 내용을 증명하여 법률상의 요청사실에 대한 증거를 남기고자 한다. 이때 사용할 수 있는 우편 종류로 가장 적절한 것은?** ◉ 2012. 1회 2급

① 회람문서 ② 일부인
③ 등기 ④ 내용증명

**3. 보기 중 라벨 작업에 관한 설명이 가장 올바르지 않은 것은?** ◉ 2012. 2회 2급

① 발신자의 주소레이블을 페이지 전체에 반복하여 인쇄할 수 있다.

② 한글파일을 데이터 파일로 쓸 수 있다.

③ MS Outlook 주소록에 등록한 자료를 데이터 파일로 쓸 수 있다.

④ 프로그램에 라벨모델명이 등록되어 있어야만 사용할 수 있다.

**4. 부산에 위치한 상공산업 사장 비서는 광주에 있는 거래회사에 날인을 받기 위해 계약서 원본 2부를 발송하려고 한다. 이때 가장 올바르게 우편제도를 사용한 경우는?** ◉ 2014. 1회 1급

① 계약서의 내용을 법적으로 증명할 수 있도록 배달증명으로 발송하였다.

② 통화우편을 이용한 발송으로 계약서 내용상의 금액을 분명하게 하였다.

③ 일반우편물보다 빠른 전달과 등기우편취급을 위하여 특급우편으로 발송하였다.

④ 요금별납제도를 이용하여, 해당 우편요금을 한 달 후에 납부하였다.

Business to Business Documents Coaching

# 8 Chapter 법이 통하는 문서 만들기

1. 내용증명서
2. 계약서
3. 송무업무의 관리

Business to Business Documents Coaching

8 Chapter

# 법이 통하는 문서 만들기

## 1 내용증명서

내용증명이란 발송인이 수취인에게 "어떤 내용의 문서를 누가 누구에게 언제 발송했는가"를 우체국에서 공적으로 증명하는 특수취급우편제도(우편법 시행세칙 제46조)이다. 내용증명은 일정한 내용을 가진 문서를 발송했다는 증거가 되며 그 문서에 확정일자를 부여하는 효력이 있다. 법률상 후일 당사자 간의 분쟁이 생겼을 때를 대비하여 증거로서 이용된다. 내용증명은 증거보전의 필요시에 사용하고 또 하나는 상대편에게 심리적인 압박감을 주고자 할 때 작성한다.

### 1) 내용증명의 효력

#### (1) 시효중단의 효력

내용증명의 효력 중 가장 중요한 효력 중의 하나가 시효중단의 효력이다.

내용증명은 최고의 효력을 발생하여 6개월 동안 잠정적으로 시효의 완성을 중단시키는 효력이 있는 것이다

#### (2) 확정일자의 효력

채권양도통지와 같이 일정한 서류의 경우 확정일자가 필요한 경우가 있다. 확정일자는 그 문서를 작성한 날짜를 공인된 기관에서 확인하여 줌으로써 소급하여 위조문서를 작성하는 것을 방지하기 위한 제도이다. 따라서 내용증명의 경우 우체국에서 발송한 날짜가 그 문서의 확정일자가 되는 것이다. 따라서 확정일자를 확보하기 위한 경우 내용증명으로 발송하면 된다.

#### (3) 기타 내용증명의 사용

독촉장, 계약해제통보, 차용증을 대신한 증거자료, 내용증명에 대한 답변, 채권양도 통지 등 중요한 서신의 전달 등이 있다.

### 2) 내용증명의 작성 및 발송

#### (1) 내용증명의 작성

① 기준용지(A4크기, 210mm×297mm)를 사용하며 일반적으로 한쪽 면만을 사용하여 작성한다.

② 상대방에게 알리고자 하는 내용을 6하원칙에 따라 작성한다.

③ 서두와 끝부분에는 발신자와 수신자의 인적사항(성명, 주소 등)을 기재한다.

④ 내용문서가 2매 이상인 경우에는 각 장간에 간인을 날인한다.

#### (2) 내용증명의 발송

① 내용문서 원본 및 원본을 복사한 등본 2통을 제출한다.

② 문서의 원본은 수신인에게 발송하며 등본 중 한 통은 우체국에서 발송한 다음날부터 3년간 보관하고 나머지 한 통은 발송인에게 환부한다.

③ 접수우체국에서 내용문서 원본과 등본을 대조하여 부합함을 확인한 후 원본과 등본에 발송연월일, 내용증명발송내용, 우체국명을 기재하고 통신일부인을 찍는다.

④ 내용증명 취급수수료는 내용문서의 매수에 따라 계산하며 양면으로 기재한 경우는 이를 2매로 본다.

⑤ 신용카드로 체결한 청약을 해지할 목적으로 내용증명을 발송할 경우 내용 문서를 4부 제출한다(수신인발송용, 발송인보관용, 우체국보관용, 카드회사발송용).

**〈내용증명 우체국 소인 예제〉**

〈내용증명 발송문 예제〉

## 손해배상청구서

배상인 : 홍길동
주　소 : 서울시 강남구 도곡동 ○○(우편번호 ○○○-○○○)
청구인 : 김빛나
주　소 : 서울시 서대문구 대현동 ○○(우편번호 ○○○-○○○)

본인은 다음의 교통사고에 의해 기재한 바와 같이 상해 및 손해를 입었습니다. 이번 교통사고는 전적으로 귀하의 과실로 귀하의 차간 거리 미확보 및 전방 주시 소홀로 발생한 것입니다.

따라서 본 서면 도달 후 10일 이내에 손해금 합계 금 3,000,000원(삼백만 원)을 지불해 줄 것을 청구합니다.

다 음

1. 교통사고 표시
   가. 일　　시 : 2014년 11월 10일(금) 15:10
   나. 장　　소 : 이화여대 지하철역 사거리
   다. 피해차량 : 서울 00 가 0000(기아 스포티지)
   라. 피 해 자 : 김 빛 나
   마. 가해차량 : 서울 00 나 0000(현대 에쿠우스)
   바. 가 해 자 : 홍 길 동(000000-1000000)
   사. 사고개요 : 2014년 11월 10일 이화여대 지하철역 사거리에서 정지신호 대기 중 가해차량의 범퍼부분으로 피해차량의 범퍼부분 충격

2. 상해 표시
   가. 상해정도 : 진단서 첨부
   나. 손해정도 : 차량수리비-1,500,000원(수리내역 첨부)
   다. 치 료 비 : 1,000,000원
   라. 차량렌트비 : 500,000원

붙임 1. 병원진단서 1부.
　　2. 차량수리내역 및 수리비 1부.
　　3. 차량 렌트내역 및 렌트비 1부.

2014년 11월 27일
청구인　김 빛 나 ㊞

〈내용증명 발송문 예제〉

독 촉 장

발신 홍길동(주소 : 서울 강남구 역삼동 11번지 ○○빌딩(우편번호: 000-000))
수신 장보고(주소 : 서울 종로구 필운동 1번지(우편번호: 000-000))

제목 대여금 변제의 건

1. 귀하의 발전을 기원합니다.

2. 귀하께서 2014년 10월 10일 빌려가신 50,000만 원건에 대하여 만기일인 2015년 10월 9일이 이미 경과하였음에도 불구하고 본 독촉장 발송일 현재까지 원금과 이자를 상환하지 않고 있어 다음과 같이 통보합니다.

3. 아울러 위 기간 내에 귀하의 원리금 상환이 이루어지지 않을 시 귀하에게 법적조치를 통하여 회수할 예정이며 이에 따르는 민형사상의 책임은 모두 귀하에게 있음을 알려드립니다.

- 다 음 -

가. 상환일자 : 2015년 10월 9일(금)까지
나. 상환금액 : 원금 500,000,000원/이자 500,000원
(2014.10.10~2015.12.10)
다. 입금통장 : 외한은행 222-11-22222-1(예금주 : 홍길동)

2015. 12. 10.
홍 길 동 (인)

붙임 차용증 사본 1부

〈내용증명 답변서 예제〉

내용증명 답변서

발신 : 장보고(서울 종로구 필운동 1번지(우편번호: 000-000))
수신 : 홍길동(서울 강남구 역삼동 11번지 ○○빌딩(우편번호: 000-000))

제목 대여금 변제에 관한 내용증명에 대한 답변서
내용 [생략]

## 2 계약서

### 거 래 계 약 서

○○산업 대표이사 김빛나(이하 "갑"이라 칭함)와 △△ 대표이사 장보고(이하 "을"이라 칭함) 간의 상품거래에 관하여 다음과 같은 조건으로 계약을 체결한다.

제1조 기본사항
거래품목 :
거래수량 : 발주의뢰서 또는 주문서로 갈음한다.
거래기간 : 제17조에 명기된 본 계약의 유효기간으로 한다.

제2조 상품대금 지급방법
지급조건 : 현금 / (          )일 어음
지급기일 : 판매 마감일 익월 (      )일
기타조건

제3조 거래방법
갑은 매수할 때마다 주문서를 을에게 교부하고 을은 위 주문서의 내용에 따라 본 계약물건을 갑에게 매도한다. 주문서에는 모양, 품질, 규격, 종류 및 인도장소를 명기하여야 한다.

제4조 통지의무
을은 다음 각 호에 해당하는 사실이 발생할 경우에는 지체 없이 필요서류를 첨부하여 갑에게 서면으로 통지하여야 한다.
1. 주소, 상호, 대표자 등 사업자등록증에 명시된 사항이 변경된 경우
2. 자본 구성에 중대한 변경이 있는 경우
3. 기타 을에 중대한 변경이 있는 경우

제5조 손해배상
을 또는 을의 사용인이 고의 또는 과실로 인하여 갑 또는 제3자에게 손해를 입힌 경우에는 을은 그 손해를 즉시 배상하거나 원상복구하여야 한다.

제6조 계약해지
다음 각 호에 해당하는 사유가 발생하였을 경우 갑은 본 계약을 해지할 수 있다.
1. 을의 파산, 부도 또는 회사정리절차신청이 있는 경우
2. 계약에 명시된 상품의 생산이 종료된 경우
3. 판매대금을 정당한 사유 없이 즉시 갑에게 입금하지 아니하거나 착복하는 행위

제7조 중도해지
본 계약을 중도해지하고자 할 경우에는 갑은 6개월 전에, 을은 3개월 전에 상대방에게 서면 통지하여야 한다.

제8조 계약 유효기간
본 계약의 유효기간은 계약일로부터 200 년 월 일까지로 한다.

이 계약을 보증하기 위해 갑과 을은 계약서 2통을 작성하여 각각 서명날인한 후 각 1통씩을 보관한다.

년 월 일

갑 : 서울시
○○산업
대표이사 김 빛 나 (인)

을 : 서울시
△△산업
대표이사 장 보 고 (인)

## 3 송무업무의 관리

### 1) 송무사건의 수임

소송 수임단계에서 의뢰자와 변호사(법률회사) 간의 소송위임계약서와 소송위임장을 작성한다. 소송위임은 일정한 소송사건에 관하여 타인에게 소송대리권을 주어 소송수행을 부탁하는 일로서 원칙적으로 변호사에게 소송위임을 하도록 되어 있다. 소송대리인은 그 대리권을 서면으로 증명해야 하므로 소송 수임단계에서 위임장을 작성하게 된다.

### 2) 소송진행

#### (1) 소장제출

민사소송법상 소를 제기하기 위해 법원에 제출하는 서면을 말한다. 소장의 내용은 사건번호, 사건명, 원고 및 피고 당사자의 인적사항, 주소, 연락처, 작성연월일, 청구취지, 청구원인, 입증방법, 법원의 표시 등의 항목을 포함한다.

소장은 최소 3통(법원에 제출하는 정본을 포함하여 본인 보관용, 피고에게 주는 부본)이 필요하다. 소장이 2매 이상일 경우는 앞뒤가 이어지는 내용임을 표시하기 위해 앞장과 뒷장에 걸쳐 간인을 찍어야 한다.

소송을 제기하기 위하여 제1심 법원에 제출하는 서류에는 법정 기재사항인 당사자, 법정대리인, 청구의 취지, 청구의 원인을 적는다.

① **청구취지** : 어떠한 분쟁에 관하여 어떠한 방식의 해결을 구하는가를 나타내는 소의 결론부분

② **준비서면** : 민사소송에서 당사자가 변론에서 진술하고자 하는 사항을 미리 적어서 법원에 제출하는 서류

- 항소 : 제1심 판결에 불복하여 항소심에 새로운 재판을 구하는 것
- 상고 : 항소심 판결에 불복하여 상고심에 새로운 재판을 구하는 것
- 공소장 : 피고인의 인적사항, 범행내용 등을 기재한 검사 작성 서류

〈소송위임계약서 예제〉

# 소 송 위 임 계 약 서

의뢰인(갑) ㈜○○○ 대표이사 김철수
수임인(을) 법무법인 □□

위 당사자들은 _____아래_____ 소송의 처리에 관한 위임계약을 다음과 같이 체결한다.

제1조(목적) 갑은 을에게 다음 표시 사건의 처리(이하 "위임사무"라고 한다)를 위임하고 을은 이를 수임한다.

사건번호 ○○○-○○○○○-○○○○○
사 건 명 해약금반환청구사건
상 대 방 홍길동

제2조(수임인의 의무) 을은 변호사로서 법령에 정한 권리와 의무에 입각하여 위임의 본지에 따라 선량한 관리자의 주의를 다하여 위임사무를 처리한다.

제3조(자료제공) 을이 위임사무를 처리하는 데 필요하다고 인정하여 요구한 자료 또는 조회한 사항에 대하여 갑은 지체 없이 이에 응하여야 한다.

갑은 을과의 협의 없이 임의로 청구의 포기 또는 인락, 화해, 소 취하를 하지 아니한다.

제4조(성과보수) 위 소송에서 갑이 승소하였을 경우 갑은 을에게 승소금액의 4.4%(부가가치세 포함)를 성공보수금으로 지급한다.

제5조(비용부담)

① 을이 위임사무를 처리하는 데 필요한 인지대, 송달료, 감정료, 예납금, 보증, 여비 기타 필요한 실비는 그 전액을 갑이 부담한다.

② 갑은 제1항의 비용을 충당하기 위하여 금 100,000원(일백만 원)을 예치한다.

[중 략]

이 계약의 성립을 증명하기 위하여 이 계약서 2통을 작성하고 갑과 을이 각 1통씩 보관한다.

2014. 5. 20.

(갑) 의뢰인 홍길동
650130 - 0000000
서울시 서초구 서초동 ○○

(을) 변호사 장보고(법무법인 □□)
서울시 서초구 방배동 ○○

〈소송위임장 예제〉

<table>
<tr><td colspan="2" align="center">소 송 위 임 장</td><td></td></tr>
<tr><td>사 건</td><td colspan="2"></td></tr>
<tr><td>원 고</td><td colspan="2"></td></tr>
<tr><td>피 고</td><td colspan="2"></td></tr>
<tr><td colspan="3">위 사건에 관하여 아래 수임인을 소송대리인으로 선임하고, 다음 표시 권한을 수여합니다.</td></tr>
<tr><td>수<br>임<br>인</td><td colspan="2">변호사 ○○○<br>주 소 :<br>전 화 : 이메일 :</td></tr>
<tr><td>수<br>권<br>사<br>항</td><td colspan="2">(1) 일체의 소송행위<br>(2) 변제의 수령 (3) 상소의 제기 (4) 반소의 제기<br>(5) 재판상 또는 재판 외의 화해 (6) 복대리인의 선임<br>(7) 기타 특별수권사항 [권한을 부여하면 ○표시, 보류하면 ×표시]
<table>
<tr><th colspan="2">기타 특별수권사항</th><th>수권여부</th></tr>
<tr><td>소의 취하</td><td>제기된 소송의 전부 또는 일부를 철회하여 소송을 종료할 수 있는 권한</td><td></td></tr>
<tr><td>상소의 취하</td><td>원심을 유지·확정하면서 상소의 신청을 철회할 수 있는 권한</td><td></td></tr>
<tr><td>청구의 포기</td><td>위임인의 청구가 이유 없다고 인정하여 소송을 종료할 수 있는 권한</td><td></td></tr>
<tr><td>청구의 인낙</td><td>상대방의 청구가 이유 있다고 인정하여 소송을 종료할 수 있는 권한</td><td></td></tr>
<tr><td>소송탈퇴</td><td>제3자가 소송에 참가한 경우 그 소송에서 탈퇴할 수 있는 권한(민사소송법 제80조에 따른 탈퇴)</td><td></td></tr>
</table></td></tr>
<tr><td colspan="2">20 년 월 일<br>위임인 성명 ○ ○ ○ (서명 또는 인)<br>주소 :</td><td>변호사회<br>경유</td></tr>
</table>

〈소장 예제〉

| 접 수 인 |
|---|
| |

# 소 장

| 사 건 번 호 | |
|---|---|
| 배당순위번호 | |
| 담 당 | 제 단독 |

사건명

원 고 (성명) (주민등록번호 - )

(주소)

(연락처) 전화번호 휴대폰번호

피 고 (성명) (주민등록번호 - )

(주소)

(연락처) 전화번호 휴대폰번호

| 소송목적의 값 | 원 | 인지 | 원 |
|---|---|---|---|
| (인지첨부란) | | | |

〈소장 예제 계속〉

## 청구의 취지

1. 피고는 원고에게 해약금 50,000,000원 및 이에 대하여 소장 부본 송달 다음날까지 연 30%의 비율로 계산한 돈을 지급하라.
2. 소송비용은 피고가 부담한다.

청구원인

1.

2.

입증방법

1. 계약서

2.

첨부서류

1. 위 입증서류 각 1통

1. 소장부본 1부

1. 송달료납부서 1부

20 . . .

위 원고 ○○○ (서명 또는 날인)

**서울중앙지방법원 귀중**

### 3) 소송종결

**참고** **대법원 전자소송시스템(http://ecfs.scourt.go.kr)**

"전자소송"은 대한민국 법원이 운영하는 전자소송시스템을 이용하여 소를 제기하고 소송절차를 진행하는 재판방식을 말한다.

대법원은 2010. 4. 26. 특허법원에 제기되는 사건을 대상으로 한 특허전자소송서비스를 시작으로, 2011. 5. 2. 민사전자소송을 실시하는 등 향후 형사사건을 제외한 모든 사건에서 전자소송을 단계적으로 도입할 계획이다. 전자소송은 소송문서 제출부담의 감소, 소송비용의 절감, 소송절차의 신속성과 투명성의 제고 등을 목적으로 운영한다.

**〈교정부호〉**

| 교정부호 | 기 능 | 교정 전 | 교정 후 |
|---|---|---|---|
|  | 사이 띄우기 | 시작부터마무리까지 | |
|  | 붙이기 | 시 작부터 마무리까지 | |
|  | 삭제하기 | 시작에서부터 마무리까지 | |
|  | 줄 잇기 | 시작부터<br>마무리까지 | |
|  | 삽입하기 | 부터<br>시작 마무리까지 | |
|  | 수정하기 | 터<br>시작부투 마무리까지 | 시작부터 마무리까지 |
|  | 자리 바꾸기 | 작시부터 마무리까지 | |
|  | 끌어 내리기 | 부터<br>시작 마무리 | |
|  | 끌어 올리기 | 시작 마무리까지<br>부터 | |
| 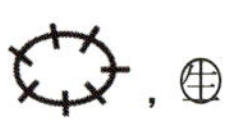 | 원래대로 두기 | 시작부터 마무리까지 | |
|  | 글자 바로하기 | 시작부터 ㅓ ㅁ무리까지 | |
|  | 줄 바꾸기 | 시작부터 마무리까지 | 시작부터<br>마무리까지 |
|  | 내어쓰기 | 시작부터<br>마무리까지 | 시작부터<br>마무리까지 |
|  | 들여쓰기 | 시작부터<br>마무리까지 | 시작부터<br>마무리까지 |
|  | 줄 삽입하기 | 시작부터<br>마무리까지 | 시작부터<br><br>마무리까지 |

**| 저자약력 |**

**한주원**

- 배화여자대학교 비서행정과 교수
- 서강대학교 대학원 경영학과 박사
- 이화여자대학교 대학원 비서학과 석사
- 이화여자대학교 법정대학 비서학과
- 한국비서학회 상임이사
- 이화여자대학교 국제회의센터 전문비서과정 전문위원

**〈논문 및 저서〉**

- 인터넷 비서재교육시스템의 설계 및 구현
- 화상회의 관리를 위한 비서업무 모델 제안
- 개인성격과 감정노동스트레스가 직무만족에 미치는 영향 등 다수 논문
- 비서사무실무연습
- 실용문서 스피드 문서작성
- 비즈니스 영문서 작성
- 사무전문가를 위한 회의관리의 기술 등 다수 저서

## 실무로 통하는 비즈니스문서 코칭(제2판)

2012년 11월 30일 1판 1쇄 발행
2021년 8월 25일 2판 5쇄 발행

저 자 | 한주원
발행인 | 이수영
발행처 | 도서출판 청람
서울시 마포구 독막로 288(대흥동, 세양상가 109호)
전 화 | 02)3272-2601~2
팩 스 | 02)3272-2603
이메일 | crbooks@daum.net
홈페이지 | www.crbooks.co.kr
등 록 | 2000.8.26 제6-0509호

ISBN 978-89-5972-418-5 93320 [정가 18,000원]